西南政法大学

统筹城乡法治研究丛书

刘俊 主编

3

The Research on Legal Innovation of
Tax Information Management

税务信息管理法制创新研究

张怡 等 著

法律出版社
LAW PRESS · CHINA

本书由张怡教授在其主持的两项中国法学会部级研究课题基础上谋篇布局，综合其主体结构中相互关联、彼此照应与衔接的核心内容、观点和理论，重启设计思路，以原稿34万字为蓝本，严谨取舍，合理架构，最终形成这部20余万字的浓缩版，以飨读者。

参与项目研究及撰稿人员（以结项时间及项目撰稿章节先后为序）

陈卫林　何　峰　魏　琼　杨　颖　唐琳艳　王婷婷　曾　远　范卫国

总　序

全面建成小康社会是我国民族复兴的重大战略任务，而统筹城乡发展，健全城乡发展一体化体制机制，则是实现这一宏伟目标的必由之路。城乡二元结构是制约城乡发展一体化的主要障碍。因此，必须破除城乡二元结构，形成以工促农、以城带乡、工农互惠、城乡一体的新型工农城乡关系，让广大农民平等参与现代化进程、共同分享现代化成果。

在全面深化改革与依法治国背景下，加快建立健全符合改革发展需要的法律治理体系，加快完善现代市场体系，使市场在资源配置中起决定性作用，是新时期中国改革发展的一项核心议题。在所有法律治理体系的建立健全中，统筹城乡发展法律治理体系更为复杂。从大的方面来看，中国市场经济法律体系尽管已基本建立，但社会管理领域也同时存在市场经济体制机制不足与过度的问题，一些本来应由政府承担公共产品供给责任的领域，也常在市场化的呼声中推向了社会。因此，在我国公有制经济基础上建立市场经济模式，调整市场经济关系的法律制度及其理论，面临许多前所未有的新课题，理论与制度创新将显得更加重要。

2007年重庆市成为全国统筹城乡综合配套改革试验区，率先在全国探索大城市带动大农村的有效路径。为此，西南政法大学以重庆市法学会统筹城乡发展法制研究会为基础，依托西南政法大学经济法国家重点学科和民商法市级重点学科，聚合理论与实务界相关领域专家学者，成立统筹城乡发展制度创新研究中心（以下简称“中心”）。“中心”专门致力于统筹城乡发展及其制度创新的科学研究、人才培养、学术交流和咨询服务，并最终实现建成统筹城乡发展“国家智库”发展目标。

“中心”以社会改革需求为导向，以体制机制为重点，通过理论和制度创新，推动重庆市统筹城乡发展综合改革社会实践。为此，“中心”将在“十三五”期间完成“五个一”具体任务：一个统筹城乡信息资源平台和数据库、一项统筹城乡发展评价指标体系、一套统筹城乡法治研究丛书、一个制度改革创新与实践基地、一个政策法律咨询平台。

“中心”目前正致力于“五个一”任务中一套统筹城乡法治研究丛书建设。本丛书的主要目的是以国家相关顶层设计为建设方向，通过丛书建设带动科学研究和人才培养，着力研究统筹城乡发展的若干理论与制度创新，为依法推进统筹城乡发展提供必要的理论支撑与制度保障。

我们也衷心希望和诚挚地欢迎对本领域研究有兴趣的社会各界力量汇聚到我们的研究平台，共同破解我国统筹城乡发展制度难题。

刘　俊*

2016年1月

---

* 西南政法大学教授、博士研究生导师，西南政法大学统筹城乡发展制度创新研究中心主任，法学博士。

代前言

《税务信息管理法制创新研究》源于本人主持的两项中国法学会部级研究项目，①是针对税收征纳过程中随着信息化技术手段的发展，伴随而生的两个方面的新问题进行的研究。一方面，税务信息来源与管理渠道增加，避税与反避税活动日显复杂，其管理手段多样化亟待法律制度的延伸与支持；另一方面，纳税人税务信息保护需要法律同步保驾护航，否则，高科技应用的负外部性会带来新的法律问题与后果，即纳税人人格透明化，危及纳税人的基本权利。

首先，观察西方发达国家税务信息管理制度演进和发展的过程，我们发现其体现了以下特点：一是重视纳税征收管理体系设计；二是运用技术手段强化税务信息管理；三是突出税收协助及税务中介机构的作用；四是重视纳税信用善用税务信息。而目前，我国征收管理信息化水平较低，税收征收管理信息系统的

---

① 中国法学会2011年部级法学研究重点研究课题《个人信息保护立法研究——以纳税人信息法律保护为重点》CLS(2011)B11和中国法学会2013年部级法学研究课题《税收信息管理法制创新研究》CLS(2013)C59。

功能基本停留在登记户管理、业务办理、数据统计等浅表层；税务机关未与其他政府部门、金融机构、中介机构、社会组织等建立一致的数据接口，大量涉税信息不能得到有效采集和利用，致使税务机关只能“挂一漏万”地“按户管税”，大量的经济业务得以避开税务机关的监管视线，形成税源流失缺口。我们认为，税收征收管理归根结底是一种行政执法活动，而社会生产、服务等经济活动的表里并非如一，而且资本具有趋利避害的本性，使税源伺机逃遁，情形纷繁复杂，以致税务信息的发掘、寻迹、归集以及立法等管理活动，一直在追寻着纳税人信息的后尘前行。因此，围绕纳税信息管理法制创新和建设为先导，补强税收征收管理的现代手段和方式，无疑是完善《税收征收管理法》的当务之急，也是突破传统税收征收管理模式弊端，进而迈向现代税收征收管理模式的一大挑战。

其次，税收是“公共之债”，国家有正当强势威权，因税务机关掌握纳税人大量信息（除国家安全部门外），在行政公开的情势下，划分税收“公权”与“私权”的界限，在公显与私隐间达成平衡性的人权保护，将有效地防止税收“公权”对“私权”的不当侵犯。如果对纳税人的税务信息滥用或者公开不当，则将造成纳税人人格透明化，引起纳税人心理不安，干扰其正常生产经营和生活。因此，运用法律规则强化税务信息保护和救济措施，设计综合性法律保护系统，将在一定程度上解除纳税人的后顾之忧，进而增强纳税遵从度。

围绕上述两大问题进行研究，本书分为上、下两编。上编主要从针对征税一方的税务执法机关强化税务信息管理的角度，探讨税务信息管理法律规则的创设问题；下编则从针对纳税人权利保护的角度，探讨税务信息保护以及受侵害后的法律救济问题。

上编共计五章：

第一章，我国涉税信息分布在工商、公安、国土资源、住建部、银行、社保、审计、海关及交通运输等部门，现行《税收征收管理法》尚缺多部门信息互联互通可在操作上细化规则，为此，本书提出应从信息提交、使用、反馈、保管等步骤构建涉税信息传递规则；为了信息传递规则的良好运转，应当建立协调、监督以及补偿等程序运行保障规则；建议构建“税源联动”多部门信息共享的保密规则。

第二章，为防止涉税信息采集中出现执法风险，需探讨涉税信息采集的权限和程序法律规则，涉税信息采集应遵循的报送程序、矫正程序以及检查程序等内容，以构建完整的税务信息采集与管理制度体系。

第三章，在纳税人身份识别规则（信用）的基础上完善纳税人收入与支出信息系统。为实现数据共享，提出应当在全国范围内建立涉税信息“云计算”共享平台，使税务登记、纳税申报、税款征收、税务稽查、税源监控等各个方面的规则与之衔接。

第四章，着重分析了涉税信息采集与管理违法行为的构成要件，并建议综合考量违法主体的主观恶性、危害程度，确保涉税信息采集与管理的法律责任能够在实施过程中更具科学性、公平性。

第五章，为了解决税务部门在涉及官员税务信息采集上面临的渠道不畅问题，确保税务信息采集管理的公平性，应完善官员财产申报与公开制度，努力打破官员等主体在财产信息上的“垄断”地位，将其全部财产纳入税法规制范畴，确保税务信息采集与管理工作全面覆盖；鉴于我国纳税信用体系存在市场机制不健全、社会信用缺失等问题，建议逐步健全纳税人信用等级、欠税公告以及纳税信用等制度，并使之与社会信用体系有效衔接，实现征纳双方协力推进涉税信息采集与管理工作；同时，应尽可能地通过强化风险意识，有效识别风险，着力控制风险来确保国家税收利益的安全；在税收管理呈现市场化、专业化趋势的背景下，我国应强化对税务代理问题的法律约束，明确其在税务信息报送、处置中的“注意义务”，充分发挥税务代理人在税务机关与纳税人之间的“信息桥梁”，推动税务信息管理体制的创新。

下编共计六章：

第六章，纳税人税务信息不但是征税机关确定应税事实的关键性信息，同时也关涉纳税人的个人隐私及商业秘密，具有价值中立性、财产性、脆弱性等特征，在现实生活中易受多方利害关系人（主要是指征税机关、扣缴义务人及第三人)的伤害。在隐私权和商业秘密权得到法律普遍认可的当下,应明确规定征税机关、扣缴义务人及第三人对纳税人个人隐私和商业秘密保护的专门条款,达到既合理保证国家税权有效行使,又切实保护纳税人基本权利的目的。

第七章,通过对税收国家的社会契约性以及纳税人的主体性人格权利的回归等方面分析,以确定我国纳税人税务信息法律保护中的纳税人权利保护价值。

第八章,根据纳税人税务信息保护原则的特质,即“普适性、差异性和中介性”,在税务信息保护制度中,必须建立保护一方当事人正当权益的“自控原则”;与此同时,由于契约是平等的,故应以“平等”为理念,确定对双方当事人的“平等保护原则”。

第九章,我国应在宪法、税收基本法、公务员法等多层次立法中完善纳税人税务信息保护条款,既强调保密权,又保护知情权,借鉴美国的安全港模式,将国家立法模式和民事主体的自律模式相结合,以对纳税人税务信息进行综合保护,在税务行政机关中设立纳税人税务信息保护委员会,专门负责主动监督税务机关对纳税人税务信息保护程度。

第十章,在保护纳税人税务信息的立法中,存在纳税人税务信息权与公众知情权、信息交流自由权、其他纳税人的知情权及对征税行为的监督权之间的多种矛盾与冲突。相关立法应当以均衡保护为理念,明确纳税人的税务信息权的权能与税务机关对纳税人税务信息的权力及职责,区分不同类别的税务信息,并分别确定税务机关不同的保护职责及披露的程序。只有这样,才能协调纳税人税务信息保护中存在的各种矛盾与冲突。

第十一章,我国应从政府部门需要转变观念,合理配置税务征纳双方的权利义务,建立健全税收行政执法机关组织体,并在立法、执法和司法方面,细化《税收征收管理法》对纳税人信息保护的条款设计和实施措施,强化行政责任、民事责任和刑事责任,最终构造纳税人税务信息保护的综合系统。

综上所述,本书研究解决问题的侧重点在于:全方位论证税务信息管理涉及的管理工作的诸多方面(上下左右诸多部门和对象),提出税务信息管理需要多个方面协作并协调好各个方面矛盾;税务信息管理不仅是管理本身的问题,其与政治因素、经济环境、传统习惯、技术条件等因素密切相关,既涉及税务机关依法行政需要掌握的信息,又涉及纳税人依法纳税基于知情权派生的信息,以及纳税人纳税后应该受到保护的信息,使税务信息呈现多样性。纳税人个人隐私权成为一项综合而特别的权利,在我国对其上位权利的保护尚待完善的情况下,将纳税人税务信息保护从宪法、民法、行政法中单列出来,探讨其特殊性和独立价值,并在此基础上构造税务信息保护的综合系统,具有全新的理论和实践意义。

张　怡

2017年1月于重庆

Contents

目　录

上　编　征税方税务信息管理法律规则设计

上　编　征税方税务信息管理法律规则设计

第一章 “税源联动”多部门信息共享法律规则设计

随着社会经济的发展和新兴产业的兴起，交易方式日趋复杂化，税务机关税源监管的难度也越来越大，仅凭税务机关一己之力，已难以完成税收征收管理任务。同时，经济全球化的发展，使国内各地区之间以及与其他国家之间的经济交易日趋活跃，税源监管的范围不再局限于某一地区，需在全国范围内调动其他部门的力量，协助税务机关进行税源监管。

为应对税源监管问题，税务机关在实践中摸索出了税源联动管理制度，即在各级部门之间、上下层级之间以及税源税基管理的主要环节之间，整合职能配置，整合数据应用，建立起职责清晰、衔接顺畅、重点突出、良性互动的管理机制。[①] “税源联动”的本质是涉税信息的联动，将掌握涉税信息的部门纳入税源联动机制，通过职能的配置和业务流程的整合，使分布在众多部门之中的涉税信息得以共享互通。“税源联

① 参见张爱球等：《以整合联动为重点提升税源管理水平》，载《中国税务报》2007年3月26日，第1版。

动”管理制度的发展经历了护税协税小组模式、少数部门的“税源联动”模式以及市级范围内的“税源联动”模式，各地根据自身的经济结构以及税收征收管理难点，所实行的“税源联动”表现形式也有所不同。

“税源联动”管理制度的核心是多部门涉税信息的共享，然而我国并未形成全国范围内的“税源联动”多部门信息共享机制，这大大制约了“税源联动”管理制度的运作，使税源监管漏洞百出，税收流失风险急剧上升。本书作者通过对重庆市奉节县物流业税收情况的前期调查，发现税收流失严重存在多方面原因，其中最重要的原因在于以当地地税、运管、交警、公安、海事处等部门为主的“税源联动”多部门信息共享机制，因在运行中存在多方面障碍，使各部门涉税信息未实现共享，导致税务机关未能对税源进行全方位监管。因此，如何打破部门之间的信息壁垒，建立全国范围内的“税源联动”多部门信息共享机制，以使涉税信息能够在全国范围内共享，是“税源联动”管理制度亟待解决的问题。

一、涉税信息分布

所谓涉税信息，是指纳税人在生产经营活动中所发生的与税收活动密切相关的信息的统称，它能反映税收权利义务分配的整个过程及其发展变化情况，具体包括经济税源信息、税收收入信息、税收制度变化信息、纳税人经营状况信息及税收征收管理信息等诸多方面内容。涉税信息直接产生于纳税人的生产经营活动，为纳税人掌握。在税收征收管理过程中，纳税人、扣缴义务人向税务机关申报的信息，以及税务机关通过税务检查获得的信息，构成主要的涉税信息来源。除此之外，其他政府部门以及银行等金融机构也掌握着大量的纳税人主体信息、交易信息等重要的涉税信息，这部分涉税信息分布广、信息量大，其分布情况大体如下：

第一，在非税务机关政府部门中，涉税信息主要分布在工商、公安、国土资源、房产管理部门、住建部、海关、交通运输管理部门、社保、审计、统计等部门。工商行政管理部门掌握着企业设立登记、变更登记、注销登记、吊销营业执照、年检等信息，此类信息可以与税务机关掌握的纳税人户籍数据对比，检查是否存在漏征漏管户；公安部门可以提供车辆登记信息，用来比对车辆购置税缴纳情况；国土资源部门掌握着土地使用证发放信息、土地转让信息；房产管理部门掌握着商品房预售许可证信息、房产转让信息、房产租赁信息以及房屋销售信息，这些信息有助于税务机关征收管理房地产行业的税收；住建部可以提供各类基本建设信息，如施工企业、项目、工程招投标、施工许可证发放、房地产开发等数据，税务机关利用此数据可以发现基本建设领域的税收征收管理问题；海关可以提供进料加工核销手册、报关单等单据，用来监控出口退税管理情况；交通运输管理部门拥有大量的进出口及内地货运信息，税务机关对物流行业的税收征收管理需要这些信息；社保部门提供纳税人的参保数据，从纳税人参保人数、参保基数等数据，可以测算纳税人的生产规模，还可以比对纳税人对职工薪金所得税的扣除是否正确；审计部门应向税务机关提交审计中发现的漏税逃税信息；统计局可以提供行业统计数据以及经济普查数据，如行业利润率等数据，税务机关可据此将单个纳税人与行业平均值进行比较。

除上述所提部门外，其他政府部门也可能掌握涉税信息，并且由于各地经济结构不同，税收征收管理的重点也不同，因此，具体到各地方、政府部门中涉税信息分布也有所不同。

第二，以银行为代表的金融机构掌握着直接反映纳税人经济活动的资金信息，是重要的涉税信息。随着金融市场全球化的发展，我国金融体制不断健全完善，经济交易活动中的资金往来通常通过银行账户进行，银行拥有纳税人的有关账户信息，如账户上所存款项、收支情况、资金来源和去向、账户记录、信用卡的情况等，也掌握着有关客户交易的信息，如交易标的、种类、性质、内容、价格、当事人、时间等。总体而言可以将银行拥有的涉税信息分为三类：一是开立账户信息，如纳税人的银行账号、账户性质以及银行账户的数量等信息；二是账户存款信息，税务机关通过此类信息可以评估纳税人履行纳税义务的能力，必要时可申请冻结纳税人银行账户、划扣税款；三是纳税人资金流动信息,此类信息反映了纳税人的经济活动,若税务机关掌握此类信息,也就掌握了纳税人所有经过银行账户的经济交易活动,包括交易方、交易金额等商业机密。因此,银行等金融部门所拥有的涉税信息具有重要价值,不容忽视。

上述政府部门及银行等金融机构掌握的涉税信息可以丰富及印证税务机关通过其他方式取得的信息,若能实现对此涉税信息的共享,则将极大地缓解征纳双方信息不对称的程度,提升税收征收管理效率,使税源变为税收。

二、"税源联动"多部门信息共享现状及问题分析

目前,我国并未出台与"税源联动"管理相关的法律法规,对政府部门之间以及银行等金融机构的涉税信息共享仅作了原则性的法律规定,缺乏具体操作规定。现行《税收征收管理法》第5条、第15条、第17条、第54条、第73条规定了政府其他部门以及银行等金融机构对税务机关的协助义务;《税收征收管理法实施细则》(以下简称《实施细则》)规定了地方各级政府应组织有关部门实现相关信息共享,更加明确了工商行政管理机关的信息共享义务。由于缺乏更具体的法律规定,在实践中,多由地方政府出台规章制度,如重庆市奉节县制定的《交通运输行业秩序综合整治实施方案》及青岛市政府制定下发的《关于建立完善税源信息报告制度有关问题的通知》等制度。各地结合本身的经济结构、税收征收管理重点及难点,建立不同模式的"税源联动"管理制度,这使各地涉税信息共享模式也有所不同。

(一)"税源联动"多部门信息共享现行模式

根据参与"税源联动"部门的多寡,实践中的信息共享模式分为两种:

第一,少数部门涉税信息共享模式。针对某些征收管理环节,或者针对某些行业税收征收管理难题,仅建立少数几个部门之间的信息共享制度,多适用于县级等小范围地区,或者对涉税信息共享并不重视的地区。例如,针对户管数据,税务机关与工商部门之间进行信息共享,比对工商登记、变更、注销数据与税务机关税务登记、变更、注销数据。又如,重庆市奉节县针对物

流行业税收征收管理困难的情况,建立起了由地税、运管、交警、公安、海事处等部门为主的税收征收管理综合治税机制。

在信息共享方式上,由于参与信息共享的部门少,范围小,共享方式简单灵活,故可直接根据信息交换协议将涉税信息传递给税务机关,也可组成领导小组,整合各部门业务流程,协调信息共享事宜。以重庆市奉节县为例,根据本书作者对重庆市奉节县“税源联动”情况的前期调查,其信息共享表现为以下几种方式:县人民政府办公室成立交通运输行业综合整治工作领导小组,领导小组办公室设在地税局,并由地税局局长兼任办公室主任,负责综合整治日常工作;国税、地税及工商三个部门采用三方办证机制管理纳税人户籍,形成三个部门之间对工商登记信息的共享;针对车船税征收管理,地税局与公安局以及海事处联合发文,规定车船必须凭车船的完税证明才能进行年审,并且将征收管理经费直接拨给市公安局和地税局;地税与海事部门也曾尝试类似的联动机制,在两个部门领导同意的基础上,由地税局在海事处设征税点,货船要在海事处办理签证,必须先到征税点缴纳相应税收,取得完税证明,但由于没有相应的法律制度的保障,各方利益冲突不断,且联合办公降低了海事处的办公效率,这一机制并未发挥作用,最终以失败告终。

第二,社会综合治税模式。此种模式依据市政府下发的规章,由政府部门牵头建立综合治税小组,政府领导任组长,其他部门参与,统一制定社会综合治税的政策措施,简单说来,即“政府领导、税务主管、部门配合、社会参与、法律保障”,①多在市一级采用。由于参与信息共享的部门多、范围较广,此种信息共享模式相较上一模式则较为复杂。

在组织机构方面,明确规定社会综合治税的组织领导机构,成立了以政府领导为组长、各相关职能部门分管领导为副组长的领导机构,并下设负责具体实施的机构。例如,山东省青岛市成立了青岛市财源建设工作领导小组,由常务副市长任组长,20 多个相关部门为成员单位,专门负责制定第三方

① 田列兵:《常州市社会综合治税模式研究》,上海交通大学公共管理系 2010 年硕士学位论文,第 28 ~ 30 页。

涉税信息共享工作的政策措施，确定成员单位工作职责和目标任务，并对其履行职责情况检查评估。同时，在市财政局增设财源建设办公室，负责全市涉税信息的采集管理，税务机关负责向财源建设办公室提报信息需求，财源建设办公室制订工作计划，协调各成员单位提报涉税信息。①

工作协调机制方面，由综合治税小组作为协调主体，采取每月召开碰头会、不定期召开协调会、半年召开联席会等形式，沟通信息共享中存在的问题，协调各部门的利益冲突。

监督机制方面，制定监督考核办法，指定相关部门为监督部门。例如，江苏省常州市指定审计部门以及财政部门为监督考核责任部门。②

如上所述，实践中的"税源联动"多部门信息共享模式在参与共享机制的主体、共享信息的范围、共享方式等方面多有不同，但究其本质，具有以下共同点：第一，涉税信息共享机制的本质均为政府主导、税务机关主管、相关部门配合模式。以政府发布"税源联动"管理相关规章为契机，建立涉税信息共享机制，税务机关根据税源监管需要，向各相关部门提出信息需求，或者向建立的协调机构提出信息要求，协调机构由此与各相关部门协调。第二，明确参与涉税信息共享的各部门的义务，但是并未明确规定各部门违反此义务所应承担的责任。这导致"税源联动"制度成为一种松散型联动，各部门进行信息共享凭借的是部门领导之间的"友好的私交"。领导人撤换或私交的恶化，都有可能导致此种联动沦为"一纸空文"。

（二）"税源联动"多部门信息共享问题分析

如上文所述，现行"税源联动"多部门信息共享是一种松散型联动，不能满足全国范围内的多部门涉税信息共享的需求，而且存在以下几方面的问题。

① 参见蔡自力：《构建运用第三方信息控管税源的长效机制》，载《中国税务》2012年第8期。

② 参见田列兵：《常州市社会综合治税模式研究》，上海交通大学公共管理系2010年硕士学位论文，第29页。

1. 缺乏协作意识

现行的涉税信息共享多流于表面，参与“税源联动”的部门要么以自己收集的信息不全面为借口，不提供全面的信息，要么以信息保密等理由拒不提供，并且存在故意“刁难”的情况，例如，专业的数据信息需要信息提供部门帮助解读，提供部门以各种理由拒不合作，等等。

各部门对信息共享的抗拒和不合作，体现了部门利益与公共利益之间的博弈。我国“条块分割”的行政管理体制表现为纵向层级与横向职能交互的矩阵结构形成。纵向上，上级部门监督下级部门，信息由下往上传递；横向上，根据职能不同，分为不同部门，不同部门与社会某一系统保持正式、规范的单向联系，获取同类信息，各部门职能上不仅受上级部门的监督，同时还需服从当地政府领导。这样的条块结构，使不同信息掌握在不同部门手中，形成信息的“部门化”，各部门将其掌握的信息视为私有财产，不愿意将自己所“独占”的信息进行共享。其原因在于信息共享不仅将使部门信息所可能带来的寻租利益不复存在，而且也将影响本部门的权威地位。[①] 以工商与税务机关之间的信息共享为例，有的地方共享程度并不高，并未形成统一的数据库，仅仅是表面上的共享，除了数据口径、信息技术等原因外，其中一个原因在于共享将减少行政审批环节，影响本部门的行政收费甚至当地行政性收费。

在现有行政体制下，要打破“信息垄断”，使涉税信息得以在多部门之间共享，首要任务是培养各部门的协作意识，改变视部门掌握的信息为私有财产的错误观念。政府的主要目的是提供高质量、高效率的公共服务，各部门应该放下各自的“小算盘”，从大局出发，依法律法规规定，积极配合，进行涉税信息共享，协助税务机关进行税源监管。

2. 缺乏法律依据

“我国一直存在税法效力弱化和税收立法行政化的倾向，税收执法行为

---

① 参见蔡立辉：《电子政务应用中的信息资源共享机制研究》，人民出版社2012年版，第123页。

大量依据行政解释，直接导致了税法效力的削弱，税收法律关系也因此被扭曲。"[①]在"税源联动"管理领域，仍然存在这一问题。"税源联动"管理制度来源于实践，其运行依据多是地方政府部门规章，因此，涉税信息共享机制的运行也存在很强的行政命令色彩。地方政府部门规章法律效力低，且各地规定不一，造成了"税源联动"多部门信息共享制度呈零散性和杂乱性特征，不利于税收法制的统一和税收程序正义的实现，也与现代法治国家要求的税收法治原则相违背。

"税源联动"管理萌芽于实践，在没有法律明确规定的情况下，需要地方政府出台规章以支持其运转。然而，"税源联动"管理发展至今，亟待建立全国范围内的多部门涉税信息共享机制，政府规章已不足以成为支持其发展的依据，需要法律规定予以支撑。

3. 缺乏全国性涉税信息共享实践经验

我国从小范围的少数部门"税源联动"发展至省市范围内的多部门"税源联动"，目前并未形成全国性的"税源联动"多部门信息共享模式，缺乏建立全国性涉税信息共享的实践经验。缺少能加以借鉴的实践经验，给构建全国性"税源联动"多部门信息共享机制带来了极大的挑战。

相比较国内现行"税源联动"多部门信息共享模式，全国性的涉税信息共享在信息传递渠道上更为复杂，需要协调的部门更多，范围更广，所需构建的信息共享机制更为全面，因此，在借鉴现行模式经验时还需加以甄别。对于国外发达国家的实践经验，尤其需要结合其税务信息管理技术水平以及政府部门组织形式等因素加以考察，以免所借鉴的制度等不适合我国国情。

在缺乏相关实践经验的情况下，全国性"税源联动"多部门信息共享机制的构建需要紧密联系我国政府部门的组织形式及税务信息管理技术的发展，前瞻性地设计相应的法律规则，以维护共享机制的运行。当前"金税三期"工程的建设，为构建全国性"税源联动"多部门信息共享机制提供了信息技术

① 张怡、陈方淑：《论税源联动管理制度的法制化进路》，载《税务与经济》2009年第5期。

支撑。

4. 信息共享机制不健全

现行“税源联动”制度中，所建立的共享机制并不健全，主要表现在以下几个方面：

第一，涉税信息传递机制呈单向性。现行“税源联动”信息共享机制强调涉税信息从第三方部门传递至税务机关，除部门之间签订的信息交换协议外，较少提及税务机关将其掌握信息提供给需要的其他部门。然而，第三方部门在实践中也需要借助相关的涉税信息完成其工作职责，例如，社保部门需要税务机关提供相应信息确认社保缴费基础，工商行政管理部门需要纳税人的税务登记、变更及撤销等信息比对工商登记、变更、撤销等信息，金融部门如银行需要税务机关提供纳税人的税款缴纳情况评估纳税人的信用等级等。因此，在“税源联动”信息共享模式中，若仅强调第三方部门共享互通涉税信息，而忽略第三方部门对涉税信息的需求，则将影响“税源联动”多部门信息共享机制的顺利运行。

第二，涉税信息共享缺乏强有力的协调主体。“税源联动”多部门信息共享机制中，共享信息将涉及各部门的核心数据，关涉各部门切身利益，存在一定的利益冲突，需要一个能够统筹安排全局的主导性主体来协调各部门利益冲突，并在具体的综合执法过程中，总领各方面工作，对整个涉税信息共享流程作出全局性安排。目前，在地方综合治税模式中，大多采用政府主导模式，由当地政府主导建立领导小组，由领导小组组织本级部门联席会议，但是并没有达到良好的效果，这与政府还不足够重视“税源联动”管理有关。政府是领导“税源联动”管理的最佳主体，也是在涉税信息共享中强有力的协调主体，应当积极担当起领导及协调的责任。

第三，涉税信息共享缺乏监督机制。少数部门的“税源联动”信息共享模式中，由于参与部门少，“税源联动”机制顺利运行依靠的是部门之间的友好协商，缺乏监督机制。参与“税源联动”部门多的社会综合治税模式中，虽然明确了监督考核办法，指定了监督部门，但在实践中仍面临着监督考核办法无法落实,监督流于形式的尴尬局面。一方面,监督主体为被监督部门的同级部门,在监督过程中,迫于各种压力,监督有可能“走过场”,监督主体不能严格执行监督考核办法;另一方面,监督考核办法制定的合理性需要进一步考量。构建全国性“税源联动”多部门信息共享法律机制,需要建立切实可行的监督机制,保障信息共享的顺利进行。

第四,涉税信息共享缺乏补偿机制。为协助税务机关,参与“税源联动”的部门可能需付出一定成本,甚至可能降低本部门工作效率。例如,各部门数据采集、分析、加工都需要成本,提供给税务机关的信息可能还需另行加工,转化数据口径,安排专人负责本部门“税源联动”信息共享工作。若这些成本不能得到合理的补偿,则将造成各部门对“税源联动”多部门信息共享制度的排斥。

现行“税源联动”多部门信息共享制度缺乏补偿机制,以对付出成本的部门进行弥补。以重庆市奉节县物流税收征收管理情况为例,为完善海上货物运输税收征收管理,奉节县地税局与地方海事部门曾联合下文实行“联合办公”,由地税局在地方海事部门工作场所设征税点,货船要获得海事部门的签证,需先到征税点缴税,以完税凭证到海事部门办理签证。由于地税局在地方海事部门办公地点办公,占用其办公资源,并且海事部门办理签证以地税部门出具完税凭证为依据,地税部门的办事效率直接影响了地方海事部门的工作效率,因此造成地方海事部门办公成本增加,工作效率降低。当付出的成本不能从受益的地税部门或者当地政府处得到合理的补足时,利益冲突便出现了,由于此利益冲突没有得到合理的协调,以致两部门之间的“联合办公”最后以失败告终。因此,为保障“税源联动”多部门信息共享制度的运行,需要设计补偿机制,对各部门的涉税信息共享成本予以合理补偿。

5. 存在涉税信息共享与金融隐私权的冲突

虽然《税收征收管理法》对银行等金融机构的协助义务作了明确规定,但在实践中,银行等金融机构与税务机关的涉税信息共享存在法律及制度上的障碍,运行效果差。以银行为例,银行对税务机关要求的协助义务不履行或怠于履行,而且两部门之间涉税信息共享程度低。一方面,大部分个人账户信息税务机关无从掌握,不仅为个人逃税避税提供机会,也为从事生产、经营的纳税人转移资金、逃避纳税义务提供了另一途径;另一方面,税务机关能获取的涉税信息并不包括资金流向等重要的信息。而造成税务机关与银行等金融机构之间信息共享不顺畅的最大阻碍,就是涉税信息共享与金融隐私权之间的冲突。

所谓金融隐私权,是指信息所有者对与其信用或交易相关的信息所享有的控制支配权。与传统的隐私权不同,金融隐私权主要是指具有财产利益的信息,包括信息所有人经济与财产市场交易方式状况方面的信息,如财产状况及财产流向的信息。银行对客户的账户、相关交易等客户金融状况的各方面信息资料负有金融隐私权保护义务,是长期以来形成的惯例,各国均颁布了银行应当保障客户金融隐私权的法律规定。而税务机关则需要银行等金融机构掌握的客户账户信息以及资金流动信息。税务机关根据这些信息,可以准确定位纳税人的纳税义务,监督纳税人纳税情况,完善税源管理,因此,《税收征收管理法》也规定了银行向税务机关提供部分信息的义务。两部门信息的共享必然会侵及客户(纳税人)的金融隐私权,而客户(纳税人)的金融隐私权是受法律保护的,这将直接干预银行等金融机构对客户金融隐私权的保护义务。

从表面来看,涉税信息共享与金融隐私权存在冲突,但从税收契约论的角度来说,两者在价值本源上是不相排斥的。税收契约论认为,纳税人放弃部分财产权以获得国家提供的公共服务,税收是纳税人为获得公共服务所付出的代价。税务机关获得纳税人的金融信息,其目的是完善税收征收管理,保证国家财政基础,是为了国家能够提供更好的公共服务。金融市场秩序的稳定是国家提供的公共服务之一,需要国家财政作为基础,而“国家所提供的金融稳定等公共物品是金融隐私权存在的前提”。[①] 两部门之间的信息共享

① 汤洁茵:《金融机构在税收征管中的的第三方协助义务——以金融隐私权为核心》,载《税务与经济》2010年第3期。

有利于国家提供更好的公共服务,维护金融市场的稳定,只有金融市场秩序稳定了,纳税人的金融隐私权才有存在的前提,因此,涉税信息共享与金融隐私权两者从价值本源上是不相排斥的。

同时,从公共利益的角度来说,当金融隐私权的行使与基于社会公共利益的信息共享相冲突时,需要遵循维护社会公共利益的基本原则。当公共利益与个人利益相冲突时,公共利益具有优先性,个人利益应受到一定限制。税务机关与金融机构的涉税信息共享是税源管理的需要,这将直接提高税收征收管理效率,减少税收征收管理成本,减少纳税人滥用金融隐私权逃税避税漏税等情况的发生,平衡纳税人税负,因此,税务机关与金融机构的信息共享是从公共利益出发,并最终归属于公共利益的机制,银行对金融隐私权的保护应当受到一定的限制。

对公共利益的优先考虑不代表对金融隐私权的忽视,税务机关与金融机构之间的信息共享应注重与金融隐私权之间的平衡,协调博弈中各主体的利益关系。法律制度用于平衡各方主体的利益,合理安排各方主体的权利义务,限制权力和赋予权利,以私权利制约公权力。在信息共享的范围内,优先考虑公共利益,以促成更好的利益格局,而对金融隐私权的保护则规范着公权力的行使,避免滥用公权力而践踏私权利。因此,在两部门的信息共享中,优先考虑公共利益实现的同时,不能忽视对金融隐私权的保护,应当对共享信息的内容、范围、权限、程序等内容制定明确规定。在税务机关与银行等金融机构涉税信息共享法律规则的设计上,平衡金融隐私权与以公共利益为目的的信息共享之间的权益关系,将有效解决目前实践中此两部门涉税信息共享遇到的难题,推动“税源联动”管理制度的发展。

解决上述涉税信息共享难题,关键在于建立“税源联动”多部门信息共享法律规则。通过法律规则,确立涉税信息共享主体,权衡部门之间的利益关系,分配权利义务,并构建完善的信息共享机制,保证涉税信息共享的进行。

三、“税源联动”多部门信息共享国外经验借鉴

美国、德国等发达国家税务信息化起步早,程度高,而税务信息化发展直

接推动了相关法制的确立。在税源监管法律制度上，美国、德国等发达国家已制定了多部门涉税信息共享法律规则。例如，美国税法严格规定了第三方信息申报义务，包括政府部门、银行等金融机构需按法律规定按时申报相关信息；德国则在《税收通则》中规定了其他政府部门的信息通报义务；法国《税收程序法》赋予税务机关获取涉税信息的权利，要求其他部门将涉税资料转送税务机关。上述国家涉税信息共享法律制度与其本身的政府部门组织形式以及税务信息管理技术发展水平等因素契合，带有浓厚的地域特色，照搬照抄恐有“南橘北枳”之不适，但就其有益的经验，仍有可借鉴之处。

（一）规定各部门的涉税信息共享义务

各国税制不同，税收征收管理方式有差异，美国以纳税申报为主，美国纳税申报的同时就可以缴纳税款，而德国、法国则以核定征收为主，以纳税申报为纳税人协助义务的税款征收方式。尽管税收征收管理方式不同，但各国均在各自的税收法律体系中具体规定了各部门共享涉税信息的义务。

美国《国内税收法典》（有学者译为《联邦税法典》，Internal Revenue Code）第六十一章“信息与纳税申报”包含65个条款，包括以下两个方面：一方面，是纳税义务人纳税申报的内容；另一方面，与纳税人业务相关，或掌握纳税人涉税信息的部门应进行信息申报，申报主体包括个人雇主、公司雇主、中介机构、交易相对方、银行、信托公司、保险公司以及政府部门等各类主体。根据其税法要求，政府部门申报涉税信息主要包括有关纳税人个人信息、与纳税人交易的信息、申报支付各项补助补贴及补偿金的信息。

法国《税收程序法》第二章“资料转送权”，共用39个条款详细规定了税务机关从个人、用人单位、政府部门、检察院等各种主体处获得信息的权利。政府部门必须共享的涉税信息分为两类：一类是依税务机关的请求，向税务机关提供其所需信息，例如，国家机关、省政府及各乡镇政府应当向税务机关转送手中的公务资料，且不侵犯职业秘密；另一类是无须税务机关请求，必须向税务机关主动提供规定的信息，例如，负责疾病和生育风险管理的社会保障基金每年都应当向税务机关投寄一份投保人送交的病历单和结账摘要表。

美国、法国均在其税法中规定了各部门应当共享的涉税信息内容，明确了各部门涉税信息共享为法定义务。同时，在立法过程中，充分考虑了涉税信息的分类、性质，使相关法律规定更具严谨性、可操作性。

(二)限制涉税信息流向其他部门

上述国家的税收征收管理法对涉税信息的保密与披露作了专门规定。源于对纳税人信息的保护，涉税信息保密是基本原则，披露作为例外情况在法律中予以明确规定，其他部门经书面请求才能从税务机关获得相关涉税信息。

德国《税收通则》规定，税务机关以及能接触涉税信息的人员应保守税收秘密。同时，也规定了允许公开税务信息的情况，包括规定税务机关需将当事人信息通知法定社会保险承办人、联邦劳动代理处以及艺术家社会保险机构；管理土地税的主管机关可以将地产所有人的姓名和通信地址用于其他税的管理以及履行其他公共任务，也可根据请求通报给法院及其他行政机关；税务机关出于防止非法就业和滥用劳务、防止洗钱等违法犯罪行为，可以将应保密的涉税信息通报给相关的法院、检察院及相应的行政主管机关。

美国《国内税收法典》专门规定了纳税申报以及相关信息的保密及披露，纳税申报及相关信息应保密，除非获得授权；否则，获得、了解纳税申报以及相关信息的官员不能披露此类信息。例如，根据总审计长的书面申请，向美国政府问责局的官员以及雇员的披露；为统计之用的披露，经书面请求，向商务部、联邦贸易委员会、财政部、农业部、国会预算办公室披露相关纳税信息；与税务管理无关的披露，如向社会保障总署、劳工部等部门的纳税信息披露等。

“税源联动”信息共享，不仅强调涉税信息由其他部门流向税务机关，也涉及涉税信息由税务机关流向其他部门，这不仅是“税源联动”多部门信息共享所蕴含的本意，也是在实践中必不可少的。税务信息在有助于其他部门展开工作，有利于公共利益的情况下，应该向其他部门披露，这有利于加强部门之间的协作，推进“税源联动”多部门信息共享的发展。但是鉴于涉税信息的保密性,税务信息的披露应在内容以及程序上进行明确规定,以保护纳税人信息。

(三)审慎共享金融部门涉税信息

对于金融部门涉税信息的共享,上述国家均呈现审慎的态度,限制了金融部门涉税信息的提供范围,并且设置了严格的程序。

德国《税法通则》规定了税务机关可有限制地自动提取账户信息,一方面,账户信息的提取需通过联邦税务总局,由其提取后转交提出请求的税务机构;另一方面,账户信息的提取限于信贷法规定。出于对银行客户信息的保护,税务机关不得出于公共监督目的而要求信贷机构一次性地或者定期地报告某种类型或者某种金额的账户情况,税务机关可要求信贷机构提供关于纳税义务人的情况说明,其前提是没有因违反税法的犯罪行为或违规行为对纳税人提起诉讼,且向纳税人本人未能搜集到真实有效信息。

只有在税法中对金融部门涉税信息共享的内容以及程序作出严格规定,平衡金融隐私权与涉税信息共享之间的关系,才能解决实践中两部门信息共享不顺畅的问题。

四、“税源联动”多部门信息共享法律规则设计理念

“税源联动”多部门信息共享法律规则的设计,应当遵循税收法定原则、税收征收管理经济原则以及税收程序正义理论,确定信息共享主体间的权利义务,建立共享机制运行规则。

(一)税收法定原则

税收法定的内涵包括税法主体的权利义务必须由法律加以规定,税法的各类构成要素皆必须且只能由法律予以明确规定;征纳主体的权利义务只以法律规定为依据,没有法律依据,任何主体不得征税或减免税收。具体内容有实体、程序两个方面。实体方面是指课税要素法定以及课税要素明确,程序方面则要求税务机关依法稽征,也即税务机关应依据法律规定程序进行税

收征收,无权变动课税要素以及法定征收程序。[①]

税收法定原则在税法中的确立体现在现行《税收征收管理法》第 3 条的规定中。"税收的开征、停征以及减税、免税、退税、补税,依照法律的规定执行;法律授权国务院规定的,依照国务院制定的行政法规的规定执行。任何机关、单位和个人不得违反法律、行政法规的规定,擅自作出税收开征、停征以及减税、免税、退税、补税和其他同税收法律、行政法规相抵触的决定。"因此,税收法定原则中,"法"是指全国人大及其常委会制定的基本法律,以及经法律授权的国务院制定的行政法规。

"税源联动"多部门信息共享在税收征收管理实践中已成为必不可少的环节,信息共享关涉各部门权利义务安排,需要权衡各方利益。从税务机关的角度来看,此种信息共享是税务机关对涉税信息的单方面征收管理,这其中关涉作为信息被征收管理方的其他政府部门、银行等金融机构的权利及义务;而从其他政府部门、银行等金融机构的角度出发,则其在实践中极易以信息保密原则对抗税务机关的信息提供要求,或者要求税务机关给予一定的利益补偿或者数据交换。法律作为安排权利义务的方式,涉税信息共享各主体间的权利义务的安排与各方利益权衡理应纳入税法及相关行政法规的调整范围,这是税收法定原则的要求,也是我国依法治税的体现。

(二)税收征收管理经济原则

税收征收管理在本质上是税务机关的行政行为,应当遵循行政法的基本原则,税收征收管理经济原则就是行政法比例原则在税法中的体现。比例原则是指行政机关在采取行政措施时,应当全面衡量所追求的公共利益和个体利益,具体要求是在采取行政措施时,对行政手段与行政目的进行权衡,采取对公民权益造成限制或者损害尽可能小的行政措施,并且使行政措施造成的损害与所追求的行政目的相适应。[②] 比例原则应用于税收征收管理领域,形成税收征收管理经济原则,其实质目的是在兼顾平等课征的同时,降低征纳

---

① 参见张守文:《论税收法定主义》,载《法学研究》1996 年第 6 期。

② 参见王学辉主编:《行政法与行政诉讼法学》,法律出版社 2011 年版,第 61～62 页。

成本,提高税收征收管理效率。[①]

“税源联动”多部门信息共享制度的建立,使税务机关可依据法律规定方便、快捷地获取其他部门的涉税信息,减少与其他部门的协商成本,以及当协商不成时,通过其他途径获取信息的成本。同时,在“税源联动”多部门信息共享机制的设计中,应当贯彻税收征收管理经济原则,建立信息流通的快速车道,尽量减少信息流通环节,以最为便捷的方式进行信息共享,在法律规则的制定中,应使用简明的语言明确表达,以便准确理解。

(三)程序正义理论

“程序正义”是指程序的公正,其产生于英国法的“自然正义”原则,这一原则有两个基本要求:一是任何人均不得担任自己的诉讼案件的法官;二是法官在制作裁判时应听取双方当事人的陈述。自然正义原则所体现的程序正义思想为美国法律接受,发展为“正当法律程序”。正当法律程序包括实质性正当程序和程序性正当程序。前者是指任何一项法律都必须符合公平和正义;后者要求一切权力的行使剥夺私人的生命、自由或财产时,必须听取当事人的意见,当事人具有听证的权利。[②]“程序正义的实质是程序的‘内在价值’和程序性权利得到实现的法律状态……程序正义的核心要求是‘某种最低限度的公正’,它构成人们获得‘公平感’的必要条件。”[③]

将程序正义理论的研究扩展至税法领域,即要求税收程序符合程序正义的基本要求。税收程序正义是指“通过税法上的程序设计保证税法主体的公正、平等,即通过规范化、制度化的程序性操作将正义由抽象变成具体的原则”,主要包括以下四个方面的内容:第一,税收程序法定,应制定相应的法律程序规则规范税务机关行使征税权;第二,税收程序参与,税收程序中应吸纳

---

① 参见黄茂荣:《税法总论——法学方法与现代税法》(第1册),台北,植根法学丛书编辑室2005年版,第513页。

② 参见施正文:《税收程序法论——监控征税权运行的法理与立法研究》,北京大学出版社2003年版,第70~74页。

③ 张怡、孙小东:《程序正义视角下“税源联动”法律规制探讨》,载《河北法学》2012年第2期。

行政相对方参与并充分考虑其意见;第三,税收程序公开,税务机关行使征税权过程全方位公开;第四,税收程序理性,程序规则的设置应限制税务机关的自由裁量权,保证自由裁量权行使的理性化。[①] 施正文教授从"最低限度的公正标准"[②]视角,认为税收程序要实现程序正义,应包含以下内在价值:参与、公平、程序中立、公开、程序自治、程序理性、人格尊严。

上述对税收程序正义的阐述,多是针对征纳双方之间的税收程序,从国家征税权制约与纳税人权利保护的角度出发,主张保障纳税人公平、公正地参与税收程序,并能够有效表达自己的利益需求,而且税务机关的征税决定应充分考虑纳税人的立场。具体到多部门涉税信息共享程序,则涉及信息共享主体的权益以及涉税信息所有人——纳税人的权利,主张涉税信息共享程序规则的构建应保障信息共享主体以及纳税人的充分参与,有效采纳其建议,使程序规则具有正当性。

五、我国"税源联动"多部门信息共享的法律规则设计

如前文所述,目前我国尚无完善的"税源联动"多部门信息共享法律规则,针对实践中涉税信息共享模式存在的问题,借鉴国外有益经验,本书将从明确涉税信息共享主体及内容、信息共享主体的权利义务以及共享机制运行规则等方面设计"税源联动"多部门信息共享机制的法律规则。

(一)涉税信息共享主体及内容

1. 参与涉税信息共享的政府部门及共享内容

"税源联动"多部门信息共享机制主要解决税务机关从其他政府部门、银行等金融机构收集涉税信息的问题,因此,首先必须明晰税务机关的涉税信息需求。税收征收管理过程中,税务机关需要的涉税信息分为三类:纳税主

① 张怡、孙小东:《程序正义视角下"税源联动"法律规制探讨》,载《河北法学》2012 年第 2 期。

② 施正文:《税收程序法论——监控征税权运行的法理与立法研究》,北京大学出版社 2003 年版,第 75 页。

体信息;反映纳税人经济活动信息;统计类信息,以便掌握宏观经济情况及行业信息。根据上述三类信息需求,确定以下政府部门作为信息共享的主体,并明确其应共享的信息内容。

第一,提供纳税主体信息的部门,包括工商管理部门,提供企业法人、独资合伙企业、个体工商户的开业、变更、注销、吊销登记信息;质量技术监督部门,提供核发《组织机构代码证》信息;民政部门,提供社会团体法人、民办非企业单位以及各类培训班登记信息,福利企业信息,核发《残疾证》信息,各种证照、许可证办理、变更、注销、吊销信息,各种福利彩票发行网点及支付手续费信息;卫生部门,提供医疗机构执业许可证信息;教育部门,提供社会力量办学信息,成人教育信息;对外经济贸易合作部门,提供新办外资企业批准证书信息;公安部门,提供外籍人员登记信息。

第二,提供反映纳税人经济活动信息的部门,包括国土资源部门,提供土地使用证信息、土地转让信息;房产管理部门,提供房产转让信息;劳动与社会保障部门,提供缴纳社保企业的社保缴纳信息、年检信息以及纳税人失业金领取信息;发改委,提供重点建设项目进度信息、重点项目计划信息、投资建设项目立项批复信息;住房与城乡建设部门,提供规划审批的项目资料信息、工程招标项目资料信息,本地、外来的建筑、施工信息、外来建筑企业信息、建筑施工许可证信息、年度工程请款信息;环保部门,提供环保建筑工程施工信息;公路、交通部门,提供从事交通运输行业的企业信息、客货运车船增减变化信息、营运车船的年审信息以及公路改造计划路网改造工程信息;经贸部门,提供技术创新重点项目信息、破产企业信息、兼并企业信息、改组改制企业信息、大中型企业主辅分离信息、重点企业集团主要经济指标完成信息;招商部门,提供招商引资重点项目信息;公安、交警、车管部门,提供车船使用信息、经营性停车场信息、房屋租赁情况登记;科技部门,提供高新技术企业信息以及专利、技术转让信息;河道管理部门、地矿部门,提供应税矿产资源开采信息;海关,提供进料加工核销手册、报关单等,用来监控出口退税管理情况;文化部门,提供文化艺术界知名人士信息、外地文艺团来本地演出信息、文化市场登记管理信息以及音箱、网吧、练歌房、放映厅等登记管理资料;体育部门,提供体育演出项目信息;公用事业管理部门,提供市政项目信息;物价部门,提供收费信息;财政部门,提供行政事业性收费单位信息、政府采购项目信息;水利部门,提供水利工程项目信息。

第三,提供统计信息的部门。统计部门应提供的信息包括两个方面,一是一定规模以上的企业经济运行信息,如工业总产值、产品销售收入、利润总额等信息;二是行业总体的统计信息,包括行业利润率等信息。

2. 银行涉税信息共享内容

虽然银行根据法律规定肩负着为客户金融信息保密的义务,但是在公共利益面前,银行的保密义务应受到一定限制,为平衡金融隐私权与涉税信息共享所指向的公共利益,税务机关与银行的信息共享在内容上应加以限制。

第一,纳税人开户信息的共享。我国《税收征收管理法》要求从事生产、经营的纳税人持税务登记证件,在银行及其他金融机构开立基本账户和其他存款账户,并将全部账号向税务机关报告。但实践中,这一规定并未得到落实,税务机关并没有完全掌握纳税人的开户信息。中国人民银行开户管理部门统计了各商业银行的客户开户信息,在涉税信息共享法律规制设计中,应规定中国人民银行应与税务机关实时共享这部分信息。

同时,开户信息共享不仅包括从事生产、经营的纳税人开户信息,还应包括自然人纳税人的开户信息,若自然人纳税人的开户信息不受税务机关监控,则可能造成单位账户的资金流动通过个人账户完成,给逃税以可乘之机。因此,中国人民银行与税务机关实时共享的数据也应包括自然人纳税人开户信息。

第二,纳税人账户存款信息的共享。现行《商业银行法》规定了对个人储蓄存款以及单位存款,商业银行有权拒绝任何单位或者个人查询,但法律另有规定的除外。《税收征收管理法》中规定了税务机关经县以上税务局(分局)局长批准,凭全国统一格式的检查存款许可证明,可查询从事生产、经营纳税人、扣缴义务人的存款账户,对个人账户储蓄存款信息的查询则只限于税收违法案件涉案人员，并且需设区的市、自治州以上税务局（分局）局长批准。对个人账户储蓄存款信息的查询不应设置过多限制，自然人纳税人在纳税主体中所占比例并不低，对涉税信息的全面监管少不了对个人账户储蓄存款信息的掌握。因此，对纳税人账户存款信息的共享范围包括单位账户存款信息以及个人账户的存款信息。但由于关切纳税人金融隐私权，税务机关对纳税人账户存款信息的共享，应设置严格的程序并限定共享信息的用途。

第三，纳税人资金流动信息的共享。银行等金融机构拥有纳税人资金流动信息，从实物流动的对应面——资金流动上再现了纳税人的经济活动，这部分信息不仅具有纳税人隐私权的特征，同时涉及纳税人的商业机密，因此，银行对这部分信息应严格保密。但是，由于资金流动信息真实反映了纳税人的涉税动态，是证明纳税人是否漏税逃税的有力证据，所以也是重要的涉税信息。《实施细则》针对《税收征收管理法》第 54 条第 6 款规定的税务机关凭统一查询账户许可证明查询账户的职权，规定了查询的内容包括账户余额以及资金往来情况。权衡资金流动信息的机密性以及共享价值，其共享机制应与账户余额等其他信息有所不同，可以要求只能是针对漏税逃税嫌疑人，并且是在穷尽其他途径无法获得有力证据，唯有通过纳税人资金流动信息才能证明的情况下，税务机关才能要求银行等金融机构提供相关纳税人的相关时间段的资金流动信息。

（二）涉税信息共享主体的权利及义务

法律通过确认各主体的权利义务以解决主体之间的利益冲突，稳定社会关系。“税源联动”多部门信息共享机制的运行，使部门之间的利益冲突越发凸显。实践中，此种利益冲突并没有得到合理安排，这也是“税源联动”机制运行受阻的主要原因之一。因此，设计“税源联动”多部门信息共享法律规则，合理安排各主体的权利义务，将会推动“税源联动”管理制度的发展，彰显其应有的法律效果。

1. 税务机关的权利与其他部门的义务

“税源联动”多部门信息共享机制设计的出发点是使税务机关能以较低

成本获得全面真实的信息。作为共享机制“受益”最大的税务机关，其基本的权利是从其他政府部门以及银行等金融机构处依法按时获取规定的信息的权利；相应地，其他政府部门以及银行等金融机构的义务是依法按时向税务机关提供指定的信息。对权利义务的这一安排，是“税源联动”多部门信息共享机制的应有之义。

2. 其他部门的权利与税务机关的义务

“税源联动”多部门信息共享机制，一方面，要使税务机关方便、快捷地获取其他部门掌握的涉税信息；另一方面，也应使其他部门能从税务机关处获得所需的涉税信息，这不仅是信息共享的应有之义，也是实践需要。实践中，其他部门需要税务机关提供其所需信息以完成其工作任务，提高工作效率，其他部门从“税源联动”信息共享机制中获益，将促使其积极参与“税源联动”机制，向税务机关提供涉税信息，促成“双赢”的局面。

由于税务机关所掌握的涉税信息关涉纳税人隐私，因此，税务机关对涉税信息应保密，只有在法律授权的情形下，才能向特定主体披露特定信息。我国现行《税收征收管理法》并没有规定税务机关向其他部门披露涉税信息的情形，但在实践中，已经存在税务机关与其他政府部门签订信息交换协议的情况，可见，向其他部门披露税务信息乃是实践所需。将此种披露纳入信息共享法律制度，赋予其他部门在特定情形下依法定程序向税务机关申请获取某类涉税信息的权利，不仅能够促进“税源联动”多部门法律机制的运转，也可以将实践中税务机关向其他部门披露涉税信息的行为予以规范化。

政府部门与银行等金融部门的性质不同，获取税务信息的权利也有所不同。

第一，其他政府部门获取涉税信息的权利。需要涉税信息的其他政府部门有权利获取法律规定的信息，根据信息内容的不同，权利实现方式也不同。

出于税务管理而向其他部门披露的信息，税务机关应主动按时提供给其他部门。例如，税务机关应定期向工商部门提供注销税务登记证的纳税人信息，以供工商部门比对。

出于达成其他法律目的而需要税务机关提供的信息，需由申请部门领导批准，凭统一申请文书，向税务机关申请提供此类信息。例如，劳动与社会保障部门所需的社保确认缴费基数的信息，非法用工的信息；审计部门审计所需的有关信息；统计部门编制统计报告所需的信息等。

第二，银行等金融机构获取涉税信息的权利。从建立纳税人信用制度的角度来看，税务机关应当将拖欠税款以及漏税逃税等纳税人信息告知银行，银行制定相应的标准，根据其漏税逃税以及拖欠税款等犯罪违法行为，在是否批准贷款申请以及贷款利率高低上给予不同对待，以在全社会建立起纳税人信用制度，提高纳税遵循度。从维护金融秩序的角度来看，税务机关应当将危及金融秩序安全的信息提供给银行等金融部门，以使银行等金融机构做好风险防范工作，例如，税务机关应将纳税信用级别低的纳税人信息提供给银行，银行根据此信息有理由拒绝贷款，以避免大量呆账、坏账的出现。因此，银行等金融机构有权获得拖欠税款、漏税、逃税等纳税人信息，且并不需要银行等金融机构的申请，税务机关应主动按时提供此类信息。

对于税务机关，应根据法律规定向其他政府部门以及银行等金融机构提供相关涉税信息，除非此涉税信息的披露有害于公共利益，否则不应拒绝。获得法律规定的涉税信息的政府部门以及银行等金融机构，必须对此类信息保密，未经授权不得向第三方透露。

（三）“税源联动”多部门信息共享机制运行规则

我国“金税三期”工程的建设已取得初步成果，外部信息交换系统于2013年10月8日在山东、山西两省国、地税局开始试点。① 外部信息交换系统设计了外部信息采集、整理、比对、分配、查询以及反馈等流程，并在数据处理“大集中”的背景下，设计了总局和省局两个数据层级，逐步将涉税信息集中程度提升至全国。同时，外部信息交换系统还设计了对人力资源与社会保障部门、海关、质量监督部门、银行业监督部门的信息反馈，在法律规定的范围

① 参见史晓龙等：《金税三期：为税收事业插上金色翅膀》，载《中国税务报》2013年12月27日，第A01版。

内，满足其他部门的涉税信息需求。[①] “金税三期”工程提高了我国的税务信息化程度，使“税源联动”多部门信息共享更具可行性。

为保证涉税信息共享机制的良好运转，除了信息科技提供技术支持及法律规定各部门信息共享义务外，还需要构建涉税信息共享机制运行的规则，保障信息共享的持久性。本书认为，应当从建立协调程序、监督程序、补偿程序三个方面构建“税源联动”多部门信息共享机制运行规则。

1. 建立协调程序

“金税三期”工程初步构建了涉税信息共享的程序，但这不代表涉税信息共享机制的建成，还需要解决共享中可能存在的问题，应对突发情况，并协调各部门在履行各自义务中存在的利益冲突，使各部门按照上述运行规则运作，以保证系统的正常运转。按照“金税三期”工程的数据处理“大集中”构想，外部信息的交换通道分为总局与省局两个层级，相应地，应分别建立总局层级与省局层级的协调程序。

总局层级，国家税务总局下设涉税信息共享管理办公室（以下简称总局办公室），国家税务总局局长兼任办公室主任，其他信息共享主体部门领导或分管领导为成员，主要职责在于研究制定与涉税信息共享相关的政策措施，以弥补法律纰漏，维护信息共享机制的运行；协调各部门信息共享的流程，包括对各部门进行信息共享业务的指导；协商确定法律没有规定的共享主体以及信息内容；协助资料搜集的相关事项；维护信息共享机制的运行等相关事项。

省局层级，各省应建立涉税信息共享工作领导小组（以下简称省局领导小组），借鉴我国的实践经验，由省委领导担任领导小组组长，国税局、地税局局长担任副组长，其他信息共享部门为组员，主要职责在于组织实施总局办公室下达的政策措施；辅助总局办公室对涉税信息共享制度的调研；协调本省第三方涉税信息共享的流程，包括对各部门进行信息共享业务指导；协助

---

① 参见谭荣华等：《新形势下金税三期工程建设的6大亮点》，载《中国税务》2009年第11期。

本省资料收集相关事项；结合本省需要，在外部信息交换系统中开发本省需要的信息共享模块；维护本省信息共享机制的运行。

2. 建立监督程序

监督程序设立的目的，是要督促各部门诚实履行信息共享义务，对不按规定提供信息或者信息提供不全面、不真实的，给予一定处罚。

采集进入“金税三期”外部信息交换系统的涉税信息经过整理，与系统已有数据进行比对，对有异常的数据应进行重点审查，不能排除异常的应查明信息提交的正确性、全面性以及真实性，应由总局以及省局层级的国税、地税相关部门查明此种情况。对不诚实履行涉税信息共享义务的政府部门，报总局办公室，或者由省局领导小组报总局办公室，由总局办公室通报至行政机关内部监督主体，如该部门的上级行政机关、监察机关等机构；对于非行政部门的金融机构、中介组织等社会组织不诚实履行涉税信息共享义务，可由总局办公室通报税务总局，并由相应的税务机关对其处以行政处罚。除此之外，省局国税、地税应监督其他部门对其获得的涉税信息的保管情况，对保管措施不到位、不严密的，应提出批评，并对其进行指正。

3. 建立补偿程序

在涉税信息共享过程中，可能会出现由某些部门承担过多共享成本的情况，信息提供部门需要在信息的加工上付出一定的人力及物力成本，在业务流程的设置上，也可能改变以往的工作流程，影响工作效率，从而导致对涉税信息共享机制运行的不配合甚至抵触情绪。

对增加人力及物力成本的部门，可以从财政所拨的涉税信息共享机制建立专项资金中予以补偿，由总局办公室负责制定具体的补偿措施，省局领导小组负责实施。若由于业务流程的改变影响本部门的工作效率，在尽力优化业务流程的情况下仍不可避免，则需要信息提供部门为税收征收管理效率的提升，尽其容忍义务，保证信息共享机制的顺利运行。

建立涉税信息共享协调程序、监督程序、补偿程序规则，还需遵循税收程序正义原则。一方面，信息共享主体应充分参与程序规则的制定。程序规则制定初期，可通过联席会议形式，在总局办公室、省局领导小组组织下，各信息共享主体充分参与讨论，设计并论证程序规则；在信息共享过程中，各信息共享主体应及时提出共享中存在的问题及其建议。另一方面，纳税人充分参与法律程序规则的制定。程序规则的制定应充分考虑纳税人意见，保护纳税人权利，对于程序规则中有可能侵害纳税人权利的，如信息传递过程中可能造成纳税人隐私被非法侵犯等情形的，应通过听证会等形式，让纳税人参与程序规则的制定。

我国税务信息化程度低，涉税信息管理法律制度不健全，作为涉税信息管理法律体系的重要组成部分，"税源联动"多部门信息共享法律规则明确规定了信息共享的参与主体、信息共享内容，设置了各主体间的权利义务关系，并构建了信息共享机制的运行规则，这不仅能使"税源联动"多部门信息共享制度得以确立，提高税收征收管理效率，也能推动我国税收征收管理逐步走向法治化。

第二章　涉税信息采集的权限和程序法律规则设计

所谓涉税信息采集，是指税务机关根据税收管理中的信息需求，结合涉税信息源的状况，选择、寻找和收集相关信息并加以聚合与集中的过程。[①] 在以信息为纽带和依托的税收管理过程中，涉税信息的采集发挥着举足轻重的作用，因为只有全面掌握纳税人财产及收入信息，税务机关才能合理评判纳税人的税负能力，有效监控税源，从而防范纳税不遵从现象。从本质上来看，税务机关的涉税信息采集权是一种信息形成权力，它属于政府行政权力的一种。根据美国学者伯纳德·施瓦茨的主张，政府在信息形成过程中拥有以下权力：一是命令相关当事人制作记录和档案的权力；二是检查账簿和档案的权力；三是用传票来传唤证人、索取文件的权力。[②] 以此推之，税务机关亦可通过强制纳税人申报、税务行政检查、职权调查等权力

① 参见梁阜：《税源信息资源管理系统研究》，经济科学出版社 2010 年版，第 122 页。

② 参见[美]伯纳德·施瓦茨：《行政法》，徐炳译，群众出版社 1986 年版，第 82 页。

的运用来采集信息。然而,由于权力本身具有滥用的可能,税务机关的涉税信息采集权必须依法谨慎行使,遵循既定的条件和程序。因而,税务机关涉税信息采集的法律权限和程序设计,是税务信息管理创新机制的核心组成部分。

一、我国涉税信息采集法律规则设计的现状及问题

(一)我国涉税信息采集法律规则设计的现状

涉税信息采集权限与程序的设计有赖于完善的法律制度支撑。在此方面,我国2001年的《税收征收管理法》首次将税务信息化写进法律,《实施细则》则对税务信息采集与管理问题进行了更细致的规定。截至2013年,国家税务总局发布《税收征收管理法修正案(征求意见稿)》(以下简称《征求意见稿》)增加了相关主体的信息报告义务,①为税务机关涉税信息采集权限的扩大奠定了基础。总体上,根据我国现行法律的规定,税务机关的涉税信息采集权主要包括纳税人的信息登记与申报、相关主体的信息协助与报送及税务机关的税收检查三方面内容。

1. 税务信息的登记与申报

根据我国《税收征收管理法》第二章规定,涉税信息的采集主要通过税务登记、账簿管理及申报管理这三个环节。首先,《税收征收管理法》专设税务登记一节,要求从事生产、经营的纳税人向税务机关申报办理税务登记或者申报办理变更或注销税务登记。其次,《税收征收管理法》要求进行账簿和凭证的管理,纳税人、扣缴义务人应按照法律规定设置账簿,根据合法、有效凭证记账,进行核算。最后,《税收征收管理法》还设置了纳税申报一节,要求纳税人、扣缴义务人根据法定申报期限和申报内容,报送纳税申报表、财务会计报表及其他纳税资料。据此,税务机关可依托税务登记、账簿凭证所记载的内容或纳税人的相关信息申报,对纳税人的个人信息、生产经营情况及相关收入信息进行采集。

---

① 参见《中华人民共和国税收征收管理法修正案(征求意见稿)》,载中国政府网:http://www.gov.cn/gzdt/2013-06/08/content_2422712.htm,最后访问日期:2017年2月1日。

2. 相关主体的信息协助与报送

我国涉税信息采集总体上经历了“适应型”的被动采集到“共享型”的协同收集的发展历程。根据我国《税收征收管理法》等法律规定，在纳税人及扣缴义务人之外，作为法定协税护税人的政府及其职能部门以及某些经营性机构，也应依法承担报送信息义务，以为税务机关涉税信息采集提供信息来源。首先，地方各级人民政府及各有关部门和单位具有涉税信息的协助义务。具体而言，第一，地方各级人民政府对税务信息具有领导或协调义务。例如，《实施细则》第4条第2款规定，地方各级人民政府应积极支持税务系统信息化建设，并组织有关部门实现相关信息的共享。第二，某些政府职能管理部门有信息协助义务。根据《税收征收管理法》和《实施细则》的规定，财政、审计部门有义务与各级税务机关配合，协助税务机关建立有关信息网络，工商部门在办理登记注册、合法营业执照时亦有相关涉税信息的定期通报义务。其次，银行、交通、邮政、电信等经营性机构具有税务信息采集协助义务。具体而言，第一，银行和其他金融机构具有协助涉税信息采集义务。根据《税收征收管理法》的规定，银行和其他金融机构应当在从事生产、经营的纳税人账户中登录税务登记证件号码等信息。税务机关依法查询从事生产、经营的纳税人开立账户或采取税收保全、强制执行等措施时，银行和其他金融机构应当予以协助。第二，交通、邮政、电信等部门具有协助涉税信息采集的义务。根据《税收征收管理法》的规定，纳税人、扣缴义务人可按照规定以邮寄、数据电文或者其他方式办理上述申报、报送事项；税务机关有权到车站、码头、机场、邮政企业及其分支机构检查纳税人托运、邮寄应纳税商品、货物或者其他财产的有关单据、凭证和有关资料。此外，根据《税收征收管理法》规定，税务机关依法进行税务检查时，有权向有关单位和个人调查纳税人、扣缴义务人和其他当事人与纳税或者代扣代缴、代收代缴税款有关的情况，有关单位和个人有义务向税务机关如实提供有关资料及信息。

3. 税收检查中的涉税信息采集

除依靠纳税人提供涉税信息外，我国法律还授予税务机关对涉税信息直接、主动检查、获取的税收检查权。《税收征收管理法》第54条规定，税务机关税务检查权包括：(1)查账权；(2)场地检查权；(3)责成提供资料权；(4)调查取证权；(5)查证权；(6)检查存款账户权；(7)采取税收保全措施权和采取税收强制执行权；(8)行使行政处罚权。相应地，《税收征收管理法》第56条规定，纳税人及扣缴义务人应当接受税务机关依法进行的税务检查，如实反映情况，提供有关资料，不得拒绝、隐瞒。由此，税务机关可通过税收检查权力的行使来获得涉税信息。

(二)我国涉税信息采集法律规则的主要问题

1. 涉税信息采集的权限设置不当

有效的涉税信息采集，有赖于税务机关对信息采集的范围和内容有充分决定权。然而，我国法律对于税务机关对涉税信息采集实体决定权的规定不够完善，制约了税务机关信息采集权力的行使，具体而言，首先，法律对涉税信息提供主体规定不明。《税收征收管理法》只是笼统地规定了"各有关部门和单位""各级政府"等有义务支持、协助税务机关开展税收执法工作，但未明确规定具体的部门和单位名称。其次，相关主体的协助义务规定亦不尽如人意。《税收征收管理法》及其《实施细则》虽规定了工商部门、银行、车站、邮局、码头等部门和单位的涉税信息采集义务，但却未规定各部门和单位如何协助税务信息采集以及其具体权利义务为何等问题，这些粗疏的条文规定不利于相关主体依法进行协助税务信息采集。最后，税务检查权的行使受到严格限制，信息采集效果难以保障。例如，《税收征收管理法》第54条第(六)项虽然规定了税务机关"经批准"可以查询纳税人存款账户，但通常只有在涉及税收违法案件时方能得到批准，如此规定只能让税务机关在特殊情形下才可查阅纳税人账户信息，不利于对纳税人动态交易情况进行监控，也会造成税务机关对纳税人信息掌握得不全面。

2. 涉税信息采集的程序指挥权不足

为保障纳税人及涉税第三人提供信息的准确性、全面性，需赋予税务机关一定的程序指挥权，对纳税人信息提供进行有效指引。但就我国而言，税务机关对纳税人及第三人提供涉税信息的程序指挥权明显不足。例如，根据《税收征收管理法》第25条的规定，纳税人应依照法律规定及税务机关实际需要进行纳税申报和提供纳税资料，但纳税人所应提供涉税信息的类型为何以及范围为何、如何提交等问题均不明确。实践中，税务机关“程序指挥权”的不足，不仅不利于涉税信息采集工作的开展，也造成了纳税人与第三人在涉税信息提供上无所适从。

3. 涉税信息采集的真实性难以保障

税务机关所获信息的真实性和完整性决定着涉税信息在税收管理中的效用，然而受到“信息不对称”的影响，我国税务机关所获取的信息可能有失真实。原因如下：其一，对某些纳税人而言，无论是基于合理节税、有效避税需求，或者是基于逃避税务机关对期违法逃税、避税处罚的考量，其往往都不愿将涉及自身的税务信息提交给税务部门。其二，对银行、电力行业、中介等营利性机构而言，基于对纳税人隐私权保障和规避税收执法检查等因素的考量，其也缺乏主动配合税务部门开展税务信息采集的意愿。其三，对于其他政府部门而言，由于各地、各部门在数据的管理水平和管理尺度上存在不同，且时常存在利益冲突，所以也会不可避免地造成信息分割、分散或失真等现象。[①] 例如，工商、房管、土地等部门都需要对纳税人相关财产信息登记，但由于缺乏统一的财产登记和申报系统，其在相关信息登录和整理方面难免发生偏差，容易影响涉税信息的真实获取。然而，针对信息采集失真情况，我国尚缺乏有效的规制措施，《税收征收管理法》及相关法律规定仍存在诸多空白。

4. 涉税信息采集缺乏有效的责任保障

根据权责相统一原理，对于相关主体未履行涉税信息提供义务的，法律应给予合理的处罚。然而，当前我国《税收征收管理法》对相关主体责任的规范不尽完善。例如，根据《税收征收管理法》第17条的规定，银行和其他金融机构应当在从事生产、经营的纳税人的账户中登录税务登记证件号码，并在

① 参见李显著：《税务行政管理信息化构想》，载《税务研究》2006年第9期。

税务登记证件中登录从事生产、经营的纳税人的账户账号。然而在实践中，即便是银行及其他金融机构未逐笔登录纳税人账户账号，其也会因法律责任制度的空缺而难以受到规制。再如，《税收征收管理法》第63条仅对纳税人或扣缴义务人未按照规定期限办理纳税申报和报送纳税资料以及报送代扣代缴、代收代缴税款报告表和有关资料的，规定了相应处罚措施，但该规定只对相关主体提供信息资料的期限提出了要求，而未对提供信息的真实性、准确性等事项予以明确。显然，法律对涉税信息采集的责任规则设计存在明显缺陷。此外，《税收征收管理法》仅规定了银行和其他金融机构违反涉税信息采集规定的责任，而不涉及地方政府及其他单位、部门的责任。因此，如果银行及其他金融机构以外的相关单位和部门对涉税信息采集工作予以推诿或者拒绝，则将难以受到法律的约束和规制。

5. 涉税信息的采集易产生利益失衡

由于信息资源具有“稀缺性”的特点，因此，在各个法律主体都有控制和获取信息的强烈需求下，就难免产生利益冲突问题。① 就我国而言，在涉税信息采集方面也存在政府作为信息资源的获取方与纳税人、第三人作为信息资源的占有与控制方产生的利益冲突问题。其一，涉税信息的采集权力易与纳税人的财产权产生冲突。涉税信息通常是纳税人经营活动的记载，具有一定的财产权利和商用价值，一旦被非法利用，将对公民的财产权带来侵害。其二，涉税信息的采集权力易与纳税人的隐私权产生冲突。信息隐私权是指人们就关于自身的资料得以自己决定何时、何地、如何以及在何种程度上将之传达给他人的权利。② 在某种程度上，涉税信息所组成的是纳税人的“人格拼图”，一旦国家对这些信息采集与管理不当，将使纳税人的私人信息被揭露和滥用，进而侵犯其隐私权。其三，涉税信息的采集权力还可能与纳税人的平等权发生冲突。税务机关采集信息是为了准确厘定公民纳税义务进而进行

① 参见刘青：《信息法新论——平衡信息控制与获取的法律制度》，科学出版社2008年版，第67页。

② 参见纪佳伶：《资讯隐私权之探讨》，载《台湾公共行政学报》2000年第4期。

公平征税。但一旦其收集的信息不准确、不适时或不完整,则将导致纳税人纳税额的偏多或偏少,进而造成税收不公平。此外,在涉税信息采集过程中,征税机关也可能与第三方发生冲突,尤其是在保密事项上,就营利性主体而言,它们对涉税信息的获取和使用是以提供经营服务为对价的,因此需要履行必要的保密义务,但就征税事项而言,如果税务机关未能获取充分的银行信息,将很难发现违法行为的存在,二者的冲突自此产生。因此,针对涉税信息采集过程中的利益失衡,需要通过完善法律机制,拓展税务机关获取涉税信息途径,合理确定涉税信息采集条件和程序,以最大限度地实现信息收集与权利(权力)保护之间的多维平衡。

二、涉税信息采集的国外经验:以美国、法国为例

(一)美国涉税信息采集的法律规则设计

美国联邦税务局非常重视涉税信息的采集,并早在20世纪60年代就开始在全国征收管理系统中推广计算机网络的应用,将税收数据的处理覆盖到纳税申报、第三方涉税信息采集、税源监控、税款审核、税款征收、稽查选案等方面。在法律机制建设上,美国在《国内税收法典》的征收程序与行政管理部分专设第六十一章"信息与纳税申报"来对涉税信息采集进行规范。该国涉税信息采集的法律规则具体如下。

1. 纳税人涉税信息的提供

第一,纳税申报的主体。根据美国《国内税收法典》第6011(a)条的规定,纳税人或税款的扣缴义务人和代征人都应按照财政部部长指定的表格和规章报送纳税申报表或报表。此外,根据美国《国内税收法典》第6041(a)条的规定,从事某商业或贸易活动的服务接收方在任意纳税年度在该商业或者贸易活动过程中向其他主体支付600美元或者以上金额的租金、薪金、工资、奖金、养老金、补偿金、报酬、津贴,或者其他固定或可决定利得、利润和所得的所有主体,或者对于由美国支付的该等款项而言,有该支付相关信息且在规章下被要求就其提交纳税申报表的美国官员或者雇员,都有向财政部部长

提供一份真实准确的纳税申报表的义务。可见,美国纳税申报的主体较为广泛,既包括纳税人,又包括扣缴义务人、代征人以及交易相对方等。

第二,纳税申报的形式。通常而言,美国纳税人申报有上门申报、电子申报、邮寄申报等方式。根据美国《国内税收法典》第6011(f)条规定,财政部部长有权通过使用大众传播及其他方法提升电子纳税申报的效益,并鼓励纳税人对该程序进行使用。因此,美国税务机关通常将纳税人电子申报形成的征收管理数据处理成电子信号,输送到税务机关计算机系统。税务机关可根据已存入的税务登记资料,自动检查出未申报纳税人并向其寄送催报表,督促其履行纳税申报义务。

第三,纳税申报信息的完整性。在美国,相关主体申报的涉税信息除具体应缴税额外,还应包含收入总额、扣除项目、免税总额、抵免额度等信息,以确保纳税申报的完整性。对此,美国《国内税收法典》要求极为严格,如果一份纳税申报书没有涵盖所得、扣除、抵免等信息,就不能构成完整的纳税申报;如果相关申报人省略了必要信息或者根据申报表信息填写就可以判断税款计算错误,则纳税人将面临500美元的罚金;如果纳税人持续递交不完整的申报表,还可能因故意不申报税收而面临刑事指控。①

第四,纳税申报的真实性。纳税人对于申报表中所列举的相关信息,必须对其真实性负举证责任。因此,美国《国内税收法典》要求纳税申报表必须有申报人签名,并且需要书面申明宣誓确认,以确保申报书的绝对真实、可靠,尤其在电子申报过程中,纳税人需要向税务机关寄送签名函件,证明已进行了电子申报,并对所申报内容的真实性负责。如果存在虚假和隐瞒情况,将会面临伪证罪的刑事指控。

第五,关联申报的规定。美国《国内税收法典》第6049条和第6050条专门规定了与纳税人产生利益相关的关联申报制度,规定所有支付款项给纳税人的单位都要定期向税务机关报送涉及利息和股息的支付、股票交易、不动

① 参见潘雷驰、叶桦:《美国涉税信息综合治理机制对我国税源专业化管理的启发》,载《税收经济研究》2012年第4期。

产销售、特许权使用费、失业补偿、合伙企业权益转让、赠与财产转让等情况的信息。因此,如果有关关联公司记录了有关税务问题,则必须向税务机关报告。为了确保关联交易的顺利进行,美国《国内税收法典》第七十五章第7203条还专门规定了关联方的纳税申报责任,即根据规定被要求提交纳税申报、保存任意记录或者提供任意信息的主体,如果故意未提交上述纳税申报、保存上述记录或者提供上述信息,除了法律所规定的其他罚款以外,如果被认定为轻罪,还要求在定罪后被处以25,000美元(对于公司而言是100,000美元)以下的罚金或者1年以下的监禁,或两者并罚,并需承担诉讼费用。

2. 第三方的涉税信息报告

美国《国内税收法典》在"信息与纳税申报"一章的第Ⅲ部分"信息申报"中,专门使用了65个条款详细规定了包括任何政府单位及其机构或部门在内的相关主体,应向税务机关报送"关于遵守特殊规定的主体的信息""与其他人交易信息""获薪雇员的相关信息""养老金等登记信息""所得税纳税申报准备的信息"等源头信息。具体而言,第一,其明确了涉税信息第三方的提供主体。在美国,涉税信息第三方主体较为多元,既包括各政府部门,也包括合伙企业、银行、免税组织、特定信托机构、证券公司、电子支付交易平台提供商等经济部门及其他与经济相关的部门。第二,明确了涉税信息第三方需提供的具体信息,包括但不限于资金收付记录、银行账号与交易记录、不动产转让、租赁公证等内容。就此而言,广泛的信息储备能为税务机关的征收管理提供有效支撑。第三,规定了涉税信息第三方的实时比对机制。通常而言,美国联邦税务局在纳税人申报前都会尽量从第三方处获取各类涉税信息以及时更新纳税人账户的实时数据库。20世纪80年代以来,美国联邦税务局就致力于纳税人账户的实时数据库建设,该数据库建立在"纳税代码"基础上,除能做好数据的及时更新外,还能将税务机关从第三方处所收集的资料与纳税人自行申报资料进行比对与核查,实现对税源的掌控,以提升纳税人的税收遵从力度。一方面,纳税人或其税务代理人可使用软件将这些信息下载到申报表中,适当补充税务部门没有掌握的数据,从而完成纳税申报;另一方面，联邦税务局也会在纳税申报的审核软件中嵌入第三方提供的信息，用以识别那些与系统记录不匹配的申报表，一旦发现此类申报表后，税务局将通知纳税人及时补充纳税信息的申报，以减少事后评查环节。①

3. 涉税信息采集的监督与评查

对于纳税人及第三人所提供的涉税信息，美国还通过设置监督与评查机制，把握好涉税信息的“入口关”，相关制度的内容包括以下几个方面：一是信息实时监督制度。美国联邦税务局设置了专门的“货币—银行—企业”检查系统，对银行、企业和货币使用者的资金流动信息进行监控，每当有10,000美元以上现金交易时，银行、企业的专业人员应填报专业表格纳税。② 否则，美国的税务警察将通过电子系统获取证据以进行严厉打击，避免因现金交易造成税源流失。二是涉税信息的评定制度。在收到各类申报信息后，美国税务机关将通过计算机系统对所申报资料的合法性与合理性进行审核，一旦发现错误，还将打印“改正通知书”寄送给纳税人。例如，根据美国《国内税收法典》第6201条的规定，财政部部长有权而且应当进行税收评定，评定的主要载体和对象是纳税申报表，评定内容则集中在纳税人是否存在“报税不足”及“报税不真实”的情形。三是选案稽查制度。为保证纳税人申报信息的真实性，美国还通过税务稽查制度，对录入计算机信息库的纳税人进行“选案稽查”，对重点怀疑对象进行专业的税务稽查。根据美国《国内税收法典》第7602条、第7604条的规定，美国国内收入局、财政部部长有权检查纳税人的任何账簿、记录和其他数据，有权传唤相关人员并取得必要的证词、收集相关信息，无须经过法院批准。当被传唤人忘记或拒绝服从传唤，忘记或拒绝按要求提供账簿、文件、记账凭证或其他数据，或忘记或拒绝按要求作证时，财政部部长可以向被传唤人居住或所在地区的联邦地方法院的法官或向该地区的美国地方法官申请拘捕被传唤人。当然，税务机关进行涉税信息检查并

① 参见邵峰、蒋震宇、张海波：《美国税务机关信息管税的经验与启示》，载《税务研究》2013年第6期。

② 参见廖全文：《税收信息化下的税源监控》，西南财经大学财税学院2007年硕士学位论文，第10页。

非毫无限制，一般而言，纳税人的账簿针对每一纳税年度只能被调查一次，除非纳税人另有要求或财政部部长在调查后书面通知纳税人需要再进行调查。

（二）法国涉税信息采集的法律规则设计

法国税收程序立法亦非常注重健全和完善涉税信息管理制度。法国《税收程序法》第二章用39个条款专门规定了税务机关获取涉税信息的权力，即要求纳税人与相关第三人进行资料转送的权力，并规定了相对人的义务。在法国，税务机关获取涉税信息是其履行税收执法职能的重要手段，有关涉税信息采集的法律规则主要有如下几个方面：

1.资料转送权及其范围

法国《税收程序法》第L81条明确了税务机关资料转送权的基本目的，即为了确定税基和实施税务检查，应当赋予税务机关工作人员一定的资料转送权，以收集相关的涉税资料与信息。据此，税务机关获取信息权力是适用较广的权力，无论何种税种，也不论是相关主体采用何种载体保存资料，税务机关均可行使相关的资料转送权，要求纳税人或涉税第三方提供相关信息。

2.涉税信息的提供主体及范围

根据法国《税收程序法》的规定，税务机关的资料获取权的行使共分为两种情形：一种是纳税人应税务机关的要求进行信息的申报和提供；另一种则为即便是在税务机关没有要求的情形下，相关主体自动进行涉税信息的转交义务。

第一，纳税人依税务机关要求提供信息。根据法国《税收程序法》第L81条至第L102AA条的规定，相关纳税人主体共计20类，主要包括支付自由职业者薪金或者版税的人员，用人单位和年金义务人，政府部门和由政府部门控制的国有企业、机构或者组织，全国农村账户和政策融资委员会，具有商人资格的人员，农业经营者（不管经营形式和方式如何）和农业经营者购销产品的对象组织，非商业职业成员，支付薪金或者分配资金的机构和组织，房地产业务经营商，保险业务经营人员，运输承包商，公共文件保管人，证券交易所的职业中介机构，农业社会互助基金会，核发非划线支票的人员，向境外转移资金的机构，乡镇内部的财产转移——应当制作财产清单的纳税义务人,电视有偿服务机构或发行机构、信托公司等内容。此外,每一主体应当提供何种涉税信息,法律也有明确规定,例如,支付自由职业者薪金或者版税的人员应当向税务机关工作人员提供财务会计报表,以便税务机关了解他们支付给第三方的薪金及各种收入的年总额,而用人单位和年金义务人则应当向税务机关转送记录支付款项的材料等。

第二,主动提供信息。法国《税收程序法》第 L97 条到第 L102 条还规定了税务机关未事先要求时的资料转送,即便没有税务机关的通知,法律规定的 6 类主体在日常工作中仍需向税务机关提供规定的涉税信息。① 这些主体包括:(1)各社会、医疗保险机构每年应向税务机关提供按医生排列的投保人缴纳的医疗费和药方概览表(第 L97 条)。(2)各家庭、残疾补助和社会救济等机构应提供受益人名单(第 L98 条、第 L98A 条、第 L98B 条、第 L99 条)。(3)司法机关必须向税务机关提供所有涉及偷税行为的情报(第 L101 条)。(4)著作权公司、出版社、国家电影中心等必须提供所有经营者申报的资料,特别是为支付版税而制作的收入申报表(第 L102 条)。(5)市长必须在每年 1 月、4 月、7 月、10 月向税务机关提交季度死亡证书清单(第 L102A 条)。(6)广告代理人应在每年的 2 月 15 日前提交上年度收取费用的清单(第 L102AA 条)。

3. 资料的保存时间和方式

法国《税收程序法》第 L102B 条规定,对于税务机关可以行使转送权、调查权和税务检查权的账簿、账册、单据和凭证,自账簿或账册上提到的日期或者单据或凭证开具之日起,应保存 6 年。如果相关单据是通过计算机开具或接收的,还应保存至少和第 L169 条第 1 款规定期限相同的时间。而关于资料保存的方式,法国也有明确的规定。该法第 L102C 条规定,为执行第 L102B 条的规定,纳税义务人或者客户或第三方以纳税义务人的名义为其签

---

① 参见法国《税收程序法》第 L97 条、第 L98 条、第 L99 条、第 L101 条、第 L102 条。

发的发票以及他们收到的所有发票,如果不是通过电子方式保存,从而确保能够快捷、完整地在线查阅有关数据的,应在法国本土保存。对于没有与法国签订互助协定及快捷在线查询、下载和使用全部有关数据的协定的国家,纳税义务人不得保存通过电子方式转到该国家的发票。在申报收益或者利润的同时,纳税义务人应当申报发票的保存地点以及变更后的地点。

4. 对涉税信息进行检查的权力

法国规定税务局长在任何必要的时候,有要求纳税人和其他税收义务人接受询问、到达涉税的场所、接触、查阅、摘录、复印各种资料账簿和记录等权力。这些权力均可与所有其他检查程序或重新核算应纳税额程序同时并用。如果纳税人对税务机关的要求不予答复或延迟答复,则税务机关可以对其实施依职权核定征收。

为保证税款征收,法国《税收程序法》第 L38 条还赋予税务机关进行搜查的权力,并规定了该项权力的行使程序。但是,税法对税务机关行使搜查权做了严格的限制:首先,行使搜查权的目的是"为查找和认定违反《税收总法典》第一部的第一部分第Ⅲ编的规定以及程序法和征收法的违法犯罪行为";其次,搜查人员为"由主管海关的部长专门授权的税务人员。授权税务人员由一名司法警察陪同前往";再次,搜查的范围权限为"可以进入所有可能藏匿相关凭证、单据、物品或者货物(不管是何种载体)的场所——甚至是私密场所进行搜查,并予以扣押";又次,行使搜查权的前提是"必须事先必须获得司法机构的批准";最后,搜查时间不得在 6:00 前或 21:00 后开始,在搜查过程中必须遵守严格的法定程序。

(三)国外涉税信息采集规则的经验启示

从以上具有代表性的美国、法国两国关于涉税信息采集的法律规则设计来看,各国普遍将获取涉税信息作为本国税收立法及其征收管理最为重要和核心的内容,并进行了明确的法律规定。美国《国内税收法典》中就有 65 个条款共计 62,000 万字专门规定了涉税信息的报送与采集,而法国《税收程序法》也用专章规定了税务机关获取涉税信息的权力及其相对人的义务。整体上，这两个国家有关涉税信息采集规则的共同点主要体现在以下方面：

1. 建立了系统化的涉税信息法律规则体系

从美国、法国两国的相关制度设计来看，主要涉税信息法律规则均包括纳税人的信息申报、第三人的信息提供以及税务机关主动采集信息等制度，并涵盖了从义务规范到责任规范的全过程。具体而言，第一，建立了纳税人信息申报的义务规则，规定税务机关可根据税收征收管理实践需要，要求纳税人或涉税第三人，依照法定的程序和形式报送完整、真实的税务信息。如果纳税人或涉税第三方未按法律规定报送信息，则其需要承担必要的法律责任，主要责任类型包括三项：一是丧失提起申诉的权利；①二是税务机关可以直接进行税收核定；②三是遭受严厉的行政或刑事法律责任追究。③ 第二，第三人对涉税信息采集的协助义务。就美国、法国两国的立法来看，无论是作为市场交易的相关方，还是作为涉税信息的保管方，均有一定的涉税信息提供义务。其中，交易相关方包括购买方和供应方等主体，而涉税第三方则较为广泛。例如，美国《国内税收法典》规定的第三方记录保管人包括互助储蓄银行、合作银行、国内建筑和贷款协会、根据联邦或州际法律作为储蓄和贷款协会或类似协会得到特许设立及监督的其他储蓄机构、银行或信用合作社；消费者征信机构；通过使用信用卡或类似设备扩展其信用的人；经纪人；律师；会计；易货交易所；托管投资公司及此托管投资公司的代理人；注册代理人；计算机软件源码的所有者或开发者共计10类主体。第三，赋予税务机关主动采集涉税信息的法定权力。例如，美国《国内税收法典》就赋予了税务机关在书证、物证方面的获取权以及实地调查取证的准入权，以及要求纳税人和相关方接受传唤、询问，出具证明等权力。④ 法国《税收程序法》也用了39个条款对税务机关主动采集信息的权力作了详细规定，使其能够广泛适用于

---

① See US CODE, Title 26, Subtitle F, Chapter 63, Subchapter A, Sec. 6201; Title 26, Subtitle F, Chapter 76, Subchapter E, Sec. 7491.

② 参见法国《税收程序法》第L69条、第L70条。

③ See US CODE, Title 26, Subtitle F, Chapter 75, Subchapter A, Sec. 7201 – 7217.

④ See US CODE, Title 26, Subtitle F, Chapter78, Subchapter A-Examination and Inspection.

税收管理的全过程。[①]

2. 涉税信息采集程序设计的精准化

为保障涉税信息采集的全面、及时,美国、法国两国对于涉税信息采集的程序也进行了规范,具体而言,首先,普遍建立了唯一的纳税人识别号制度。例如,美国的企业和个人在生产经营过程中必须在税务机关按照标准进行规范登记,税务登记号码全国统一编码,能够实现全国互查。其次,规范了信息申报的程序。美国、法国等国家不仅统一了纳税人报税方式、报税程序、核算方法等信息管税的流程,同时也对报税时间、所填表单进行了标准化、格式化,以确保信息的采集与使用能够规范进行。最后,强化对涉税信息采集权力的约束。为保障纳税人合法权益,美国、法国两国普遍对税务机关税务检查权的目的、范围及保密义务等进行了规定。

3. 涉税信息采集真实性的制度保障

从美国、法国两国的制度设计来看,对涉税信息真实性的保障主要体现在以下三个方面:一是注重对纳税人提供涉税信息的注意义务的规范。两个国家的制度设计中均规定纳税人有进行真实申报的义务,并且无论是在书面申报还是电子申报中,都有进行签名确认的义务。二是注重对第三方信息提供的比对,以做好信息真实性的核定。美国、法国两国的法律均规定税务机关在要求纳税人报送涉税信息的同时,还要求相关第三方向税务机关申报所掌握的信息,包括工资、和其他雇佣关系有关的款项、雇员附带福利、利息、股息、退休金等所得信息、交易信息、资金状况信息等内容,以在充分获取信息的基础上进行真实认定。例如,美国《国内税收法典》要求一些特殊主体应向税务机关申报与其交易或其他经济行为有关的纳税人信息。法国税务机关要求第三方提供纳税人付款记录及类似的信息,以便有效核实纳税人申报表的真实性。三是明确了涉税信息的评定和比对规则。无论是美国还是法国,相关立法均规定了税务机关可在纳税人进行纳税申报后,以其掌握的信息来评估其涉税

① 参见法国《税收程序法》第 L81 条至第 L102AA 条。

信息的真实性和准确性，而在无法确认税基大小时，有权在核定税额后，要求纳税人改正。

4. 涉税信息采集注重对纳税人的权益保障

尽管基于税收征收管理的需要，税务机关有权进行涉税信息采集，但却不能因此而给纳税人权益带来过度伤害，为此，美国、法国两国关于涉税信息采集的制度设计中均注重对纳税人权利的保障。具体包括以下几个方面：其一，对纳税人隐私权的保障。例如，法国规定，税务机关行使搜查权，必须事先获得司法机构的批准，搜查时间不得在6：00前或21：00后开始，在搜查过程中必须遵守严格的法定程序。其二，为纳税人保密的义务。例如，美国《国内税收法典》第6713条规定，相关主体如果泄露了任何涉税信息或者将该信息用于纳税申报资料以外的目的，则将按泄露或利用的次数处以每次250美元的罚款，但对同一主体每年度的罚款总额不得超过10,000美元。因披露涉税信息而违反《国内税收法典》被定罪后，将被处以5000美元以下罚款或者5年以下监禁（或者两者并罚）。如果犯罪人为美国政府官员或者雇员，一旦定罪，则除其他任意处罚以外，其还将被开除公职或者解除雇佣关系。

三、我国涉税信息采集权限与程序法律规则的完善路径

由上可知，为防止政府机关进行不正当的信息采集，各国普遍通过对税务机关涉税信息采集权力和职责法定化，将税务机关涉税信息采集工作纳入法制化轨道，确保涉税信息采集的依法、有序、规范开展。反观我国，由于实践中税务机关普遍存在围绕"任务"治税、"计划"治税的现象，相关立法重心放在确保税务机关全面、快捷、真实地获取税务信息上，而对纳税人及涉税第三方的权利保障重视不足。在依法治国战略实施和财税体制改革推进的背景下，我国应确立"信息管税"理念，对税务机关进行涉税信息采集的权限和程序进行科学界定，以更好地完善和建立我国涉税信息采集制度。

（一）涉税信息采集的原则要求

税务机关进行涉税信息采集，应当在法定的职权和职责范围内，依据相

应的原则进行，具体应当遵循下述原则的基本要求：

第一，目的性原则。目的性原则是指税务机关在采集信息时需依照特定目的，不得在没有目的、超出目的或变更目的的情形下采集。通常而言，税务机关采集信息应基于公共利益的目的为之，其采集行为是否符合公共利益目的，可以综合其性质、职权范围、特定授权、委托等因素进行判断。为此，在信息采集过程中，税务机关应坚持“直接目的，适量采集”①的要求，确保涉税信息的采集与税务机关的职能与活动目的密切相关，尽量减少因涉税信息采集给纳税人生产经营活动带来困扰。

第二，法定性原则。法定性原则是指作为行政权力运行的具体形式，涉税信息采集应坚持“法无明文规定即禁止”②的原则，在法定范围内行使权力，以确保采集行为的合法性和正当性。具体而言，税务机关涉税信息采集应做到以下几点：其一，采集对象的合法性，即税务机关采集涉税信息的对象为纳税人及涉税第三方，而不得要求其他主体提供信息；其二，采集内容的合法性，即税务机关应当基于税务管理的需要而采集信息，至于无关的纳税人及第三人信息则不得采集；其三，采集程序的合法性，即税务机关应当以法律规定的程序和形式采集信息，不得以欺诈、窃取、利诱、胁迫、侵入计算机系统等方式采集个人信息。

第三，准确性原则。信息的真实、可靠是涉税信息采集工作的最基本要求，只有确保信息采集的源头真实性，并通过税务检查进行反复核实、不断检验，才能把误差降到最低，因此，准确性原则要求税务机关所采集到的涉税信息应当力求精确、完整和新颖，以更好地指导税收征收管理实践。其中，所谓精确，是指信息必须与实际情况高度一致，不允许有偏差；所谓完整，是指为特定目的而收集的资料应当全面、客观、无遗漏；所谓新颖，是指为特定目的利用的信息应当是最近更新的，而不应是陈旧的历史信息。

---

① 李德成：《网络个人化信息资料的利用和控制》，载《科技与法律》2001年第1期。

② 焦玉良：《信息社会中公共权力的回归：从国家到社会》，载张立升、王焱主编：《社会学家茶座》（总第31辑），山东人民出版社2009年版，第50～55页。

第四,及时性原则。及时性原则是指纳税人及其涉税第三方对于涉税信息的提供,以及税务机关对涉税信息的采集都应在既定期限内进行,不得拖延。涉税信息能否发挥其应有的利用价值取决于该信息是否具有时效性,通常而言,信息提供和利用的时间越早,信息的价值就越大。① 在实践中,税务机关对税基的认定和进行税务检查都必须依托事前获得的消息和情报为依据,因此,如果涉税信息提供有所延误,则将有损税务决策的准确性。

第五,经济性原则。经济性原则是指涉税信息的采集过程应秉持经济性、效率性的原则,充分考量涉税信息主体差异和涉税信息种类差异,以经济、快捷的形式完成涉税信息采集工作。在具体实践中,应对税务信息来源渠道、种类、特点等进行区分,采用经济、合理的方式采集,以节约涉税信息采集成本,提升涉税信息采集质量。

第六,安全性原则。安全性原则是指税务机关在涉税信息采集过程中和完成后,应当通过适当的方式对相关信息进行采集、保存、运输、管理和使用,避免因不当操作而造成信息灭失、变更、泄露等情形,造成对纳税人及第三方合法权益的损害。当前,涉税信息采集的电子化渐成趋势,但"资料电子化后,可以轻易而迅速地复制、清除或不留痕迹地变更大量资料,如果未加妥善管制,对资料安全性会造成很大的风险"。② 因此,税务机关在涉税信息采集、保存、运输、管理和使用等环节中应做好安全防范措施,防止因信息灭失、变更、泄露等情况的发生,扰乱正常的税务管理工作或者侵害纳税人或涉税第三方的合法权益。

(二)涉税信息采集的权限设计

针对涉税信息采集规则存在的不完备和不规范问题,我国应在充分借鉴国外涉税信息采集法律规则设计经验的基础上,积极推动《税收征收管理法》的修改,在税收立法中明确规定纳税人、代扣代缴义务人及其他社会部门在

---

① 参见侯延香、王霞编著:《信息采集》,知识产权出版社 2012 年版,第 2 页。

② 齐爱民主编:《个人资料保护法原理及其跨国流通法律问题研究》,武汉大学出版社 2004 年版,第 105 页。

涉税信息采集中的权利和义务。

1. 各方主体在涉税信息采集中的角色与分工

(1)税务机关是涉税信息的采集主体

从目的上来看,涉税信息的采集是为了便于税务机关以此确定税基,监督管理纳税人的纳税行为,核定税额,并对偷漏税案件进行选案稽查。作为具体行政行为的一种,税务机关有权依法自主进行涉税信息采集,而不受其他个人、机关或社会组织的影响。因此,税务机关是涉税信息采集的当然主体,其有权要求纳税人以自行申报、资料转交的方式提供信息,或者依法定职权对纳税人或涉税第三人进行税收调查。因此,在涉税信息的采集过程中,税务机关是采集的权力主体,纳税人和第三人所控制的涉税信息则是采集对象。

(2)纳税人是涉税信息采集的主要协助主体

税务机关在涉税信息的采集中居于主导地位并不能忽视纳税人的重要作用。因为涉税信息的源头由纳税人及相关交易主体掌握,涉税信息采集的依法顺畅开展离不开纳税人的协助。纳税人协助义务的引入,将有助于税务机关全面、及时、准确地查明课税事实或税收法律关系的义务,其根本目的在于"借由人民的协力,使得税务机关掌握各种征税资料,发现课税事实,减轻稽征成本,达到公平合理的课税目的"。[①] 就此而言,纳税义务人申报的协助义务仍然是税务机关行使职权中的一环。

(3)第三方是涉税信息采集的重要协助主体

在涉税信息的采集中,除纳税人具有协助提供涉税信息义务外,涉税第三方也应履行协税义务。实践中,纳税人在日常经营和交易中形成的涉税信息,越来越多地为包括经济主管部门、关联交易方等主体在内的"第三方"所掌握。如涉税第三方不履行协税义务,则仅依靠税务机关力量是难以实现对税源的及时、全面和有效监控的。因此,在涉税信息采集的规则体系中,应赋

① 林锡尧:《行政程序上职权调查主义》,载李震山主编:《当代公法理论:翁岳生教授六轶诞辰祝寿论文集》,台北,月旦出版社股份有限公司1993年版,第323页。

予涉税第三方主体的涉税信息报告义务,以解决税收征收管理中的信息不对称问题,提高信息收集、分析及综合应用程度。

2. 税务机关在涉税信息采集中的主要权限

(1)要求纳税人进行信息转送的权力

在税收征收管理过程中,税务机关主要通过税务登记管理、账簿凭证管理、发票管理、纳税申报管理等方式来进行涉税信息的采集,然而,我国《税收征收管理法》虽然规定了税务登记、账簿管理及申报管理等内容,但在纳税人进行涉税资料的登记和申报信息的完整性、纳税人自主申报义务设置以及纳税申报形式等内容规定上仍存在诸多弊端。因此,本书建议《税收征收管理法》赋予税务机关要求纳税人进行税务信息转送的权力,保障涉税信息采集的常态化。在此方面,首先,我国应明确纳税申报的主体税法地位,变"保姆式"涉税信息采集为"服务式"涉税信息采集,减少税务信息采集成本。其次,应对纳税申报形式予以细化,建立全国统一的纳税人识别号制度,并统一涉税信息申报格式,实现税收征纳双方涉税信息的"无障碍"交换。最后,还应规定纳税人税务信息申报的真实性义务,并对违反该义务的行为设置相应的法律责任,以此规范涉税信息采集,降低税收征收管理成本。

(2)要求第三方进行信息报送的权力

实践中,掌握涉税信息的不仅有纳税人一方,还有包括政府部门、金融机构在内的涉税第三方,而为有效缓解信息不对称问题,各国普遍要求涉税第三方进行信息报送。目前,我国《税收征收管理法》虽初步规定了第三方信息报告制度,但仍然存在报告主体不明确、报告信息范围过窄、法律责任制度不完备等问题。因此,建议对涉税第三方的涉税信息协助义务进行如下规定:第一,应明确涉税第三方的主体范围。根据税收执法实践,我国涉税信息的第三方应主要包括以下几类:①与纳税人发生交易并向其支付款项的支付人;②银行、保险公司、信托公司、证券公司等掌握纳税人开户、存款、支付和收益等大量、经常性的资金流情况的主体;③财政、工商、公安、审计、国土资源、房地产、证券、社保、海关和商务等政府部门。第二,明确涉税第三方信息提供的内容、形式及程序。由于涉税第三方主体多元，其掌握信息种类也存在差异，这就要求《税收征收管理法》等法律尽可能对各类主体应提供涉税信息的内容、形式及程序等进行明确，以提升涉税信息采集工作效率。根据税收实践，建议对涉税信息第三方主体提供信息的内容和途径设计如表1所示。第三，建立第三方涉税信息提供问责机制。为了督促第三方切实履行涉税信息提供义务，《税收征收管理法》等法律应明确规定第三方拒不提供、拖延提供、或者提供信息不完整、不真实时应当承担的法律责任。

表1　涉税信息第三方主体提供的信息范围

第三方涉税信息主体		涉税信息的内容	涉税信息的用途
与纳税人发生交易的支付人（电子支付交易平台）		交易额、交易总金额的年度信息报告	核实交易往来的真实性
金融机构	银行机构	开户、存款、支付及收益等情况	监控纳税人所得税缴纳情况，监督纳税人是否隐匿业务收入
	保险公司	提供财产保险、车辆理赔等事故理赔信息	对所得税、增值税进行监控
	证券公司	纳税人的资本利得和损失情况	核定资本利得税的征收
	其他金融机构	纳税人的其他支付和收益等资金流信息	保证税款征收，应对避税
政府部门	工商局	提供设立、变更、注销登记等	比对漏征、漏管户
	统计局	提供统计月报、经济普查信息	进行经济税收分析，明确工作方向
	财政局	提供财政收支情况	监控房地产企业销售情况

续表

第三方涉税信息主体		涉税信息的内容	涉税信息的用途
政府部门	房产管理局	提供商品房预售许可证信息、房产转让信息、房产租赁信息房屋销售信息	加强房地产企业所得税管理
	外汇管理局	提供非正常核销信息	与纳税人出口正常收汇核销情况比对分析
	发改委	提供计划投资项目立项批复信息、房地产开发项目成本参照信息	为国税部门进行企业所得税监控提供参考
	民政局	提供民办非企业单位和社会团体信息	比对税务登记，查找漏管户
	海关	提供进料加工核销手册、报关单等	监控出口退税管理情况
	国土资源局	提供土地使用证发放信息、土地转让信息等	加强房地产企业所得税管理
	外经贸局	提供对外贸易进出口综合信息、对外贸易进出口主要市场信息、加工贸易信息、出口企业自营进出口权登记、变更、注销登记底册等	监控出口退税管理情况
	医保管理部门	提供医保卡刷卡信息	与医药零售纳税人的申报情况比对
	其他部门	税务机关还可从其他单位和部门了解纳税人的涉税信息	为纳税评估、税额核定提供参考

（3）对涉税信息进行审查评估的权力

税收评定，是指税务机关依法对纳税人的申报纳税情况，或对没申报的纳税人应履行纳税义务情况进行核实、确定的行为。在涉税信息采集过程中，税务评定制度的实施，能够对涉税信息进行“过滤”，以确保税务机关所采集的信息具有真实性。然而，我国《税收征收管理法》仅规定了税务机关在纳税人在不设置账簿、未设置账簿、擅自销毁账簿，或者拒不提供纳税资料等情形下进行应纳税额核定的权力，而对于纳税人申报信息的真实性、准确性等没有设置必要的评定程序。实践中，由于税务机关较多依赖发票管理验证企业涉税信息申报的准确性，造成纳税人通过伪造原始凭证进行偷漏税的现象屡见不鲜。① 因此，我国应在《税收征收管理法》等法律中明确赋予税务机关进行税收评定的权力，完善评定的程序机制，为税务信息采集的顺畅开展提供制度保障。

（4）对涉税信息进行监督检查的权力

由于纳税人及涉税第三方存在提供税务信息不真实、不完整的可能性，为确保涉税信息及数据的真实性，各国普遍赋予了税务机关对纳税人经营场所等进行现场检查以及传唤纳税人或涉税第三方的权力。整体上，我国税收检查制度存在权限不清、检查事项狭窄以及对纳税人、第三人的协助检查义务规定不细致等问题，需从以下方面进行完善：其一，应区分检查、自查、稽查之间的关系。“检查”是为了发现纳税人不遵从行为所进行的选案评查和实地检查，“稽查”一词则仅在德国《税收通则》中出现，旨在调查违反税法的刑事犯罪行为及违反税法的行政违法行为；②纳税人“自查”则是在申报过程中或者申报后一定期限内对其申报行为进行自主纠正。《税收征收管理法》应处理好三者之间的关系，规定税务机关在税收检查前，纳税人有进行申报纠正的权利和义务；而当纳税人及第三人在涉税信息报送中存在不遵从情形

---

① 参见夏仕元：《信息不对称下我国税源管理的实践、问题及对策研究》，贵州大学公共管理学院财政与税收学2009年硕士学位论文，第5页。

② 参见刘剑文、汤洁茵：《试析〈德国税收通则〉对我国当前立法的借鉴意义》，载《河北法学》2007年第4期。

时,税收检查方可介入;只有纳税人存在严重违反税法行为而涉及犯罪时,税务机关才可以“稽查”方式进行税收犯罪调查。其二,扩大税务检查对象及范围。原则上,税务机关应有权对涉及税务信息的所有事项进行检查,但对相关事项的检查应当遵照法律规定的条件和程序进行。其三,纳税人及涉税第三方有协助配合检查的义务。《税收征收管理法》应当明确纳税人及涉税第三方的税收检查协助义务,对不履行该义务的,应规定相应的法律责任。

(三)涉税信息的采集程序设计

为保障税务机关依法开展涉税信息采集工作,立法不仅要明确赋予税务机关的相关权力,还应设置科学合理的程序规范涉税信息采集权力的行使,以防止税务机关滥用或者不当行使该权力。整体而言,我国涉税信息采集程序应围绕以下方面展开:

1. 完善涉税信息的报送程序

为保障税务机关及时获取和处理涉税信息,美国、法国等域外国家普遍通过设置统一识别编码,明确信息采集和提供的法定条件、范围、类型、采集方式和时限,以及明确信息采集的审批和程序运作等方式对涉税信息采集程序进行规范,以提升涉税信息采集的规范性和效率。结合国外经验,本书建议我国从以下方面完善涉税信息报送的程序设计:其一,应对涉税信息进行分类收集。就纳税人而言,法律应区分大中型企业、小企业、个体工商户以及工薪收入个人等纳税人身份设置不同的申报要求;就涉税第三方而言,法律应区分交易方、免税组织、政府机构、金融机构等主体规定不同的报送制度。其二,通过税号识别的方式做好身份关联。以身份关联的方式对涉税数据进行预处理,是涉税信息采集的先行步骤。在此方面,我国可为每个纳税义务人设置统一的识别标记,纳税人可以在申请、申请或报告时向税务机关出示。同时,该纳税人识别标记还应与涉税第三方信息表相关联,以便税务机关进行涉税数据的核查与比对。其三,设置统一的采集程序。立法应明确涉税信息的采集口径、方式、标准以及存储形式等程序要求,建立涉税信息之间的表内、表间、表单的自动审核业务规则,以此为据实现涉税信息的源头比对,确保信息采集的质量。

2. 完善涉税信息的纠正程序

一旦涉税信息发生不齐全、不准确、有遗漏和有隐瞒情形时，需要通过设置程序进行对照纠正，对此，纳税人自查纠正和税务机关对照纠正成为核定信息真实性的有效程序。前者是指在纳税申报之后至申报期限届满前的期间内，赋予纳税人自我审查涉税信息真实性的权利，以确保数据的真实性和可靠性；后者是指在纳税申报期限届满后，税务机关也可根据自身收集资料对纳税人资料的真实性进行评定。而在评定和修正程序上，法国涉税信息的评定制度较有代表性，其主要按照“评定通知—评定修正—不一致情形下的评定处理”①的程序进行。结合法国经验，我国可对涉税信息纠正程序进行如下完善：其一，赋予纳税人自查自纠权利，尽可能地保障其申报的涉税信息具有真实性、全面性；其二，规范税务机关进行税收评定程序，税务机关在税务信息核查过程中可就其发现的涉税信息问题，及时通知纳税人或涉税第三人，以减少或避免信息错误或不完整对税收征收管理工作带来的负面影响。

3. 完善涉税信息的检查程序

对涉税信息的检查程序规范，能有效防止信息的采集对纳税人权利的过度侵犯，因此，应科学设计税收检查的通知程序，并对税收检查的场所、时间作出要求。例如，美国《国内税收法典》规定，税务机关实施检查的时间和地点应为财政部部长根据实际情况确定的合理的时间和地点，并且除特殊情形外，每年对纳税人账簿的检查仅限一次。而法国《税收程序法》第 L38 条专门规定了税务机关在搜查过程中必须遵守严格的法定程序：搜查人员必须为主管海关的部长专门授权的税务人员；搜查的范围为所有可能藏匿相关凭证、单据、物品或者货物（不管是何种载体）的场所；搜查权的前提是事先获得司法机构的批准；搜查的时间不得在 6：00 前或 21：00 后开始等内容。根据我

① 法国《税收程序法》第 L55 条、第 L57 条规定，在用于依照《税收总法典》充当各种欠税、欠费计税基础的材料中，如税务机关发现资料不齐全、不准确、有遗漏或者有隐瞒的现象时，税务机关将向纳税义务人发出修正提议，修正提议应当说明理由，以便纳税义务人提出意见或者表示接受。

国《税收征收管理法》第59条规定,税务机关派出的人员进行税务检查时,应出示税务检查证和税务检查通知书,并有责任为被检查人保密。然而,该规定仅明确了税务机关进行税收检查通知和保密的义务,而对检查的场所、时间以及相关的程序等均未作规定。鉴于此,我国未来的《税收征收管理法》修订应对税收检查程序进一步细化和明确,规定实施税收检查的场所、范围以及时间要求,以确保相关涉税信息能够得到有效采集。

第三章　涉税信息管理中的相关法律规则设计

涉税信息是法律规定的由纳税人和其他社会主体保存、报送、提供，或由税务机关依法采集的应用于税收管理的各种数据、资料、文件。涉税信息管理法律规则是国家税收管理法律的重要方面。涉税信息管理主要包括纳税人、其他主体信息报送及保存；税务机关依法主动采集信息；国际间税收情报交换以及涉税信息保密。涉税信息问题在我国税制改革的基础地位早已毋庸置疑，也成为《税收征收管理法》所重视的范畴，几乎所有进行税收制度改革的国家，尤其是西方发达国家的税收征收管理法律制度的设计、改革都很重视涉税信息在税收征收管理中的广泛应用。我国经济正处于关键的转型期，国民收入分配不均，金融系统发展滞后，现实生活中国民收入分配货币化程度较低，现金交易频率高，产生大量的隐形收入、“灰色收入”，相当一部分收入成为征税的“死角”，收入隐性化已成为拉大收入分配差距的主要原因。收入隐性化、税源监管无力严重影响了税收调节作用发挥的空间和效果。实行必要的税制改革势在必行，涉税信息有效管理问题是需要面对的重大问题，如果不能从新视角，用新方法解决收入隐性化、税源监管无力等诸多问题，难以革除税收负担不公平、调节收入分配功能弱的弊端，整个税制改革必然会遥遥无期。是故，有必要研究涉税管理信息保障制度生成和实施的一般机理并对之作出制度修正。

一、纳税人身份识别规则设计

正如伯德所言，一个国家要改进个人所得税，首先要改善个人所得税的管理。没有管理的改善，直接税制就没有什么真正的意义。我国目前的纳税征收管理体系不健全，日常征收管理和税务检查手段匮乏。例如，《个人所得税法》规定的征收管理方式为代扣代缴和自行申报，但实际上，只有工资薪金所得执行较好，其他所得基本游离于制度之外。从历史数据来看，我国在2007年之前建立了2000多万个个人所得税的征收档案，但这些档案的基础信息缺乏全面性，原因在于税务机关信息获取与共享机制的匮乏，难以完全实现信息共享。根据相关报道，目前个人所得税申报主体依然以工薪阶层为主，高收入群体申报者偏少，而未将高收入群体纳入个税申报监管体系，事实上造成了已申报群体感受到"吃亏"的纳税心理。现行税收征收管理制度难以消弭监管部门与纳税人间的信息不对称，且税收机构怠于处理纳税人涉税信息管理，而不能有效监控高收入群体的收入情况。纳税人身份信息管理的便利性与障碍性矛盾形成的制度供给不足，造就了相关机构管理涉税信息的"惰性"，这是税务机关涉税信息管理制度的缺陷所在。我国税收征收管理相关基础性制度尚未建立且已有制度并不完善，只有夯实好基础性制度，才能为提高税务机关税收征收管理工作效率提供制度保障，并为下一步综合分类税制的展开保驾护航。其中，最为重要的一项制度就是纳税人身份识别规则。

（一）我国纳税人识别制度

1.纳税人识别号规则

我国现有的纳税人识别号规则原则上是无含义代码。对于取得技术监督局9位组织机构代码的纳税人,其纳税人识别号采用6位行政区划码加9位技术监督局组织机构代码。引用6位行政区划代码的目的是实现首次赋码的便捷,防止重码出现,保证纳税人在全国范围内被赋予唯一的纳税人识别号,本身不具有任何语义。任何新开发软件都不得单独引用纳税人识别号前6位的区划代码,国家税务总局统一开发的已有软件如果使用了纳税人识别号前6位的区划代码,总局将统一提出解决办法。纳税人识别号是纳税人数据信息内外部交换共享的基础,应保持不变。对于已存在的纳税人识别号不必随国家行政区划代码的调整而调整。对于同一税务机关,如果本地区不同时期的行政区划代码不同,其所辖纳税人的纳税人识别号的前6位可以有不同的区划代码。对新开办企业可使用新的行政区划代码。国税局、地税局的共管户,如果拥有两个纳税人识别号,则可由当地国税局、地税局双方协商确定其纳税人识别号的前6位编码。

2. 机构信用码制度

机构信用码制度则是人民银行以金融业务为基础建立的一项重要金融基础设施,覆盖所有与金融机构发生业务往来的各种类型的机构。2010年6月8日,国家预防腐败工作联席会议第四次会议决定同意中国人民银行、国家预防腐败局关于落实金融账户实名制、建立社会信用代码制度、推进社会信用体系建设的建议。由中国人民银行、国家预防腐败局会同相关行政主管部门共同研究,尽快建立个人和机构的社会信用代码制度。

机构的社会信用代码称为机构信用代码,机构信用代码是从信用角度编制的用于识别机构身份的代码标识,以人民银行派发的结算账户开户许可证核准号为基础编制。机构的代码可分为原始代码和衍生代码两大类。机构信用代码是与居民身份证相对应的,用于识别机构身份的代码,具有以下几个方面的属性:首先,它是代码,用来识别机构的标识,具有唯一性;其次,它是信用代码,与机构的经济和信用活动密切相关,体现了广覆盖性和经济性的特点;最后,它在经济活动中将被经常使用且易于推广,不影响其他代码使用,能起到连接各部门、各行业信用信息的桥梁作用,具有实用性和兼容性。

所以,机构信用代码是具有唯一性、经济性、广覆盖性、实用性和兼容性的编码。

我国现有的纳税人识别规则比较复杂,存在专用的纳税人识别号标准、机构信用码、个人信用码、组织机构代码、国别代码、hs 商品代码等身份识别标准,同一机构或个人往往会拥有数个身份识别码,税务机关对纳税人的识别障碍源于缺乏统一的纳税人身份识别规则,故税务机关在涉税信息管理过程中,往往会综合运用各种身份识别规则,这事实上加大了税收征收管理的难度。以江苏省徐州市为例,徐州市综合治税领导小组办公室(以下简称综治办)是徐州市政府为强化税收征收管理成立的常设机构,在 2013 年的综合治税工程试点中,采集了徐州市内 36 家政府部门和公用事业单位的信息,采集的这 36 家单位的信息中共有 25 种代码,分别是 25 家单位自行编制的关键索引码,有 15 家单位采集了其他单位的代码。由于代码种类很多,相互之间也没有关联性,综治办至今还未将这 36 家单位的信息进行整合,导致这些信息相互隔离,无法关联、整合在一起使用,不能形成对某一机构的综合信息,信息利用效率很低。① 而如何将这些单位信息有效整合,其身份识别即是关键。如果存在统一的身份识别规则,则上述问题将迎刃而解。

(二)域外纳税人识别号制度及其参考借鉴经验

我国纳税人身份识别规则的复杂性是税务机关在涉税信息管理时形成的纳税人身份识别困境的重要因素。与发达的市场经济国家相比,我国纳税人身份识别规则需要进一步修正其缺陷。

1. 美国纳税人识别号制度

美国联邦税务局主要通过建立并落实纳税人识别号制度对纳税人实施税务登记管理。纳税人识别号包括了纳税人识别号(Taxpayer Identification Number, TINs)是美国联邦税务局在税收征收管理过程中用以识别纳税人身份的号码,主要包括雇主识别号(Employer Identification Number, EINs)、社会

① 参见刘计策、崔琳琳、刘荣:《机构信用代码在地方信用平台建设中的作用分析——以徐州市为例》,载《征信》2013 年第 4 期。

保障号(Social Security Nomber, SSNs)和个人纳税人识别号(Individual Taxpayer Identification Number,ITINs)三种。[①] 雇主识别号是美国联邦税务局规定的一种有9位数的编码,它是用来识别没有员工的雇主和某些其他人的纳税账户。社会保障号是一种“000-00-0000”格式的9位码。个人纳税人识别号是格式化类似于一个社会保障号的(如NNN-NN-NNNN)9位数的号码。它开始以数字“9”,并具有任一“7”或“8”作为第四个数字(例如,9NN-7N-NNNN或9NN-8N-NNNN)的9位码,适用于不能申请SSN作为替代的ITIN的雇员的身份或工作,提供给那些被认为是征税对象,但没有资格获得就业机会的居民和非居民外国人。

美国联邦税务局的纳税人识别号体系还包括领养报税身份识别号(Adoption Taxpayer Identification,ATIN)和税务代理人纳税识别号(Preparer Tax Identification Number,PTIN)。ATIN是由美国联邦税务局发放给尚未取得社会保障号的被领养孩子的识别号。税务代理人纳税识别号只适用于那些为他人代理填报纳税申报表但不想在申报表上透露本人社会保障号的税务代理人。

雇主识别号通常是纳税人填报商业税种时所填写的,只能用于商业用途,该号码通用于联邦税务局和社会保障部门。社会保障号是美国主要的个人纳税人识别号,其作用在于监控个人收支并可用于身份识别,类似于我国的身份证号。个人纳税人识别号为不能申请社会保障号的个人缴纳个人所得所用,除此之外别无他用。

2. 澳大利亚个人税号制度

澳大利亚的个人所得税信息化管理是以税号制度(Tax File Number, TFN)为基础的。[②] 所有澳大利亚公民及在澳大利亚工作的人都必须到澳大利亚税务局申请或在网上登记,以获得一个永久的税务档案号码。税号是在

---

① US. IRS, “Publication 51 (2014), (Circular A), Agricultural Employer's Tax Guide1”, Accessed May 3, 2014. http://www.irs.gov/publications/p51/ar02.html.

② Australian Taxation Office, “Management of Tax File Numbers”, Accessed June 4, 2014. http://anao.gov.au/~/media/Uploads/Documents/1998%2099_audit_report_37.pdf.

1988 年由澳大利亚税务局发给每个纳税人，由发行 8 或 9 位数字的编号用以确定纳税人在澳大利亚税务局登记纳税之用。个人税号由 9 位数字组成，而非个人税号则由 8 位数字组成。10 位数字 TFNs 预计在未来将适用，但尚未颁布相关规定。澳大利亚严格的法律保证了税务档案号码可能会被记录或只为特别授权用于税务有关的用途。

澳大利亚登记企业同时拥有自己的澳洲商业号码（Australian Business Number，ABN）和一个税务档案号码；如果营业收入作为经营收入的一部分，则其将会被适用于企业纳税收入，而不是个人所得。TFN 提供类似于美国社会安全号码，但它的使用是受法律严格限制的，以避免功能的异化。

TFN 是澳大利亚个人所得税征收管理的基本保障，号码一经确定，终身不得更改，即使更改姓名，税号也不会发生变化。纳税人无论是就业、买车、到银行存款、领取失业救济金，还是进行投资，都要向银行或雇主提供税号。如果纳税人在领取薪金时不提供税号，澳大利亚税务局将按 47% 的最高个人所得税税率从该纳税人的收入中扣除税金，外加福利保险税。在享受医疗、教育等福利时，纳税人也都需要出示税号。税号制度在澳大利亚已经实行多年，由于税号系统与银行、福利保障机构、海关等诸多相关部门联网，省去了很多信息交换的环节，也避免了信息交换的误差，因而非常有利于税务机关及时、准确地掌握每个纳税人的情况，对各类纳税人进行较全面的监控。

3. 德国税卡、税务识别号制度

德国税卡（Lohnsteuerkarte）是德国传统纳税凭证，可衡量个人对社会作出的贡献并合理计算社会给予纳税人的福利待遇（如失业金、养老金）。“根据德国《个人所得税法》第 39 条规定，基层政府在每个年度按照官方规定格式的样式制作和签发个人工资所得税卡。”①如果一个雇员在多个雇主处工作，则其可申领多个税卡。税卡发放以户籍所在地为准，对于结婚家庭来说，

① 安永中国业务服务部：《德国税务简报》2013 年第 1 期，载安永中国网：http://www.ey.com/Publication/vwLUAssets/German _ newsletter _ 2013 _ Q1 _ ch/ $ FILE/German-Newsletter - 2013Q1. pdf.，最后访问日期：2014 年 2 月 21 日。

可以家庭所在地为准。税卡的发放时间是每年 9 月 20 日起。由于税卡是纳税的凭证,税卡中记载着纳税人的税收等级,税收等级按规定分为6 级。自税卡制度在德国施行以来,其有效地发挥了对税源的监控作用。此后,税卡从纸质税卡逐渐演化为电子税卡,并在 2013 年 1 月 1 日正式废除了纸质税卡的使用。

德国税卡中的税务识别号(REG)是公民以报税为目的的全国性和永久性标识号。该标识号于 2007 年 7 月 1 日被引入,对每个德国公民而言终身有效,总共有 11 个数字(10 个随机数字形成和一个额外的校验位)。在 2014 年前,税卡号码的分配规则是由被分配公民的所有个人信息的识别号码组成,其内容包括姓名、地址、性别、生日、地点以及负责税务机关。这一规则的法律依据是德国《税法通则》第 139 条第 B 款等规定。该标识号及其数据在主管税务机关改变的情况下也不会改变,当税务机关不再需要这些税务数据时,在纳税人死后不迟于 20 年后才会予以删除。德国《税法通则》第 139 条第 B 款详细规定了税务识别号码的收集和使用明确的限制,即税务机关有权使用唯一的标识号进行税务数据的收集和使用,必须履行其法定职责,必须明确识别号使用时的允许或命令。违反税务识别号码的收集和使用规则的,将接受最高 1 万欧元的罚款。

(三)国外纳税人身份识别规则特色

与我国现行纳税人身份识别规则相比,主要发达国家以纳税人识别号制度为基础的纳税人识别规则在涉税信息管理中,主要具有以下特色。

1. 税务登记等涉税信息管理手段高效、便捷

美国联邦税务局为纳税人提供了高效、便捷的途径,纳税人识别号获取方式多样,手续简便,真正实现了纳税人足不出户就可以办理税务登记事项。例如,对申请雇主识别号的纳税人,可以访问美国联邦税务局网站申请工具下的雇主识别号在线申请,可以通过电话申请雇主识别号,可以传真或邮寄 SS－4 表格给美国联邦税务局。这样既降低了纳税人的办税时间和办税成本,也减少了税务机关的工作量,征纳成本得到有效控制,工作效率得到有效

提高。澳大利亚银行和税务局之间实行联网制，信息共享，使税源得到了很好的控制，也使纳税人偷税漏税的可能性变得极小。

2. 纳税人识别号的应用综合采用鼓励与强制的措施

在美国，在银行开户、社会保险缴纳、合同生效都强制需要纳税人识别号。美国联邦税务局通过对使用纳税人识别号的纳税人采取一定鼓励性措施的方式争取纳税人的支持与配合，例如，对纳税人实时一定的税收抵免或减免。对于消极对待使用纳税人识别号的纳税人，税务机关则通过有效的第三方信息协助形式，施以严厉的处罚，增加其违法成本。

3. 纳税人识别号取得便利性

为了给那些乐于自觉遵从税法规定的纳税人提供优质高效的服务，美国联邦税务局大力强化了税法宣传辅导方面的纳税服务举措，作为税收征收管理首要环节的税务登记方面亦非例外。为确保纳税人能够正确履行税务登记相关规定，并及时、准确地取得纳税人识别号，美国联邦税务局关于纳税人识别号的规定极其详尽。这增加了税收政策的透明性，提高了税务机关的管理效率。

（四）纳税人身份识别规则的构建

如前所述，我国税务机关在涉税信息管理中对纳税人的身份识别，不仅运用了纳税人识别号规则，也综合采用了其他身份识别规则或代码。由于代码种类众多，相互之间关联性较弱，各种身份代码所包含信息量庞杂，没有得到有效整合，导致这些信息相互隔离，无法关联、整合在一起使用，税务机关对涉税信息的利用效率很低。而如何将这些身份信息进行有效整合，其身份识别与统一即是关键。

1. 个人身份信息识别规则

我国纳税人编码制度的改革需循序渐进，稳步推进。大多数学者倾向于以纳税人身份证为唯一标识，纳税人、扣税人以及有关涉税各方，在经济活动中都必须统一使用唯一的，终身不变的个人纳税人识别号。并且建立以识别号为基础的纳税纳税人信息平台，全面收集高收入者的收入和涉税信息。随着纳税申报基数的增加,可以进一步优化税号结构,避免全国范围内的征收管理平台上出现重号问题。在统一纳税人身份识别规则时,也应考虑中央与地方、国税与地税、个人与企业、发达与欠发达地区的因素。在个人收支信息管理时,通过完善存款制度、个人现金管理制度和个人财产登记制度中的个人身份证号、税务登记号以及个人信用码等身份信息来完善纳税人收支系统,对于机构信息可以采用纳税人登记号与机构信用码相结合的方式。统一纳税人身份识别规则是涉税信息管理信息化的趋势,随着我国税收征收管理信息化水平的提高,无论从技术角度还是从制度角度,都在逐步朝这一方向靠拢。

2. 机构身份识别规则

就机构身份信息而言,会涉及组织机构代码、机构信用码、税务登记号等身份标准。根据统计,如果将组织机构代码、纳税人识别号、机构信用码作为地方信用平台的关键索引码,可关联单位的信息数量排名,以机构信用码居首,其次是组织机构代码,最后是税务登记号,其他代码仅能关联自己单位的信息。机构信用代码是中国人民银行以金融业务为基础,按照一定规则赋予每一个机构在全国范围内唯一不变的编码,它覆盖了所有经济行为的机构。此外,机构信用代码信息检索系统也比较成熟,将其与税务登记号相关对税务机关进行税务信息管理将起到事半功倍的效应。需要根据现有纳税人识别号、身份证号与其他身份代码之间的联系,合理衔接其信息数据,完善纳税人识别规则。

二、涉税信息管理税收协助机制

随着我国市场经济的发展,各种市场主体日益增多,市场交易模式也在不断地创新,税务机关以一己之力单打独斗已难以应对目前税收征收管理的需要。在许多情况下,税收管理需要其他相关经济管理部门或行政管理机关的全力协助才能实现预定的目标。

(一)我国涉税信息管理协助机制的现状

《税收征收管理法》及《实施细则》、各税种的税收实体法和实施细则、其他涉税法律法规、各级部门下发的相关涉税文件中规定了税收征收管理过程中,某些单位和个人等主体具有相关涉税信息管理协助的职责、权利和义务。然而,由于我国税收法律体系不够健全、细致,相关税收法律法规对此规定得较为笼统,对涉税信息管理协助的规定大多仅具有指导意义,缺少可操作性细则,没有在制度上形成具有可操作性的涉税信息管理协助体系,使涉税信息管理协助的作用没有发挥出其应有的价值。就整个机制而言,还处于水平较低的层面,涉税信息管理协助法律内容规定较为原则。

在实体内容方面,涉税信息管理协助中主体的权利义务有待明确。我国税务机关设计与职能分工分为国税与地税两个系统,分别隶属于国务院和地方省级政府,按照省、市、县的级别进行划分。在税收征收管理中,县、市两级税务机关是涉税信息管理协助的主要发起者,由于受制于行政级别、自身专业能力以及经费缺乏,市县级以下税务机关在税收征收管理中对涉税信息进行处理需要相应协助时,如果缺乏法律法规明确规定涉税信息协助条款,规定何种情势和条件下应予协助、怎样协助、协助费用负担、协助中出现争议如何处理、不协助的法律后果等,或是在政府领导下的社会综合治税模式下,明确相应程序、责任等事宜,则基层税务机关发起涉税信息管理协助行为难以得到有效保障。再者,协助主体基于本方利益与提供协助目的背道而驰,在没有法律强制规定下,也会影响其协助积极性。

我国涉税信息管理协助的程序规则相当不完善,遍寻整个法律规定,难见协助程序的规定,给税务机关与协助主体增添了更多执行协助行为的障碍。在实践中,由于涉税信息管理协助所牵涉主体众多,提供协助的方式、内容多样,没有健全完备的协助程序,难以形成对涉税信息全面汇总、合理分析、有效利用的过程。在不断变化的市场经济中,纳税主体会不断出现、变更,其信息也会随之变化,纳税主体信息完整与真实需要通过涉税信息管理进行整合,如果协助程序性制度的缺失将会使涉税信息难以转化为保障税收征收管理的信息。

我国的涉税信息管理协助机制的建立,主要围绕具有协税护税义务的第三方协税护税主体进行制度构建与完善，我国涉税信息管理协助制度设计如表2所示：

表2　我国涉税信息管理协助的分类小结

协助主体类型	协助主体	涉税信息管理协助方式
行政、司法机关	政府、工商、公安、法院等	提供、处理、反馈法定涉税信息
公共事业单位	行业协会、医院卫生机构等	提供涉税信息
中介机构	会计师事务所、税务师事务所、律师事务所等	提供、反馈、分析税收相对方具体的涉税资料
一般社会组织	消费者协会、电视台报纸等新闻媒体	对税收法律法规的宣传
第三方企业	银行金融机构等涉税企业	从第三方企业获取、处理相关企业生产经营信息

（二）涉税信息管理协助的立法借鉴

以美国《国内税收法典》第六十一章信息和申报为例。在其第6109条第（2）款第A项规定了税务识别码等涉税信息共享管理协助过程中的实体内容。并且第B项及第3款中分别规定了安全措施和保密与禁止披露规则的内容。[①] 在程序上，对识别码的提供要求按照规章程序，分别对不同身份识别码按序做出排列，并且要在相应的范围内做出。例如，对社会保障账户号码的使用按照一般原则与特殊规定做出区分。[②] 美国税法规定了10类第三方信息保管人，设置了多级信息中心，实现了与银行、企业等机构联网，对收集到的涉税信息进行分析处理。

法国《税收程序法》第L97条至第L102AA条规定，无须税务机关通知，

---

① 参见美国《国内收入法典》第6001节，要求记录、财务报表、特殊申报表的通知或者规章；第6011节，申报表、财务报表、清单的一般要求；第7612节，关于计算机软件传票的特定程序。

② 参见美国《国内收入法典》第6109节。

必须正常向税务机关提供信息的机构和人员有6类。另外，法国税法规定了21类第三方信息保管人。法国《税收程序法》第L82A条至第L96G条规定了第三方信息保管人有义务在必要时接受税务机关查询。法国《税收程序法》第三编税务争议则对税务协助解决的处理有相关的规定，并且对其所负法律责任进行了从刑事责任到罚款的全面规定。①

（三）我国涉税信息管理协助体系的完善

根据我国现有涉税信息管理协助的立法以及实际执行经验，结合主要发国家的相关规定，应当改变这一领域立法的虚置状态。

1. 涉税信息管理协助适用条件

涉税信息管理协助的适用条件即是在何种条件下需要启动协助程序。我国公民依法纳税意识还较为淡薄，偷税避税思想普遍存在，使一些长期存在的以及随着社会经济的发展带来的税收违法现象和征收管理难点难以获得突破，如发票违法案件、偷避税现象屡禁不止且更为隐秘。另外，随着经济的发展、科学技术的进步以及金融工具的创新，电子商务及现代物流发展模式下的交易模式、商品性质与传统模式和认定有很大区别，更难监管。以上问题的存在，单凭税务机关的力量无法及时得到解决，从国外较为成功的税收管理经验来看，实时协税是最为有效的方法。

2. 涉税信息管理协助程序

涉税信息管理协助程序制度的建立应先立足于经过实践检验的，能够提高税源管理效能或降低税源管理成本的单个协税方案。参考公共管理政策有限理性决策的过程，协助程序的流程可分为以下5个步骤：确定纳税信息管理协助问题；确定纳税信息管理协助目标；确立纳税信息管理中协助方案；协助方案实施过程监控；协助结果反馈及处理等。纳税信息管理协助在所对应的纳税征收管理阶段不同，其协助的流程也会有不同，需要明确纳税信息问题所处纳税征收管理的阶段，即处于纳税登记、税务申报、税款征收、减免

---

① 参见张爱球：《当代主要发达国家税收管理法律概览——兼及对我国建设现代征管法制体系的启示》，载《金陵法律评论》2012年第2期。

退税或税务检查等某一阶段，而每一阶段纳税信息管理的协助都有其特点。

在纳税登记阶段，纳税登记是税务机关根据税法规定，对纳税人的生产、经营活动进行登记管理的一项法定制度，也是纳税人依法履行纳税义务的法定手续。税务机关的工作是为纳税人办理纳税登记，并对载有纳税人信息的相关税务证件进行管理，在此信息管理环节中，会涉及工商行政管理部门、银行以及其他金融机构。税务机关在纳税人进行纳税登记后对相关信息进行核实，如果出现纳税登记信息错误或缺漏情况，明确需要工商行政管理部门、银行或其他金融机构协助完善纳税人信息时，则其他主体应当根据税务机关的请求依法对已经登记在案的纳税信息进行纠正，并反馈给税务机关。

在税务申报阶段，税法规定，纳税人应按规定期限和内容进行纳税申报，报告相关涉税事宜。为方便纳税人履行纳税申报义务，税法规定纳税人可以直接申报，也可以通过邮寄申报或采用数据电文申报。纳税人按规定也可以委托中介机构代理相关涉税事宜。相关协助方有邮政部门、电信通信部门以及代理中介机构。纳税申报信息是关涉纳税人最为系统的个人信息，纳税人基于各种原因会选择回避申报各种必要信息。在申报过程中，税务机关认为有必要对位于偏远地区纳税人申报信息进行审查时，可以要求邮政部门、电信通信部门以及代理中介机构等协助税务机关对纳税人申报信息完成协助，例如，采用代理申报方式时，具有税务代理职能的中介机构可以利用自己的专业知识，准确提供申报资料，依法申报纳税收入，从而提高纳税申报准确率，减少违法申报情况，降低税务机关的管理成本，提高税收收入。

在税款征收阶段，税款及时足额征收是协助的核心目标，在此环节，税务机关更多需要其他单位协助，以完成对税款征收信息管理，以助于税款征收。例如，在税款核定、税款征收、税收保全、强制执行、税款追征等环节，都需要协助主体及时、充分、有效地协助税务机关对涉税信息的处理。

在税务检查阶段，其程序包括了确定检查对象，实施税务检查，得出检查结论，税务检查内容涉及纳税人的所有应税经济行为、活动及应税财产，相关取证过程及证据材料涉及企业的生产经营场所、财产货物运输存储，相关账簿、记账凭证,企业开设的资金账户以及纳税申报及会计报表,其他涉税证明材料、审批材料、评估报告、产权证件、合同章程等有关资料。在税务稽查中,企业可能不会主动提供税务机关要求的相关资料,税务机关需要得到协助才可取得被查企业的相关涉税资料。然而,由于相关证明材料分散于多个部门,在信息未能共享的前提下,税务机关采取常规的取证方式耗时长、成本高,降低了税收检查效率,影响了税收稽查的广度和深度,从而降低了税务稽查的检查效能。需要注意的是,一旦税务机关没有充分获得税务检查工作信息,则其对税收违法行为的威慑作用将会大打折扣。

3. 涉税信息管理税收协助成本负担

涉税信息管理税收协助产生的费用属于征税成本的范畴,按照涉税信息管理协助环节的不同,可分为税务登记信息管理的协助成本、纳税申报信息管理的协助成本、税款征收信息管理的协助成本、减免缓退税信息管理的协助成本以及税务稽查信息管理的协助成本。按照承担主体不同,可分为税务机关承担的成本与协助方承担的成本。

协助成本负担方式,概括而言,有相关规定或事先约定的按照相关规定或约定执行,例如,中国人民银行发布的《金融机构协助查询、冻结、扣划工作管理规定》第 14 条第 2 款规定:“金融机构协助复制存款资料等支付了成本费用的,可以按相关规定收取工本费。”没有相关规定或约定的,应视不同情况区分处理:一是协助费用由协助方负担。如有法律、法规明确规定有协税义务且协助行为属于以上义务的;未明确规定协税义务,但协助行为属于协助主体职责范围内的;根据规定,该协助行为可以获取费用返还的;经税务机关做出协助请求而自行进行的协助,协助费用支出应当由协助方负担。二是协助费用由请求协助单位负担。税务机关提出协助请求,该协助单位为履行该协助行为多付出费用的应当由税务机关负担。三是协助费用分别负担。即协助方和请求协助方按规定分别负担应负担部分的费用。

4. 涉税信息管理协助争议解决机制

若涉税信息管理协助主体认为税务机关的税收管理活动侵害其合法权

益，就会形成涉税信息管理协助争议。依照法定程序处理，解决各种涉税信息管理争议是法律赋予税务机关的争议处理职责。涉税信息管理协助争议解决是税务机关通过法定程序解决税务机关及其上级机关、法院与相关主体在涉税信息管理协助过程中出现争议事项的活动。涉税信息管理协助争议可以分为税务机关内部协助体系争议与外部协助体系争议。内部协助体系争议是各级税务机关在纳税信息管理协助过程中，产生因纳税信息存取管辖异议等因素而发生的争议；外部协助体系争议则是第三方协助主体与税务机关在涉税信息管理协助过程中，对税务机关处理、使用纳税信息以及被要求提供纳税信息管理协助的决定产生异议发生的争议。

涉税信息管理内部协助体系争议问题，即税务行政协助因争议主体系各级行政机构，在体系上存在国税与地税、税务与其他行政机构之分，国税与地税的内部争议可以较好地解决，国税与地税、税务与其他行政机构之间的争议则由于领导体系不同而存在协调困难。在税务争议实践中，税务机关之间权限争议主要有以下几种解决方式："第一，由争议机关的共同上级行政机关解决，以前一般由各级政府办公厅(室)或监察机关等协调解决，必要时由行政首长出面解决，现在主要由各级政府的法制办具体承办或协调解决。第二，通过部门之间自行协调解决。我国各级政府尤其是国务院，成立了大量的部际协调组织，这种协调组织主要是协商处理'齐抓共管事项'，同时也协商解决部门之间的权限争议。目前，税务行政协助的这两种解决方式由于制度化、规范化严重不足，既缺乏具体的法律法规依据，又没有相关的程序保障，对权限争议的解决往往不及时、缺乏权威性。"①

外部协助体系争议与一般行政争议相比，既具有共性的一面，又有其特殊性。这种差异源于涉税信息来源庞杂，税务机关在对涉税信息进行处理的过程中，限于税务机关自身能力局限，难免发生信息处置错误，但如果涉税信息不能得到及时、有效的处理，造成税款征收不能及时征纳，则将影响公共服

① 黄先雄：《法治视野下的我国行政机关权力之争》，载《河北法学》2006 年第 7 期。

务供给。因所涉及外部协助主体的多样性，尤其涉及协助主体是《多边税收征管互助公约》成员方，在处理外部协助体系争议时，其方式也不一。在现行法律框架下，协助主体提供协助的行为是由税务机关主动发起协助要求时，协助方有理由拒绝税务机关协助，或税务机关认为其协助不力，对协助方作出行政处罚等则税务行政行为，协助方认为侵犯了其合法权益的，需经过税务行政复议，在税务行政复议不能解决时，方可提起行政诉讼。如果涉及《多边税收政管互助公约》成员时，则需要通过外交途径、或者该公约协定处理争议问题。

5. 涉税信息管理协助的法律责任

从税收征收管理制度及措施较为成熟的国家的做法来看，协税主体参与协税已成为一种明确义务，相关各方必须履行协税义务，协助方不履行法定协助义务或协助不当的，或者税务机关接受协助，侵犯协助方、协助关系之外第三方合法权益的，将负相应的法律责任。

从侵权责任类型划分上，税务机关侵犯协助方、协助关系之外第三方合法权益的，将承担其行政侵权责任，协助方则依主体不同，分别承担民事责任、行政责任或刑事责任。税务机关与协助方对协助关系之外的第三方的侵权则会形成行政侵权与民事侵权的共同致害结果，这种行为所承担的侵权责任则是目前立法的欠缺。"'信息权利'涵盖一切正当的信息权益。有关主体实现和维护其信息权利的基本条件是履行特定的信息义务。法律分配的义务必须是从信息权利中合理地引申出来的。"①即从相应的义务，特别是基层税务机关在实施税务信息管理时所附义务，衍生出其对应的责任。税务机关在涉税信息管理协助上的行政侵权与协助方的民事侵权行为，可通过《行政诉讼法》《国家赔偿法》《民事诉讼法》等法律建立起行政赔偿与民事赔偿救济制度，以行政复议、行政诉讼与民事调解、民事诉讼等不同的方式来解决各自的侵权责任问题。但针对税务机关与协助方对协助关系之外的第三方的

---

① 周毅：《以信息权利保护为中心的信息立法价值导向探讨——对我国信息立法若干文本的初步解读》，载《中国图书馆学报》2010 年第 1 期。

侵权则会形成行政侵权与民事侵权的共同致害行为的责任承担还需要进一步予以明确。此种责任形式是一个涉及公法与私法的冲突与结合、不同制度的衔接与适用的问题。①

三、涉税"云计算"共享平台规则的设计

我国税务信息化系统在发展的过程中偏重硬件建设、软件统一,存在僵硬的管理条块化现象,各级税务机关自行开发的税管系统不能有效地实现网络的互联互通,各系统之间在功能上不关联互助,信息不共享互换,并且信息与业务流程和应用相互脱节,因而被形象地形容为"信息孤岛"。如果不解决税务信息化中的信息孤岛问题,则将影响税务信息化环境中各级税务机关之间的沟通协同,降低税收征收管理事务处理和服务提供的效率。构建涉税"云平台"计算法律制度是我国有效进行税收征收管理的必要保障。

(一)"云计算"对涉税信息管理的影响

为了能够确保税收征收管理工作的正常进行,承认和赋予税务机关为税收征收管理之目的进行涉税信息管理的权力实为必要,特别是在大数据时代背景下,电子政务发展进入信息融合的阶段,"云计算"平台融合性特点得到凸显,为了更加有效地整合涉税信息,税务机关对涉税信息管理的权力应当得到加强。随着"云计算"服务的全球化繁荣和"云计算"技术的多维度部署,大量的涉税信息向云端迁移,涉税信息集中存储能够给税务机关涉税信息存取提供更为便利的途径。但在"云环境"下,由于"云计算"自身的技术特性,税务机关存取涉税"云信息"将面临执法方面的障碍,需要"云服务商"提供必要的执法协助,并为存取途径和方法进行调整以及信息查询提供可能,加之用户对涉税信息的所有权与控制权相分离,这越发引起公众对政府公权力滥用的担忧,需要立法对相关利益进行平衡。

在实践中,以浪潮、华三为代表的通信技术公司为税务信息化管理提供

---

① 参见赵奎霖:《行政侵权与民事侵权共同致害案件的审理问题研究》,载《行政法学研究》2012年第3期。

较完整的“云服务”。浪潮先后发布以浪潮高端服务器、海量存储、云海OS为核心的云基础设施；以网络发票管理查验、电子税务局、办税服务厅管理、税务大数据智能分析为核心的税务私有云；以电子发票、电子存根为核心的税务行业云；以网上纳税申报、涉税服务平台、自助办税系统为核心的税务公众云；以网络开票机、税控机、自助办税终端为核心的各种税务云终端。浪潮税务“云计算”解决方案实现税务行业“从云到端”的整体“云计算”解决方案，目前这些解决方案已得到了规模化应用验证。

税务信息化的目标是新时期杜绝执法随意性，提高税收征收管理质量和效率，全面提升税收服务水平的重要措施和有力保障。国家税务总局在《“十二五”时期纳税服务工作发展规划》中提出：“坚持信息化支撑。充分运用现代信息技术，实现信息技术与纳税服务工作的有机结合，建设统一、高效、安全的服务平台，为纳税人提供专业化的网络服务。”“云计算”是一种网络按需分配，易扩展的一种网络服务模式。因为网络的存在和使用，“云计算”提供了实现无缝隙办税服务的可能性和现实性。“云计算”对税务信息化的促进技术可以形成一个涵盖税务机关所有业务系统的服务资源云应用平台，其以计算机宽带网络为支撑，具备动态易扩展的特征，通过集成税务机关内部的职能业务，并将其“打包、涵盖、封装”，形成把全部税收业务集中在上层云端的一种开放模式。用户可以通过网络随时获取、按需使用、任意扩展服务内容，从而打破了已有的传统部门界限和功能分割的局面，把税务机关内部的系统资源进行整合，以统一界面为用户提供优质高效的信息和服务。

（二）涉税“云计算”对传统税务信息征收管理规则的挑战

从税收征收管理信息规则发展历史来看，其萌芽与发展和信息技术的发展是有密切关联的。“云计算”的出现也给税务信息管理所涉及的隐私、司法管辖、搜查令、电子数据取证和数据安全等制度带来了巨大挑战。

1.“云计算”中涉税信息管理中最大的挑战在于隐私侵犯的可能

个人对隐私的保护倾向与大数据时代下的信息处理需求产生的冲突相当广泛，在“云环境”中税务机关涉税信息管理与私人隐私保护的龃龉也非其独有。纳税人信息被置于第三方掌控下，这种隐私保护与信息需求的矛盾将更加激化，变得难以限制。“云计算”之初衷即在于保障信息安全前提下的集中处理。但其与私人隐私保护传统是否一致是存在争议的。“云计算”信息集中的理念是个体利益创造与个体权益保护之矛盾结合体，是人的自利与他利的结合体，是利私与利共的结合体。随着纳税人信息集中移至税务机关涉税“云计算”平台，纳税人对其信息的保护源于对税务机关的信赖，尤其是我国民众对政府高信赖以及受政府权威传统影响，虽易于信息集中处理，但“云环境”中涉税信息大规模存储、处理过程存在安全隐患、云概念不成熟等原因所引发的数据泄露、丢失、混同等安全风险较于传统涉税信息处理更为突出，税务机关需要负担更为严格的数据安全义务，必须采取更为严谨的信息处理程序。

2.“云环境”中涉税信息管理对信息真实的高要求

在“云环境”中，纳税人信息存储于税务“云平台”上，会受到未经授权的访问、篡改、变更和删除威胁，相较于传统信息管理，其对涉税信息真实减损源于“云环境”的开放。纳税人信息管理的主体是税务机关，在信息处理全过程中，确保涉税信息真实，避免因管理程序和管理方法缺乏科学性、规范性而导致信息在管理过程中遭到篡改和扭曲，一般要遵循“合理程序原则”，这是国际上对个人信息、个人数据管理的普遍规定。在涉税信息管理中，还牵涉到涉税信息处理数据过程中采用保密措施，基于涉税“云平台”不仅需要供税务机关使用，纳税人等相关方也可在平台上查询信息，因此，各国法律一般要求“云服务商”为涉税信息加密，并为税务机关和关联方提供密钥或解密数据；但如果涉税信息由纳税人加密，在缺乏密钥托管机制的情况下，“云服务商”需要通知纳税人解密数据或提供密钥，这造成涉税信息管理活动的秘密性降低，也可能由于纳税人恶意删除或篡改涉税信息的行为而影响信息的真实性。

3.“云环境”中涉税信息管理通常依据特定的管辖权

税务机关的税务信息管理权限必须经过法定授权，特别是涉及管辖区域外的涉税主体信息时。但在“整体云”环境中涉税信息数据跨境传输会成为常态，涉税云基础设施可能分属不同区域，因此，税务机关是否有权管理位于管辖区外涉税信息就成为了“云环境”下税务机关管理涉税信息的重要问题。在税务执法中，“云计算”代表了在涉税信息跨域管理必然会发生的管辖冲突，尤其是在涉及涉外税务信息管理时，但法律互助协议能够显著减少跨区涉税信息的阻碍。因此，税务机关在“云环境”下进行涉税信息管理的跨域合作将是必要选择。

4.“云环境”中税务机关涉税信息管理保密义务的挑战

“云环境”中涉税信息集中存储使税务机关获得了寻找其认为具有价值信息的机会，并可以利用这些信息使其在税收征收管理的不同阶段发挥有效的作用，但这也引发了学界对税务机关滥用公权力的担忧。近年来，税务机关为提高税务稽查等执法活动效率，强化了基于反避税逃税目的的涉税信息处理。以反避税逃税为目的的涉税信息处理很难在立法上明确划定有效的范围，在实践中，税务机关往往大范围收集处理有价值信息，加之受到“最小化收集原则”的限制，税务机关可能会对云端数据进行全面处理，以在最大限度上满足反避税的要求。因此，税务机关的执法活动对纳税人隐私产生的侵犯不得不引起我们的重视，这需要立法确立更为有效的监督和审查机制，明确对个人隐私的保护态度，强化税务机关对涉税信息保密义务。

（三）“云环境”下税务机关涉税信息管理的法律调整

在“云环境”下，一方面，涉税信息管理受到技术因素的影响，海量涉税信息的集中存储使税务机关面临“信息风暴”的挑战；另一方面，“云计算”为税务机关利用涉税信息进行大规模的涉税信息处理提供了可能，涉税信息滥用的风险加大，这些特殊性需要建立与“云环境”下涉税信息管理更为契合的法律框架，调整和完善现行法律规范，充分应对“云环境”下涉税信息管理的困境。结合各国税收征收管理信息化实践的经验，我国“云环境”下税务机关涉税信息应注重调整和完善以下事项。

1. 明确“云环境”下涉税信息管理的适用条件

目前，我国尚未建立专门针对“云环境”下涉税信息存取的程序性立法，有关税务信息化的法规只是原则性地规定了税务机关为税收征收管理之目的拥有涉税信息管理的权力，但相关的适用条件并无具体规定。在实践中，“云环境”下税务机关涉税信息管理涉及管理机构、管理内容、管理程序、协助、隐私保护、信息安全等内容，权利义务关系十分复杂，税务机关在涉税信息管理过程中不仅要对纳税人信息进行处理，对“云服务商”提供涉税信息管理协助也有要求，但缺乏相关法律的明确规定与授权，这使税务机关要求“云服务商”提供涉税信息管理协助的权力受到质疑。

从功能上来看，明确税务机关涉税信息管理的适用条件能够抑制其涉税管理的恣意，即通过严格的程序控制来约束涉税信息管理行为的盲目性。而适用范围的任意性将导致法律缺乏可操作性。监管机关的权限不明，会使税务机关涉税信息管理云端数据的实体性工作缺乏有效的规范和监督，在某些情况下，税务机关及其工作人员滥用权力的行为，最终将影响税收征收管理工作的公信力和公平性。

“云计算”税务机关涉税信息管理会涉及纳税人与“云服务商”的合法权益，以法律的形式固化其适用条件是很有必要的。在税收征收管理过程中，税务机关涉税信息的处理程序启动，应当审查是否符合相关条件以避免税务机关通过涉税信息处理不加区分地处理相关涉税信息。税务机关涉税信息处理程序的适用条件应当包括如下两个方面：第一，必须面临逃税避税时；第二，在税务机关涉税信息处理之外即使有其他方式，但需耗费大量的人力、物力和时间，并可能对个人利益及公共利益造成更大的损害。

2. 明确“云服务商”的协助义务

虽然税务机关已充分认识到现代通信技术快速发展对涉税信息管理形成的规则困境，并向国内外服务商提出了此方面的协助意向。但是，服务商协助税务机关处理涉税信息的内容究竟包括哪些，相关法律法规中并未作出明确且细化的规定，也就无法对“云服务商”协助税务机关在涉税信息管理过程提供明确的法律导向。具体而言，我国应当在相关立法中对“云服务商”的协助执法义务予以明确，具体应当包括协助管理数据义务、协助解密数据义务以及信息保密义务等义务。

3. 明确"云计算"涉税信息管理监督与侵权救济条件

实践证明,"云环境"下的税务机关涉税信息管理可能会对公民隐私等宪法规定的公民基本权利产生减损,如税务机关滥用公权力恣意使用纳税人信息,则纳税人信息权利将会处于肆意侵犯的境况,缺乏充分的监督及侵权救济将导致纳税人的合法权益无法得到保护。而现有的涉税立法中鲜有关于"云计算"涉税信息管理监督与侵权救济的适用条款。在实践中,相关案例也是乏善可陈。依照依法行政原则和公开透明原则,税务机关涉税信息管理作为国家机关的行为,必须接受相应的监督,并按照法定原则明确发生侵权行为时的救济程序,督促税务机关停止对纳税人合法权益造成损害的违法行为,并予以补偿或赔偿相应损失。

(四)涉税"云计算"平台的制度性影响

1. 涉税"云计算"平台与纳税申报制度

"云计算"对纳税申报制度的影响主要不在于申报形式问题,更多的是在于税务机关信息获取的便利以及税务稽查等制度对纳税人形成的"管理遵从"心理。从税收遵从成本角度出发,"税收遵从虽然是纳税人的义务,但义务的履行除了依靠国家强制力外,更多需要依靠纳税人主观依法纳税的理念。因此,税收立法应有利于激励、引导纳税人轻松的、低成本的守法,通过建立对守法纳税人的奖励制度以降低或抵消守法成本,从而最终促成纳税人自觉诚信纳税的习惯"。[①] 现有制度体系下,纳税申报程序设置的低透明度与难操作性对一般纳税人而言是相当困扰的问题。尽管税法规定纳税人必须依法履行纳税申报义务,如实准时申报,但实践中,我国税务登记范围没有实现全覆盖,就目前而言,从事生产、经营的纳税人既是税务申报的主体,也是税务登记制度的监管对象。"云计算"是我国税务信息化进程有效推进的手段之一,纳税申报制度,尤其是自行申报也是亟须解决的问题。当前个人纳税自行申报适用不普遍的原因之一即是申报方式的问题。申报方式直接决

① 席晓娟:《论法律维度的税收遵从》,载《税务研究》2010年第3期。

定税务机关的征收成本和纳税人的奉行成本。西方国家对此高度重视，积极调动各方面力量以提高申报效率。邮寄申报、电话、传真等电子申报方式在西方国家极为普遍，随着计算机应用以及网络的普及，网上申报成为各国申报方式发展的主流趋势。就申报方式而言，我国当前推行多种申报方式相结合的制度，并且网上申报也逐渐成为主要申报方式。

2. 涉税“云计算”平台与税务登记制度

《实施细则》第10条规定：“国家税务局、地方税务局对同一纳税人的税务登记应当采用同一代码，信息共享。”完善的登记制度是税务机关掌握和控制税源的重要途径。税务登记信息制度的缺陷在于部门间缺乏协作，不能实现登记信息的及时沟通。例如，在注销登记中，国地税部门管辖分工往往存在认识不清，在注销登记工商营业执照时仅需填写完税证明情况，所以存在很多只有一个税务机关的证明情况，而工商行政管理机关同样为这些企业办理注销登记。在日常生活中还出现了一些纳税人工商营业执照被吊销，而税务登记仍未注销，或者税务登记已注销而工商营业执照仍在使用，或者总机构办理注销而分支机构未办理注销等情况，这就是各部门之间缺少信息沟通造成的。在“云环境”下，需要有效利用“云计算”平台的信息资源，加大注销登记环节的宣传力度，避免因部分纳税人因不了解注销相关程序及政策，在解散后便一走了之的情况发生。在“云环境”下，税务登记需要制定契合大数据背景下的信息管理规则，即通过对采集数据的清理和规则转换，进行大数据处理，将涉税信息进行筛选和整合，建立起资料完整、格式统一的涉税信息数据库，从而实现税源数据的统一采集、集中存储、风险分析和风险应对，并为税源管理提供有效的技术支撑。

3. 涉税“云平台”与税款征收制度

税款征收制度是税务机关按照税法规定将纳税人应纳的税款收缴入库的法定制度。它是税收征收管理的中心环节，直接关系到国家税收能否及时、足额入库。税款征收的主要内容包括税款征收的方式及程序、减免税的核报、核定税额的几种情况、税收保全措施和强制执行措施的设置与运用以及欠缴、多缴税款的处理等。

目前,以"云计算"技术为基础搭建的"税务云"对税款征收有较大影响。我国税款征收和入库的信息化程度随着"金税三期"工程的完成得到了很大提高,与税款的征收和入库有关的部门如人民银行、财政和税务部门等,都投入了大量人力、物力提高本部门的电子化应用水平,开发了计算机纳税和上缴等应用系统,中国人民银行也在全国推广和使用了国库账务系统。目前的问题在于各部门系统兼容性差,限制了各自系统的实际效用,数据的共享和各系统间的互通就是税款入库的"瓶颈",也是提高税款入库效率的关键。

根据浪潮的"整体云计算解决方案"实施,其影响了税收征收管理制度的整体性倾向,现有税款征收制度缺陷是部门间信息割裂形成的税款征收执行障碍。为消弭信息割裂,整体"税务云"的理念能够保证法律制度的整体性,以税款入库为例,有"云平台"这一高度信息化的技术手段作为支撑,为防止税务部门发生的舞弊行为,需明确出纳与记账分立的规则。①

4. 涉税"云平台"与税务稽查制度

从信息管理角度出发,现有税务稽查制度基本建立在个体信息不对称的基础之上。税务稽查的法律构成主要有《税收征收管理法》《实施细则》《税务稽查工作规程》等。特别是《税务稽查工作规程》第23条规定实施税务稽查时,可以根据需要和法定程序采取询问、调取账簿资料和实地稽查等手段进行。若税务机关在实施税务稽查时能够充分掌握相关信息,则会降低稽查成本,提高稽查效率。

在涉税"云平台"中,税源信息的不对称问题会得到改善,即"云平台"的信息便利会提高税务机关税务稽查效率。"云计算"给税务稽查制度带来何种冲击,尚不得而知。其现状是税务稽查将会遭遇安全屏障,税务稽查面临管辖上的尴尬。"即收即税即库"将成为履行纳税义务的主导方式。从法解释的角度结合"云计算"的开放及时性特点,现有制度规定了税务机关现场稽

① 参见张海波:《美国联邦税收征管信息化的经验及启示》,载中国国际税收研究会主编:《税收征管模式发展趋势研究》,中国税务出版社2013年版,第298页。

查权力以及稽查范围、程序等的缘由即是存在着信息不对称问题。而“云平台”将改善这一问题，其是否会缩小税务机关现场稽查权力，抑或扩张税务机关整体性的税务稽查权力也是需要予以关注的。

第四章　涉税信息采集与管理中违法追责法律制度

在税务信息化的管理体系中，为提升税务机关涉税信息采集和管理水平，各国税法普遍通过设定相关主体的权利(力)和义务来规制征纳双方在信息供给和控制上的行为和活动。由于涉税信息的采集与管理涉及纳税人、税务机关及其他政府职能部门、金融机构、社会组织等主体，且流程涵盖采集、管理、利用及保存等多个环节，因此，一旦法定的征纳义务未得以有效履行，或者相关主体涉税信息采集与管理环节出现违法违规行为，则不仅会给相关职能部门的涉税采集与管理工作带来不便，同时也会侵害纳税人的基本权利。鉴于此，各国为保障税法所确立的信息采集和管理规则有效实施，规范税收征收管理秩序，维护纳税人法权益，都普遍将税收法律责任作为涉税信息采集与管理法律制度实施的有力后盾和必要保障。

涉税信息采集与管理主体的法律责任属于税收法律责任范畴，因而应当遵循法律责任的一般理论。所谓税收法律责任，是指在税收征收管理实践中，税收法律关系主体以及与税收法律关系相关的其他主体，违反税法等有关法律规定的义务所应承担的不利法律后果。① 作为税收法律责任的一种，涉税信息采集与管理过程中的法律责任，是指不同的税收法律关系主体因违反信息采集和管理的义务，实施违反税法的行为而应承担的否定性法律后果。在税务信息采集的法律关系中，由于征税主体、纳税主体及第三人在涉税信息的采集与管理中的地位与作用以及所具有的权利（力）义务不尽相同，其违法行为的法律性质、对社会的影响以及责任能力也存在差异，因此，税法在追究相关主体的法律责任时，必须对违法行为进行准确界定，设定法定的处罚形式使其承担相应责任。

一、涉税信息采集与管理中的违法行为分析

（一）涉税信息采集与管理中违法行为的构成要件

所谓税务信息采集与管理中的违法行为，是指税务信息采集与管理中负有特定义务的主体，在税务信息的申报、查询、收集、开发、使用及保存等过程中所实施的一切违反税收法律规范，侵害为税法所保护的法律关系并应当承担某种法律后果的行为。涉税信息的采集与管理中的违法行为通常应当具备以下构成要件：

第一，主体要件，即行为人必须具有税收违法的适格主体资格。在税务信息违法行为中，适格主体主要包括征税机关、纳税主体、扣缴义务人、税务代理人以及协助征收管理的其他第三方主体。其中，所谓“第三方”主体，是指除税务机关、纳税人以外的主体，包括立法机关、司法机关、地方政府、其他行政机关、中介机构、银行、其他单位或个人等主体。② 由于税收征收管理实践中“信息不对称”现象普遍存在，所以当纳税人拒绝提供或者未完整提供，或者提供虚假相关涉税信息，且征税机关难以通过其他有效途径获取涉税信息时，就必须借助第三方力量采集税务信息。

① 参见陈少英主编：《税法学》（第 2 版），格致出版社 2011 年版，第 333 页。

② 参见耿莉：《税收征管中的第三方协助研究》，山东大学经济学院财政与税收学 2012 年硕士学位论文，第 9 页。

第二，客体要件，即行为人的行为侵害了税法所保护的法律关系。其中，税收法律规范既包括税收征收管理的专门性法律规范，包括《税收征收管理法》《企业所得税法》等法律，同时也包括违反其他法律中有关税收的法律规定。例如，《刑法》第201条就将纳税人采取欺骗、隐瞒手段进行虚假纳税申报或者不申报，逃避缴纳税款数额较大并且占应纳税额10%以上的行为界定为“逃税罪”，将依法追究刑事责任。而此处的“侵害”应作广义理解，既包括对国家税收利益的损害，也包括对纳税人合法权益的侵害；既包括直接损害，也包括间接损害；既包括物质损害，也包括精神损害。①

第三，客观要件，即行为人具有不履行法定义务的行为，包括实施了法律禁止的行为和怠于履行法律规定的义务。所谓法定义务，是指根据法律规定，当事人或者相关人如果作为或者不作为，需承担法律上的强制性后果。在税务信息采集与管理中，根据信息来源渠道不同，分为报送信息、调查信息、部门交换信息三种。报送信息是指纳税人在执行税收征收管理程序时向税务机关报送的涉税信息；调查信息是指税务机关通过调查分析获取的税源信息；部门交换信息是指税务机关同工商、海关、银行等部门通过信息交换获得的税源信息。② 例如，假冒信息、瞒骗信息或提供不完整的信息给国家征税带来损失的，是积极的作为；不申报或未按规定期限进行信息申报的行为是消极的不作为。

第四，主观要件，即税收违法行为必须是行为人出于故意或者过失实施的行为，即要求行为人具有主观方面的过错。需要说明的是，理论与实践中关于税收违法行为是否需要考量行为人的主观过错一直存有争议。客观说认为，行政违法行为应适用客观违法原则，只要行为人客观上违反了行政法律规范，就构成行政违法，而不必再过问主观上是否有过错。③ 主观说则认为，税收法律责任的承担应当考虑当事人的过错程度，应以故意或过失的大

---

① 参见张松主编：《税法学概论》，中国税务出版社1998年版，第192~194页。

② 参见黄橙、李忠华：《我国税源信息管理的现状、问题及对策》，载《生产力研究》2012年第4期。

③ 参见罗豪才主编：《行政法学》（修订本），中国政法大学出版社1999年版，第298页。

小来衡量税收责任的大小。当前,实践中采用的是“折中说”,即法律明确规定需具备故意或过失要件的,应以过错责任为要件,以满足保障纳税人权利的要求;对违反税法义务而不以发生损害或危险为其要件的,则采取“过失推定主义”,允许当事人举证其无过失而免责,以兼顾征税效率,进而实现征税效率与纳税人权利保障之间的价值平衡。

(二)涉税信息采集与管理中违法行为的主要类型

在税务信息的采集与管理中,违法行为无处不在。凡负有特定义务的主体,在税务信息的申报、查询、收集、开发、使用以及保存等过程违反税收法律规范,侵害税法所保护的法律关系的,均应被视为违法行为而需承担相应法律后果。根据不同标准,可以将税务信息采集与管理中的违法行为作以下区分:

第一,以违法程度划分,可分为一般违法行为与严重违法行为。一般税收违法行为,亦称狭义的税收违法行为,是指税收法律关系违反税收法律规范、尚未构成犯罪,应当承担相应行政责任与民事责任的行为。[①] 而相应地,严重违法行为则是指税收犯罪行为。在税务信息的采集与管理过程中,一般税收违法行为包括纳税人未进行税务登记义务、不履行纳税申报义务、迟延履行纳税信息的申报以及报送虚假申报纳税信息等;而税收犯罪行为则主要表现为以信息的隐瞒和虚假应用为形式的逃税罪、危害税收征收管理罪等。其中,税收犯罪行为应满足以下要件:其一,社会危害达到一定程度。其衡量标准主要为造成国家税收损失额度、对税收秩序破坏程度以及情节严重程度等。其二,违反了《刑法》规定。只有当税收违法行为触犯刑法规定时,才构成犯罪。其三,当事人实施的行为应受刑事制裁,即具有刑罚处罚的性质。鉴于税收违法与税收犯罪行为存在诸多区别,在涉税信息采集与管理中违法行为法律责任的认定中,应根据税收违法行为的严重程度认定其是否应当承担刑事责任。

---

① 参见李小波编著:《税收违法与犯罪的认定与追究实务》,中国税务出版社2011年版,第3页。

第二,以违法主体划分,可分为征税主体违法行为、纳税主体违法行为以及涉税活动第三方违法行为。其中,征税主体的违法行为,是指税务机关以及其他行使征税主体在税务信息管理过程中的违法行为,具体包括以越权、滥用职权、不作为、程序违法、征税侵权、适用法律错误等方式进行信息的采集和管理。纳税主体的违法行为,是指纳税人和其他纳税主体实施的不履行法定的税法义务,侵害国家征税管理秩序的行为,具体包括纳税人纳税申报迟延、虚假申报或者拒不申报纳税信息行为,申报信息违反法定程序行为以及以其他违法形式逃避纳税申报义务的行为。而涉税活动第三方的违法行为,主要是指除纳税人和征税机关之外的其他掌握涉税信息第三方不履行法律规定的税务信息采集与管理的协力义务行为。其中,所谓涉税活动第三方的协力义务,是指除纳税义务人和税务机关以外的其他主体为维护国家税收利益,利用其职能、资源、信息等协助税务机关解决征收管理问题,帮助税务机关完成税源管理活动的各种协税行为。①

第三,以违法行为性质划分,可分为实体违法行为和程序违法行为。就实体违法行为而言,是指征纳主体违反税法规定的实体权利义务行为。其中,征税主体应以尊重纳税人基本权利为前提,不能以非法方式采集的信息对纳税人征缴税款;纳税主体则应做好税务登记、账簿凭证管理、发票管理、接受调查等税法规定的协力义务,不能借以实施各种逃避纳税义务的行为。就程序违法行为而言,是指征纳主体违反了法定的征纳税行为必须遵循的方式、步骤、时限和顺序的规定。详言之,征税主体对涉税信息采集和利用权限的使用必须恪守"正当程序"原则,其在信息管税活动中,应当确保征纳活动的科学、高效、合法运行;纳税主体也必须遵守法律规定的时间和方式规定,及时、全面、准确地进行涉税信息的报送。

---

① 参见耿莉:《税收征管中的第三方协助研究》,山东大学经济学院财政与税收学2012年硕士学位论文,第9页。

二、涉税信息采集与管理法律责任的归责机理

涉税信息采集与管理工作的顺畅开展,需要相关主体各司其职,密切协作。根据涉税信息采集与管理过程中可能存在的违法事项,相关法律责任的设置应当遵循以下原则。

(一)责任法定原则

"无违法则无税收法律责任,无违法则不应受到法律的惩罚。"按照责任法定主义的要求,涉税信息采集与管理中法律责任的认定应从实体法定和程序法定两个方面进行规定:一是实体法定。税收法律责任发生原因、责任形式、责任内容以及免责事由等内容应当由法律预先设定。这就意味着在涉税信息采集与管理过程中,对于相关主体是否违法、应否给予处罚以及给予何种处罚等问题,法律必须予以明确。二是程序法定。税收法律责任的认定和追究,应当根据税法规定的条件和程序进行,未遵循法定程序的行政处罚无效。[①] 例如,税务机关在对纳税人违法申报行为进行处罚时,税务工作人员应向纳税人出示身份证件,履行告知义务,并依法制作相关的法律文书。

(二)过罚相当原则

按照过罚相当原则,税务违法行为处罚的设定和实施应根据税收违法行为的性质、情节以及社会危害性等因素确定。尽管在实践中,税务机关进行行政处罚时享有自由裁量权,但处罚种类、处罚幅度要与违法行为人的违法过错程度相适应,避免处罚的畸轻畸重。总体上,过罚相当原则包括以下内容:一是横向公平,即应对性质、情节、社会危害等区分,做到对不同税收违法行为给予不同处罚,实现横向罚责相当;二是纵向公平,即应对性质、情节、社会危害相同的违法行为给予相同处罚,做到纵向罚责相当。例如,对于纳税人涉税信息采集违法行为进行处罚时,应当区分其主观上是故意还是过失,

① 参见史广峰:《纳税主体法律责任研究》,郑州大学法学院经济法学 2007 年硕士学位论文,第 16 页。

作出与其主观恶性相匹配的处罚。①

（三）纳税人权利保障原则

按照纳税人权利保障原则，税务机关对纳税人的涉税信息采集违法行为进行处罚时，应当充分保障纳税人享有的知情权、陈述权、申辩权、听证权、申请行政复议、提起行政诉讼以及请求国家赔偿等各项程序性权利。如果税务机关在处罚过程中未充分保障纳税人权利，则其将承担程序违法的不利后果。例如，在税务信息采集与管理过程中，税务机关对纳税人及第三人处罚时，应在处罚作出前告知当事人作出行政处罚的事实、理由及依据，并告知其依法享有的权利；当事人将有权进行陈述和申辩，税务机关不得因此对其加重处罚。

三、涉税信息采集与管理中的法律责任承担

（一）涉税信息采集与管理的法律责任承担形式

为确保涉税信息与管理依法开展，应当对涉税信息采集与管理中违法行为的法律责任进行明确。通常而言，涉税信息采集与管理中违法行为的法律责任主要有以下类型：

1. 行政法律责任、刑事法律责任与民事法律责任

根据法律责任所属的部门法分类，可分为行政法律责任、刑事法律责任与民事法律责任三种。其中，对相关主体课以行政处罚或者刑事处罚是最为主要的责任形式，相比较而言，涉税信息采集与管理中违法行为民事责任的承担相对少见。

第一，行政法律责任。所谓行政法律责任，是指行政法律关系的主体，由于违反行政法律法规规定的义务而应当承担的法律后果。在涉税信息采集与管理活动中，征税机关、纳税人以及涉税活动第三方均为行政法律责任主体。基于各主体权利（力）与义务的不同，征税机关、纳税人及涉税活动第三

① 参见刘剑文主编：《纳税主体法理研究》，经济管理出版社2006年版，第189～190页。

方面临的行政法律责任存有差异。其中,纳税人及涉税活动第三方可能面临的行政法律责任包括罚款、责令限期改正、吊销营业执照以及缴纳滞纳金等;而对于征税机关及行使征税权能的其他行政机关、社会组织而言,其行政法律责任主要为停止侵害责任、恢复性责任以及补救性责任3种。① 具体而言,停止侵害责任主要是针对采集、使用、传播纳税人税务信息而言的,其主要责任形式为要求相关机关或者人员停止侵害、排除妨碍以及消除危险等。例如,我国《税收征收管理法》第83条规定,违反法律、行政法规的规定提前征收、延缓征收或者摊派税款的,由其上级机关或者行政监察机关责令改正,对直接负责的主管人员和其他直接责任人员依法给予行政处分。恢复性责任主要是指征税机关或者涉税活动第三方行政主体违法,或者错误地对存有纳税人税务信息的相关资料物品等进行查封、扣押或者没收的行为,其主要责任形式为对相关物品解除封存、予以返还等。例如,我国《税收征收管理法》第79条规定,税务机关、税务人员查封、扣押纳税人个人及其所扶养家属维持生活必需的住房和用品的,责令退还,依法给予行政处分。补救性法律责任形式,指向的是对相关资料、物品等实施了违法或者错误的查封、扣押、没收等措施,在此过程中相关资料或物品出现损坏或者灭失的现象,相关主体应当对其进行修复或折价赔偿。例如,我国《税收征收管理法》第78条规定,未经税务机关依法委托征收税款的,责令退还收取的财物,依法给予行政处分或者行政处罚;致使他人合法权益受到损失的,依法承担赔偿责任。

第二,刑事法律责任。所谓刑事法律责任,是指"具有刑事责任能力的人由于实施了犯罪行为而引起的,其程度与犯罪的社会危害性和犯罪人的人身危险性程度相适应的,具有应受刑事惩罚性的一种负担"。② 在涉税信息采集与管理过程中发生的严重违法行为,将面临包括管制、拘役、有期徒刑、无期徒刑以及罚金、没收财产等在内的刑事处罚。例如,我国《刑法》第201条规

① 参见郑传坤主编:《行政法学》,法律出版社2007年版,第286~287页。

② 王晨:《刑事责任的一般理论》,武汉大学出版社1999年版,第58页。

定，纳税人采取欺骗、隐瞒手段进行虚假纳税申报或者不申报，逃避缴纳税款数额较大并且占应纳税额 10% 以上的，处 3 年以下有期徒刑或者拘役，并处罚金；数额巨大并且占应纳税额 30% 以上的，处 3 年以上 7 年以下有期徒刑，并处罚金。需要说明的是，在对纳税义务主体课以刑事处罚时，应当遵循以下两项原则：第一，一事不再罚原则。根据我国《刑法》第 201 条的规定，对于纳税人采取欺骗、隐瞒手段进行虚假纳税申报或者不申报的行为，在经税务机关依法下达追缴通知后，纳税人补缴应纳税款，缴纳滞纳金，接受行政处罚的，则不予追究其刑事责任。第二，税务机关征缴优先原则。根据我国《刑法》的规定，对于触犯我国《刑法》第 201 条至第 205 条规定罪名，被判处罚金、没收财产的，在刑罚执行前，相关义务人应当先由税务机关追缴税款和所骗取的出口退税款。第三，民事法律责任。随着"税法债权债务说"的兴起，民事责任在税法领域的适用成为一项新的课题。例如，对于纳税人违法少缴或者不缴税款的行为而言，立法首先要求其停止该违法行为并将相应的税款补足，而后再向相关主体收取滞纳金以弥补国家损失，此即为民事责任在税收法律责任中的运用。

2. 赔偿性法律责任与惩罚性法律责任

根据设置责任的目的，可将涉税信息采集与管理法律责任划分为赔偿性法律责任与惩罚性法律责任。其中，赔偿性法律责任是指违法行为人应当对其造成的损害，以财物的形式进行赔偿的法律责任，其责任形式包括"补缴、追缴"税款，"限期改正、责令改正"，"刑事处罚"等。而所谓惩罚性法律责任，则是指法律对违法行为本身作出的，超出其造成实际损害的处罚，其目的在于补偿受害人遭受的损失，惩罚侵害人的过错行为，并惩罚和遏制不法行为。[①] 在税收征收管理领域，惩罚性法律责任的主要形式有"滞纳金""罚款"以及"滞纳金与罚款"。

① 参见国淑霞：《论惩罚性赔偿制度》，吉林大学法学院民商法学 2004 年硕士学位论文，第 2 页。

3. 程序性法律责任与实体性法律责任

程序性法律责任，亦可称为程序性制裁，其最初应用于刑事诉讼程序中，意指通过对那些违反法定程序的侦查、公诉和审判行为宣告为无效，使其不再产生所预期的法律后果的方式来惩罚和遏制程序性违法行为，[①]它原指警察、检察官、法官在违反法定程序时所要承受的一种法律后果。[②] 在涉税信息采集与管理过程中，如果征税机关不履行告知纳税人义务或者以非法形式获取纳税人信息，则其信息采集程序即为违法。不过，鉴于刑事法律与税收征收管理法律所保护的法益存在区别，税收征收管理部门违法采集或者管理信息行为并非一律无效，而应当视违法情节严重程度，分别作出要求补正、更正违法行为或者宣告相关行为无效以及对违法行为进行撤销等处理，以此确保税务信息采集与管理的正当性、合法性。而实体性制裁，针对的则是税务信息采集与管理过程中各主体违反税收实体法律的行为。实体性法律责任形式包括以罚款、征收滞纳金等为内容的行政处罚；以罚金、管制、拘役、有期徒刑、无期徒刑为内容的刑事处罚以及以返还原物、折价赔偿等为内容的民事赔偿。

4. 财产性法律责任与行为性法律责任

所谓财产性法律责任，是指税务信息违法行为给国家课税带来损失的，可通过税款的补缴、追缴、罚金、滞纳金等财产性质的责任予以弥补；而税务机关因核定不实而多征或错误征收税款的，则主要通过退税的形式来弥补过失。而所谓行为性法律责任，是指行为人通过实施一定的行为承担责任。在涉税信息的采集与管理法律关系中，行为性法律责任主要包括责令改正、进行税收保全、税收强制执行以及提供纳税担保等责任形式。

（二）涉税信息采集与管理相关主体的法律责任

涉税信息采集与管理过程中涉及的主体包括纳税人、扣缴义务人、涉税活动第三方以及税务机关。根据各主体在此过程中的角色作用，立法应当分

① 参见陈瑞华：《程序性制裁理论》，中国法制出版社 2005 年版，第 535 页。

② 参见陈瑞华：《程序性制裁制度的法理分析》，载《中国法学》2005 年第 6 期。

别设置不同的法律责任。

1. 纳税人涉税信息采集与利用中的法律责任

纳税人所具备的经济资源和信息是一切征纳活动的起点。在涉税信息的管理过程中,纳税人既有进行税务登记、设置账簿、进行纳税申报和报告、提供纳税凭证等直接义务,也有配合税务机关进行信息采集、接受税务调查以及协助税务稽查等间接义务。如果纳税人在涉税信息采集与管理过程中违反法律规定,则将承担一定的法律责任。

(1)违反税务登记、账簿管理规定的法律责任。为方便税务机关及时掌握纳税人信息,税法通常规定纳税人具有向税务主管机关办理或变更税务登记、进行科学账簿管理等义务。一旦纳税人违反具体规定,则必须承担相应的法律责任。对此,国外普遍通过统一税务代码制度对纳税人税务登记进行管理,如果纳税人存在违反税务注册和登记以及账簿管理等行为,则将承担相应的法律责任。以美国为例,每个公民都有一个终身不变的社会保障识别号,该注册税号与银行账户绑定,且10,000万美元以上的交易都必须用支票结算。① 若有违反,则违法者须缴纳加倍的罚金或承担刑事责任。

从我国来看,目前《税收征收管理法》第60条对于纳税人未依法进行税务登记、设置和保管账簿、遵照财务、会计制度、报告银行账号、安装税控装置的,仅规定了限期改正和罚款两种分责任形式,而不涉及刑事责任以及对违法纳税人社会信用度减损的规定,难以对纳税人违法行为进行法律规制。② 此外,对纳税人不办理税务登记的,税务机关可责令纳税人限期改正;逾期不改正的,税务机关可提请工商行政管理机关吊销其营业执照。而纳税人未按照规定使用税务登记证件,或者转借、涂改、损毁、买卖、伪造税务登记证件的,则可能被处以2000元以上10,000元以下的罚款;情节严重的,处10,000元以上50,000元以下的罚款。

(2)违反纳税申报规定的法律责任。对于纳税人不申报或申报不足的行

---

① 参见闫海、于骁骁:《纳税申报的法理基础与制度构建》,载《西部财会》2012年第1期。

② 参见闫海主编:《税收征收管理的法理与制度》,法律出版社2011年版,第28页。

为,将面临罚款以及缴纳滞纳金等制裁措施。例如,美国《国内税收法典》要求纳税申报书必须包含必备内容,以使税务局能够核实税款的计算过程。如果纳税人在纳税申报时省略了必要信息或者提供了错误信息,则将面临500美元的罚金,在持续递交不完整申报表时,还将因故意不申报税收而面临刑事指控。[①] 类似地,德国《税收通则》第152条第1款规定,对于未履行或未按时履行纳税申报义务者,可规定滞纳金;但在延误可以免责时,可不规定滞纳金。

就我国而言,对于申报不足和不申报涉税信息行为,也主要通过罚款、责令限期改正、加收滞纳金等形式予以规制。例如,对于不进行纳税申报的行为,我国《税收征收管理法》第64条规定,纳税人、扣缴义务人编造虚假计税依据的,由税务机关责令限期改正,并处50,000元以下的罚款。纳税人不进行纳税申报,不缴或者少缴应纳税款的,由税务机关追缴其不缴或者少缴的税款、滞纳金,并处不缴或者少缴的税款50%以上5倍以下的罚款。

(3)拒绝税务检查的法律责任。在涉税信息采集与管理中,税务机关可对涉税信息进行检查,对于纳税及扣缴义务人违反义务,逃避、拒绝或以其他方式阻挠税务机关税务检查的,税务机关可以责令改正并处以罚款,严重时还可追究其刑事责任。例如,我国《税收征收管理法》第70条规定,纳税人、扣缴义务人逃避、拒绝或者以其他方式阻挠税务机关检查的,由税务机关责令改正,可以处10,000元以下的罚款;情节严重的,处10,000元以上50,000元以下的罚款。

(4)偷、逃、骗、欠税行为的法律责任。对于纳税人违反涉税信息采集与管理义务,构成偷逃税、欠税、骗税、抗税行为的,除应当承担的行政责任以外,其还可能被依法追究刑事责任。例如,美国《国内税收法典》第七十五章从第7203条到第7212条专门规定了纳税人故意不提交纳税申报、保存纳税信息或不提供相关信息,提供欺诈或不实报表,存在伪造,毁损或移除,适用

---

① 参见潘雷驰、叶桦:《美国涉税信息综合治理机制对我国税源专业化管理的启发》,载《税收经济研究》2012年第4期。

残损、面额不足或伪造的税票，对税票进行重复使用以及空的已盖印包装等企图避税或欺骗他人以及妨害税收征收管理秩序等违反涉税信息的申报义务等方面的法律责任，具体责任形式包括罚金、被认定为轻罪或重罪而处以监禁。

在我国，纳税人违反涉税信息的采集与管理义务而实施偷逃税、骗税、欠税行为的，不仅需要承担《税收征收管理法》中规定的行政责任，而且还需承担相应的刑事责任。具体而言：

第一，偷逃税的法律责任。① 依据《税收征收管理法》的规定，偷税是指纳税人采取伪造、变造、隐匿、擅自销毁账簿、记账凭证，或者在账簿上多列支出或者不列、少列收入，或者经税务机关通知申报而拒不申报或者进行虚假的纳税申报，不缴或者少缴应纳税款的行为。根据《税收征收管理法》第 63 条的规定，对纳税人偷税的，由税务机关追缴其不缴或者少缴的税款、滞纳金，并处不缴或者少缴的税款 50% 以上 5 倍以下的罚款；构成犯罪的，依法追究刑事责任。

第二，欠税行为的法律责任。如果欠税人采取转移、隐匿财产等手段妨碍税务机关追缴其所欠税款的，也应承担相应的行政和刑事责任。通常而言，如果拖欠税款纳税人并非故意为之，税务机关通常会以责令其限期缴纳并加收滞纳金的方式进行惩罚；逾期未缴纳的，税务机关可强制其缴纳或补缴相应税款。如果纳税人属于故意欠税，则其将被追究刑事责任。对此，我国《税收征收管理法》第 65 条规定，应由税务机关追缴欠缴的税款、滞纳金，并处欠缴税款 50% 以上 5 倍以下的罚款；构成犯罪的，依法追究刑事责任。

第三，骗税行为的法律责任。骗税行为，是纳税人以制造虚假税务信息的形式骗取国家税款，尤其是出口退税税款的行为。对于骗税行为，我国法

---

① 需要说明的是，偷税概念已经修改为逃避缴纳税款罪。2009 年 2 月 28 日第十一届全国人民代表大会常务委员会第七次会议通过的《刑法修正案（七）》对《刑法》第 201 条进行了重大修改，将原来的“偷税罪”改为“逃避缴纳税款罪”，更准确地定性了该种违法犯罪行为的本质特征。但由于《税收征收管理法》暂时未作修改，因而在征收管理实践中仍沿用了“偷税”的说法。

律规定了相应的行政责任和刑事责任。例如,《税收征收管理法》第66条规定,纳税人以假报出口或者其他欺骗手段,骗取国家出口退税款的,由税务机关追缴其骗取的退税款,并处骗取税款1倍以上5倍以下的罚款;构成犯罪的,依法追究刑事责任。

第四,抗税行为的法律责任。在涉税信息的采集与管理法律关系中,以暴力、威胁方法拒不缴纳税款的行为就必然意味着拒绝涉税信息的提供,抗税行为通常需要承担一定的行政责任与刑事责任。例如,我国《税收征收管理法》第67条规定,以暴力、威胁方法拒不缴纳税款的,是抗税,除由税务机关追缴其拒缴的税款、滞纳金外,还要依法追究刑事责任。情节轻微,未构成犯罪的,由税务机关追缴其拒缴的税款、滞纳金,并处拒缴税款1倍以上5倍以下的罚款。

2. 扣缴义务人涉税信息采集与利用中的法律责任

就扣缴义务人而言,其在税务信息管理中因其违法行为所应承担的责任主要如下:一是不履行义务的法律责任。主要包括扣缴义务人不进行纳税申报;伪造、变造、隐匿、擅自销毁账簿、记账凭证;以假报出口或者其他欺骗手段,骗取国家出口退税款;以暴力、威胁方式拒不履行扣缴义务;扣缴义务人应扣未扣、应收而不收税款等行为。对于这些违法行为,税务机关有权对扣缴义务人所欠、骗税及不缴的税款进行追缴或要求其补缴;情节严重的,还可追究其刑事责任。二是不完全履行义务的法律责任。这主要包括扣缴义务人扣缴义务人未按照规定设置、保管代扣代缴、代收代缴税款账簿或者保管代扣代缴、代收代缴税款记账凭证及有关资料;扣缴义务人未按照规定的期限向税务机关报送代扣代缴、代收代缴税款报告表和有关资料等行为。对此,通常由税务机关责令限期改正,并处一定数额的罚款。

3. 第三人在涉税信息采集与利用中的法律责任

实践中,作为涉税活动的第三方的政府各部门和金融机构等掌握着大量纳税人经济数据,这些数据对于纳税人的财务状况和税源状况有着直观的反映。①

① 参见徐珊、黄明俊:《共享第三方涉税信息 破解税收征管信息不对称难题》,载《江西理工大学学报》2011年第6期。

基于此,各国为确保税源信息采集活动的正常开展,普遍规定了涉税活动第三方的协力义务,并对违法者课以相应的法律责任。例如,在美国,无论是纳税人还是第三方,只要是故意不提交纳税申报、不提供信息的,都必须承担一定的法律责任。根据美国《国内税收法典》第 7023 条的规定,对于法律法规规定的要求提交纳税申报、保存任意记录或者提供任意信息的主体,如果故意不提交纳税申报、保留记录或提供信息,则除了要求承担法律所规定的其他罚款之外,还可被认定为轻罪,定罪后将被处以 25,000 美元以下的罚款或者 1 年以下的监禁或两者并罚,并承担诉讼费用。

在我国,涉税活动第三方主要包括工商行政机关、银行及其他金融机构、电子支付方、关联交易企业及个人、税务中介机构等。但我国《税收征收管理法》仅规定了银行和其他金融机构未依法进行税务登记以及拒绝接受检查时,将面临的相应数额的罚款,而没有规定对于情节严重的,是否可以追究其刑事责任。此外,我国《税收征收管理法》对银行和其他金融机构以外的其他主体是否应当承担税务信息采集与管理违法责任以及承担何种责任均未规定。因此,在未来的《税收征收管理法》完善过程中,应当对涉税活动第三方的法律责任进行完善和补充,以确保税务信息采集与管理工作能依法顺利进行。

4. 税务机关在涉税信息采集与管理中的法律责任承担

在涉税信息采集与管理过程中,税务机关的职权是否得到依法、准确行使,既关系税收征收管理工作的整体质量,也关系纳税人的保密与隐私权利能否得到有效的保障。因此,域外国家普遍从两方面对税务机关的信息违法采集与管理行为进行规制,具体而言:一是违法进行信息检查的法律责任。在税务信息采集与管理过程中,如果税务机关工作人员未经法律授权就对纳税申报信息或其他相关信息进行审查,该行为即属违法。例如,美国《国内税收法典》第 7213A 条规定,未经法律授权而有意审查任意纳税申报或相关信息的行为属于违法,政府官员或雇员将因此被定罪,处以 1000 美元及其以下金额的罚款或 1 年或 1 年以下的监禁(或两者并罚),并需支付诉讼费用。二是对税务信息进行违法利用的法律责任。税务机关开展税务信息采集与管理,必须基于征收管理活动需要且在法律明确授权时方可进行,税务机关及其工作人员不得将税务信息用于其他活动或向其他机关、组织或个人披露。否则,税务机关将承担较重的法律责任。

就我国而言,对于税务机关及其工作人员违反涉税信息的采集与管理方面的义务将面临相应的行政责任和刑事责任,具体而言,一是违反税务信息征收管理程序的法律责任。例如,《税收征收管理法》第 80 条规定,税务人员与纳税人、扣缴义务人勾结,唆使或者协助纳税人、扣缴义务人有本法第 63 条、第 65 条、第 66 条规定的行为,构成犯罪的,依法追究刑事责任;尚不构成犯罪的,依法给予行政处分。二是违反税务信息保密管理规定的法律责任。对于税务机关工作人员违反保密规定的,我国也在《税收征收管理法》第 87 条规定了行政处分,即未按照本法规定为纳税人、扣缴义务人、检举人保密的,对直接负责的主管人员和其他直接责任人员,由所在单位或者有关单位依法给予行政处分。但整体上来看,我国对税务机关工作人员违反保密规定的法律责任规定得相对简略,缺乏诸如罚款或刑事责任方面的规定,需要在下一步的法律修订中予以完善。

四、涉税信息采集与管理中的罚则适用与裁量

在追究涉税信息采集与管理中的法律责任与适用具体的罚则时,应当综合违法主体的主观恶性、危害程度等相关因素进行考量,进而公平、公正地做好税收违法与犯罪的认定与追究工作。

(一)自查补税的免予处罚制度

为了鼓励税收违法行为人弥补过错和自动投案,德国、加拿大的税法以及我国台湾地区的“税法”明确规定了自查补税的“免予处罚”的激励制度。所谓自查补税,是指纳税人在未经税务机关检查情形下,应税务机关要求或

者自动进行纳税自查并向税务机关补报补缴税款的行为。[①] 在涉税信息的采集与管理过程中，由于该项措施有利于鼓励纳税人自首，帮助征税机关发现和开拓不知悉的税源，进而借助纳税人的协力来推进税的征收，保障国家及地区的税收利益，因此在各国及地区都被作为一项有效的纳税激励机制。[②] 根据加拿大联邦《所得税法》《销售税法》的规定，对于纳税人自我披露纠正不准确、不完全或从未报告过的信息的，税务机关有权对符合规定的自我披露纳税人免于处罚或起诉，纳税人只需缴纳相应的税款及滞纳利息即可。德国《税收通则》也规定了自动矫正错误资料免于刑事处罚的制度，该法第 371 条规定，实施偷税行为的纳税人"向税务机关更正或补全了所提供的不正确或不完全的数据和资料的，或者将未报的数据和资料补报齐全的，可免于刑事处罚"。

为鼓励纳税人进行自查补税，我国在 2005 年国家税务总局颁布的《纳税评估管理办法（试行）》第 18 条作出了纳税人自行补充纳税资料不进行立案查处的规定，对纳税评估中发现的计算和填写错误、政策和程序理解偏差等一般性问题，或存在疑点问题经约谈、举证、调查核实等程序认定事实清楚，不具有偷税等违法嫌疑，无须立案查处的，可提请纳税人自行改正；对于需要纳税人自行补充的纳税资料，以及需要纳税人自行补正申报、补缴税款、调整账目的，税务机关应督促纳税人按照税法规定逐项落实。鉴于此，建议《税收征收管理法》在修订过程中充分吸收《纳税评估管理办法（试行）》的相关内容，进一步明确自查补税不予行政处罚的条件，激励纳税人在自查补税的过程中更正和完善纳税资料。

（二）法律责任中的过错认定问题

在税务信息法律责任的构成要件当中，主观过错应否作为必备要件存有争议，但将"主观过错"作为税收违法行为认定要件之一的做法较为普遍。实

---

① 参见李小波编著：《税法违法与犯罪的认定与追究实务》，中国税务出版社 2011 年版，第 42 页。

② 参见陈清秀：《税法总论》，台北，三民书局股份有限公司 1997 年版，第 581～582 页。

践中,各国或地区会区分纳税人的主观过错设置不同的法律责任。第一,对于纳税人不存在过错而是因客观原因带来的结果,通常可以免于处罚。例如,美国《国内税收法典》第6651条规定,基于下述情形未能在法定期限内申报纳税的,可免予行政处罚:(1)因为火灾或其他灾害,致使营业或营业记录毁灭;(2)纳税人或其亲近家属死亡或者催患重病;(3)纳税人不可避免的缺席;(4)纳税人不懂法律,并有其他因素足以支持其主张;(5)纳税申报虽准时提出,但其申报的税务机关没有管辖权;(6)纳税申报虽然在限期内准时邮寄,但因邮资不足而被退回;(7)从税务官员所得的错误信息;(8)需要适当的空白表格或申报书,而税务机关没有准时提供;(9)亲自前往税务机关办公室,请求提供必要的协助或咨询,但出于不可归责于纳税人的原因,无法得到税务人员的见面协助。① 第二,区分故意和过失两种情形,通过过错的大小来认定法律责任的大小。在我国台湾地区1980年"司法院"释字第275号解释中,就认为:台湾民众违反"法律"上之义务而应受行政罚之行为,"法律"无特别规定时虽不以故意为必要,但仍需以过失为责任要件。但因受行政罚之行为仅须违反禁止规定或作为义务,而不以发生损害或危险为其要件者,推定为有过失。于行为人不能举证证明自己无过失时,即应该受处罚。

目前,我国《税收征收管理法》及《实施细则》对纳税主体主观过错的规定较少,这既不利于保护纳税人的权益,也不利于法律责任承担中的过罚相当。因此,我国应当在税务责任的归咎中区分纳税人的过错情形进行不同的处理:对于法律明确规定须具备故意或过失要件的偷税、骗税行为,应该以过错作为其构成要件;对于违反税法义务而不以发生损害或危险为其要件的,则应当采取"过失推定主义"的做法,允许当事人举证证明自己无过失而予以免责,以实现法律责任认定中的公平和效率。

(三)法律责任中的并罚问题

当纳税人在涉税信息的采集过程中先后实施了违反税收管理行为与违

---

① 参见陈清秀:《税法总论》,台北,翰芦图书出版有限公司2001年版,第585页。

反税款征收行为，以及征纳主体同一行为在法律上同时构成违法与犯罪行为时，就产生了是否应当并罚的问题。对于前者而言，由于纳税人实行偷逃税是通过违反税收管理行为，未按照规定设置或者保障账簿和记账凭证、未进行纳税申报，或者未如实进行纳税申报等行为来实现的，属于"先行行为"，而偷逃税、骗税等行为则属于"实害行为"。对此，国际通行做法是采取"吸收主义"，由处罚较重的偷逃税罚吸收处罚较轻的行为罚，从重处罚。在此方面，我国税法虽未明确规定，但《行政处罚法》中确立了"一事不再罚"原则，因此，对于行为人在先后两个阶段实施的性质相同的行为，在法律上应认定为一个违法行为，从重处罚。

对于后者而言，则应当考虑税务信息行政违法责任与行政犯罪责任的衔接问题。通常认为，由于纳税主体的行政犯罪在违法性上具有双重特性，既是行政法上的违法行为，也是刑法上的犯罪行为，因此应同时承担行政责任和刑事责任。但对于其中某些相类似的责任形式可以相互折抵，如行政拘留与相应刑期的折抵、行政罚款与刑罚罚金的折抵等责任形式。① 因此，只有对同一行为做到"有限并罚""罚责相当"，才能确保税务信息法律责任制度的公正与公平。

---

① 参见曹康、黄河主编：《危害税收征管罪》，中国人民公安大学出版社 1999 年版，第 265 页。

第五章　税务信息管理创新中的配套法律制度设计

税务信息管理创新既需要从税务机关内部做好权力划分和明确责任，还需要强化与其他政府部门的外部联动以协同推动机制的建设。因此，配套制度和措施是否建立以及是否完善也影响着税务信息化管理成效的高低。目前，我国包括公职人员财产申报、纳税信用管理、税务信息风险管理以及税务代理等制度在内的税务信息管理创新配套制度均存在不完善的情况，给涉税信息管理的法治化进程带来了阻碍。为此，应当不断推动相关配套制度的改革与完善，通过建立有效的官员财产公开制度、合理的纳税信用评估体系、全面的税务信息风险防控机制以及规范的税务代理制度，为税务信息管理创新机制的建设建立根基。

一、官员财产申报与公开制度的建立与完善

本质上来看，涉税信息的采集与管理意味着税务部门的权力将会因此扩大，其有权掌握包括公职人员在内的纳税人的财产信息，而这必然要求官员主动参

与财产申报为税务机关的涉税信息采集提供数据支持。但是,官员财产申报制度的建立不仅关系税务信息能否采集到位,同时还反映着官员是否廉洁从政等问题,因此,该项制度对官员自身的利益触动较大。正因如此,某些公职人员并不希望税务机关掌握自己的财产信息,甚至阻挠官员财产申报制度的建立,这极大地影响了我国税务信息管理制度的建设。因此,要破除对涉税信息采集与管理的阻碍,就应当尽快建立和完善我国公职人员财产申报和信息公开制度。

(一)公职人员财产申报制度与税务信息管理的关联

所谓官员财产申报制度,是指具有一定职位的领导干部在任职之初、任职期间的某些固定时期以及离任后的一定期限内申报属于自己以及与其共同生活亲属的财产。[①] 官员财产申报制度作为一项有关财产申报、登记和公开的制度最初在瑞典确立。1766 年瑞典法律规定瑞典公民有权查看所有官员的家庭财产,知道首相的纳税清单,以实现对官员纳税情况的监督。此后,该项制度逐渐被他国所借鉴,并被奉许多国家的“阳光法案”和“反腐利器”。官员财产申报制度的设立,旨在通过对官员申报资料的公开,便于人们判断公职人员的私利与公职之间是否存在冲突,进而对公职人员财产变化实行有效的监督。[②]

就公职人员财产申报制度与税务信息管理的关系而言,主要体现为两个方面:一方面,官员财产申报制度能够为某些税务信息的获取奠定基础。尤其是在整个直接税的征收体系中,个人所得税、房产税乃至遗产税等税种的开征都离不开公开透明的财产信息。以我国房产税的开征为例,房产税的征收有赖于各地住房信息联网系统的建立,但由于多种因素的制约,统一的住房信息联网系统尚未完全确立,导致税务机关对房产税的税收征收管理备受

---

① 参见庞斌:《国内外官员财产申报制度综述》,载《改革与开放》2010 年第 11 期。

② 参见袁峰:《公职人员财产申报信息公示机制探析》,载《江苏行政学院学报》2010 年第 3 期。

阻碍。[①] 另一方面,官员财产申报制度有利于调和贫富差距,促进税收公平。税收公平要求相同经济条件或负税能力的纳税人负担相同的税收,不同经济条件或负税能力的纳税人负担不同的税收,这就在客观上要求纳税人如实进行纳税申报。但由于官员财产申报公开制度尚未建立,官员除申报工资、薪金等与个人所得税相关的财产外,很少主动申报其他财产收入。因此,官员申报名义财产较少而实际收入较高的实际情况仍有违税收公平,这不仅在一定程度上造成了普通纳税人的"仇富仇官"心理,而且也引发了纳税不遵从现象的发生。因此,为确保个人所得税、财产税申报工作的依法、顺利开展,就必须建立完善的官员财产申报制度,以实现税收公平。

(二)国外公职人员财产申报制度的整体介评

自1766年瑞典确立官员财产申报制度后,迄今为止,世界上已有近百个国家和地区建立了官员财产申报制度,在推动税务信息化管理方面,发挥了重要的制度作用。例如,美国于1978年《政府道德法》中确立了财产申报制度。根据该法规定,凡是在立法、行政、司法三大部门内任职的人员,应当分别在本系统内申报财产。[②] 总体而言,美国财产申报制度主要由以下几个方面的内容构成:第一,申报的主体。凡是担任赋有重要决策权和指挥权的官员、高级科技人员、咨询顾问人员等职务,都必须公开申报本人及其配偶和抚养子女的财产状况。这些人员主要可以分为三类:一是包括白宫官员在内的所有政府官员;二是参议院和众议院的议员及其雇员;三是法官和司法雇员。第二,申报的范围。美国法律规定的要求官员申报的内容较为广泛,凡是宪法容许和国会明确规定的财产事项都要申报。主要包括以下七大部分:(1)财产及其收入,包括个人及其配偶和抚养子女的所有财产,这些财产所带来的收益以及各种服务性收入。(2)买卖交易,包括本人及其配偶和抚养子女某些财产的买卖和交换情况。(3)馈赠、补偿、旅行,包括本人及其配偶和

---

① 参见邵方超:《财产申报或为房产税开征扫清路障》,载《中国建设报》2010年7月4日,第1版。

② 参见王英:《美国公务员的财产申报制度》,载《学习月刊》2010年第8期。

抚养子女所接受的食、宿、行、乐方面的馈赠和款待、各种补偿、好处及其他有价值的赠品。(4)债务。申报人必须申报本人及其配偶和抚养子女任何超过10,000美元的债务。(5)任职协议与安排,包括申报人未来的任职协议或安排以及过去延续下来的安排,如继续参加养老金计划等。(6)政府工作之外的兼职收入。申报人必须报告个人在社会上所有有偿和无偿的兼职情况。(7)初次任职者还应申报5000美元以上的补偿来源,并注明款源的姓名、地址以及服务的性质。① 第三,公众监督途径。根据美国《政府道德法》的规定,财产申报结束的15日内,申报资料应向公众公开。在此后的6年内,除非出于非法目的查阅或公开申报资料将危害国家利益等情形,任何公众经申请均可查阅官员申报的信息。第四,违法处罚。美国《政府道德法》还对财产申报中的违规行为规定了严厉的处罚措施。一方面,对于拒不申报、谎报、漏报、无故拖延申报者,各单位可对当事人直接进行处罚。另一方面,司法部还可对当事人提出民事诉讼,法院对于违法行为者,可酌情判处10,000美元以下的罚款;对故意提供虚假信息的人,可提出刑事诉讼,判处最高250,000美元的罚款或5年监禁。

2008年12月25日,俄罗斯《反腐败法》的出台之也较为系统、全面地规定了俄罗斯公务员及其配偶、未成年子女提交收入和财产信息的义务。② 俄罗斯的官员财产申报与公开制度主要包括以下几个方面的内容:第一,申报的主体。俄罗斯《反腐败法》规定的需要进行财产公开的主体主要包括以下4类:一是在联邦担任公职的高级官员;二是联邦国家公务人员及其配偶和未成年子女;三是国有企业的负责人;四是准公务人员,包括竞聘国家集团公司、国家基金会以及联邦或市政机关职位的公民,他们需要进行"任前申报"以接受审核。第二,申报的内容。俄罗斯《反腐败法》以附件的形式将官员需申报的信息分为以下几类:(1)收入信息;(2)财产信息,包括不动产和交通工

---

① 参见王娜:《美国公务员财产申报制度研究》,辽宁大学马克思主义学院财政与税收学2012年硕士学位论文,第16~17页。

② 参见徐海燕:《俄罗斯的财产申报与公开制度》,载中国社会科学网:http://www.cssn.cn/sf/bwsf_fx/201312/t20131206_896689.shtml,最后访问日期:2017年2月1日。

具；(3)银行和其他信贷机构账户的货币资金信息；(4)有价证券信息；(5)财产性债权债务信息；(6)债权债务；(7)国外财产的价值和交易资金来源；(8)超过3年收入总和的一次性消费(投资)明细。① 第三，公开的程序。俄罗斯《反腐败法》第8条第5款规定，大众新闻媒体可以通过书面形式向有权任命该职务者提出申请，请求其依照法律规定的程序，将国家和市政公务人员申报的收入、财产和财产性债务的资料公布。在受理申报后，人事部门也可以将当事人申报的不动产、交通工具和年收入信息在各自的官方网站公布，或者提供给俄罗斯境内的有关大众媒体。此外，俄罗斯《反腐败法》还对公开的范围和比例作出了限制，对官员申报信息的公开范围只限于不动产、交通工具和年收入，而对于公开信息以外的收入及其他涉及官员及其家人隐私的信息，则应禁止公布。相关人员未经允许擅自公开的，需要承担相应的法律责任。第四，责任的追究。根据俄罗斯《反腐败法》的规定，违背相关公开申报信息义务的，均须承担一定的责任。首先，对于准公职人员而言，如其不提供个人及其配偶和未成年子女收入、财产和财产性债权债务的信息或者故意提供不真实信息，则将失去获得相应职位的机会。其次，对于正式的国家公职人员而言，如果不提供或故意提供虚假信息，则将面临失去公务人员身份的风险，或者被依法追究其他纪律责任。

可以看出，美国、俄罗斯为代表的国家制定的官员财产申报制度具有以下特征：一是申报制度法律化，通过法律的形式将官员财产申报制度进行确定。二是申报主体全面化，既要求公职人员申报，也要求参照公务员标准掌握一定公共权力和利益资源的其他单位工作人员进行申报。三是申报范围广泛化。通常而言，国家公职人员及其家庭成员所拥有的各项收入、存款、动产和不动产、有价证券、无形资产乃至债务，只要属于财产或与财产有关，就都要申报。四是申报时间固定化。主要包括初任时期的就职申报、在任时期的年度申报以及离职申报。五是申报方式公开化。世界各国对申报方式基

① 参见俄罗斯《反腐败法》第1～14条的规定。

本上都采取公开方式进行，以便公众查询和监督。当然，这种公开并非毫无限制，同样也需受到官员隐私权以及公共利益的制衡。六是责任追究的严厉化。违反官员财产申报法律制度规定的，不仅将面临撤职的风险，还将承担一定的民事责任和刑事责任。①

（三）我国官员财产申报制度的建立与完善

尽管我国学界对于官员财产申报制度的关注始于20世纪80年代，但时至今日，我国仅颁布了《关于党政机关县处级以上领导干部收入申报的规定》（1995年）、《关于省部级现职领导干部报告家庭财产的规定》（2001年）、《领导干部个人事项报告制度》（2009年）等政策文件，而没有制定专门的官员财产申报法律。而就政策规定来评析，现行官员财产申报制度尚存在以下缺陷：其一，就申报主体而言，现行规定仅限于县处级副职以上领导干部，而不包括其他公职人员及准公职人员。其二，就申报范围而言，现行规定仅规定官员须申报个人拥有的财产，而家庭共有财产未能纳入申报之列。并且申报范围也仅限于工资性收入、奖金、部分财产性收入等财产收入，不包括不动产、车辆、贵重物品、存款等其他财产，申报范围较为狭窄。其三，就信息公开而言，我国官员财产申报信息主要向上级机关或领导部门公开，公众难以获知官员的申报信息。其四，就惩罚机制而言，目前我国对官员不申报或不如实申报财产的，仅规定了相应的党纪、政纪处分，而不涉及民事责任及刑事责任。由此观之，我国官员财产申报法律制度的建设仍然任重而道远。

因此，为确保税务信息化管理的法治化，我国应当加快建立完善官员财产申报制度，为税务信息的采集与管理扫清制度障碍。一是要加快官员财产申报立法，具体模式可参考域外国家或地区专门的反腐败法或政府道德法律的建设，通过法律规定给官员施以强有力的约束，防止官员基于主观意识和利益寻租对财产申报制度进行阻挠。二是在具体的规则设计上，应适当扩大官员财产申报主体，细化财产申报内容，规范申报时间。具体而言，在申报主

① 参见刘桂兰、郝继明：《国外官员财产申报制度的典型特征及对我国的启示》，载《行政与法》2011年第3期。

体上,应将乡(镇、街道)以上党政、人大、政协、司法等机关所有副科级以上干部及参公人员纳入财产申报主体范围;在申报范围上,相关人员除申报个人财产外,还应将其配偶、未成年子女、父母的财产一并申报,以防止其进行财产隐匿和转移。在申报内容上,除了工资、奖金、补贴、劳务所得、经营所得等收入外,还应对不动产、车辆、存款及债务信息进行申报。在申报时间上,可以区分任职申报、在职申报以及离职申报3种情形,根据职位信息的不同规定不同的申报时限和形式。三是要处理好官员财产信息公开与隐私权保障及公共利益维护的关系。一方面,我国应对官员财产信息公开的形式和途径等进行明确规定,保障公众的知情权;另一方面,也应当对涉及官员隐私的信息以及涉及国家利益、公共利益的信息,在公开和使用过程中进行限制,以实现对官员隐私权的尊重和对公共利益的维护。四是必须加强官员财产申报制度的责任制度建设。在此方面,我国应跳出"腐败—党纪惩罚"的传统模式,用"申报—公示—法律责任"的全新模式予以替代。对于官员不申报和不如实申报财产信息的,除规定相应的党纪、政纪处分外,还可增加行政处分、罚款等行政责任;情节特别严重的,还可以"国家工作人员拒不申报财产罪""不如实申报财产罪"等罪名追究其刑事责任。五是官员财产申报制度的建立还需其他配套制度的实施,包括有效的金融账户实名制、科学的财产评估制度以及规范的税制安排等,以协同推进财产申报制度的完善。

二、纳税信用管理制度的建立与完善

所谓纳税信用,是指纳税人在履行税务登记、纳税申报、税收缴纳、发票使用、财务会计核算等方面,依法按时足额纳税,自觉遵守国家制定的财税、财务法律法规,财务会计管理制度完备,会计资料齐全,信息披露及时真实,无其他不良行为记录。[①] 概言之,就是指纳税人在履行纳税义务时,除了应当遵守国家法律的规定外,还应当遵守诚实、守信的道德规范,主动、及时、准确

① 参见苏小芳:《纳税信用的制度构建及实践创新——以浙江省瑞安市为例》,华东理工大学社会与公共管理学院财政与税收学2013年硕士学位论文,第7页。

地履行纳税义务。在税收的信息化管理中，涉税信息的源头大多掌握在纳税人手中，但囿于纳税信用管理制度尚未建立，税务机关难以甄别纳税人提供税务信息的真实性和完整性，进而使税务信息的管理面临诸多障碍。就此而言，纳税信用管理制度的完善至关重要。

（一）纳税信用管理制度与税务信息管理的关联

"诚信原则是私法和公法共通的法的一般原则，因此也适用于税收法律关系。"①通常而言，完善的纳税信用体系应当具备以下特征：其一，以稳定的制度体系为支撑。一个良好的纳税信用体系应当建立在规范化、制度化、较为完整的税收运行机制之上，只有相对稳定和规范的税收运行机制才能确保征税的规范和纳税行为的稳固。其二，征纳主体行为的透明性。在良好的信用体系中，纳税主体能做到依法纳税、真实申报，接受征税主体的监督检查，而征税机关也能做到执法透明和公开，尽量减少征税的不确定性。其三，征税的公平性。无论是征税主体还是纳税主体，二者的地位应当是平等的，纳税人自觉遵从税法，诚信纳税；征税主体则不偏不倚地执行法律和政策，依率计征，一视同仁。其四，征纳主体的互动性。在纳税信用体系的建构中，税务机关的征税离不开纳税主体的经营守信、诚实纳税，纳税信用能够成功促进纳税申报率以及税款入库率；而纳税主体的诚信纳税观念形成与税务机关创造的公平、规范的执法环境不可分割，二者共同配合，促进共同受益。就此而言，纳税信用具有极强的外部效应，纳税人选择"守信"或者"失信"，给他人和社会带来的效应是不一样的：守信可以为其他纳税人依法纳税带来行为示范，形成人人诚信纳税的社会环境；失信则必然对政府财政收入带来影响，带来其他纳税主体的税负不公平，带来税收征纳关系的不和谐因子。

（二）国外纳税信用管理制度的做法与经验

目前，世界上主要发达国家或地区都已经建立了完备和详细的纳税信用评估制度，形成了一个"纳税—征税—用税"三位一体的纳税信用联动机制，

① ［日］金子宏：《日本税法原理》，刘多田等译，中国财政经济出版社1989年版，第35页。

并主要体现为以下三种模式:一是以美国为代表的依靠市场机制发挥作用的社会信用管理模式;二是以日本为代表的会员制信用管理模式;三是以欧洲为代表的以政府和行为主导的信用管理模式。①

第一,美国纳税信用的社会化管理模式。美国税务信息管理的制度极为完善,这与美国优良的纳税信用制度构建息息相关。在美国,纳税人的信用评级、信用状况以及贷款能力的评估是以《公平信用报告法》为核心的。② 实际管理中,美国通常以个人社会保险号码为媒介来综合掌控纳税人在经济领域的所有信用记录,包括长期借贷资金记录、正常的进出口贸易、走私骗税记录、违法经营记录、不依法纳税的记录等,纳税人所提供的涉税信息是否真实,都能从中得以比对和查实。依据信用状况的不同,可以将美国纳税人分为以下4类:第一类是知法且自愿守法者;第二类是想守法但不知法者;第三类是知法但不完全守法者;第四类是故意违法者。针对这4类纳税人的不同表现,税务机关通常将其确定为"信任""一般信任""不信任"三个档次,从而在纳税申报、税款的征收以及税务稽查方面给予其不同的管理待遇。尤其是对于纳税人的偷漏税行为以及因偷税而遭到的刑事诉讼,美国都会将其记入纳税人的信用档案当中,且保存的时间至少是7年。此外,除了负面的惩罚措施外,美国还通过正面的激励措施来鼓励纳税人的信用建立。对于纳税信用较好的纳税人,不仅可以在个人信贷、教育、信用卡额度、失业救济金等方面得到更高的政府支持,而且还能投资更好的政府支持的行业和领域,而信用记录差的个人和企业则将在上述方面受到更大的制约。③

第二,日本式会员制管理模式。在日本,纳税信用法律机制的建构主要由会员单位共同出资组建,政府仅负责提供立法支持和监督信用管理体系的运转。根据纳税人的信用等级状况,日本在纳税申报中分别实行白色和蓝色

① 参见陈新:《纳税信用体系研究》,人民出版社2009年版,第238页。

② 参见雷显春:《纳税信用等级评定和网上申报系统研究与研发》,西安理工大学经济与管理学院计算机软件及计算机应用学2007年硕士学位论文,第2页。

③ 参见李家勋等:《国外社会信用体系发展模式比较及启示》,载《现代管理科学》2008年第6期。

的申报制度。“白色申报制度”适用于财务会计制度不够健全、信用等级较低的纳税人；“蓝色申报制度”则是为了巩固和完善纳税申报制度，根据“夏普劝告书”引进的一项制度，其主要适用于会计制度健全且信用等级较高的纳税人。[①] 由于税务机关核定进行蓝色申报的纳税人信用登记较高，因此，他们也通常在税收政策方面享受到一定的优惠待遇，例如，对于个人所得税的纳税人1年可享受100,000日元的扣减额，允许一定程度的亲属抚养费用的扣除；如果纳税人所得额存有瑕疵，税务机关只根据其账簿和记录计算实际所得额并按实计征，而不给予处罚等。这种会员制的信用体系所坚持的是诚信互惠的原则，如果缺乏相关的纳税信用记录或信用记录较差，则企业将不得入会。在此方面，日本通过行业自律的手段建构了较为完善的纳税信用体系。

第三，欧洲国家纳税信用的政府化管理模式。以英国、德国、意大利为代表的欧洲国家也极为重视纳税信用管理。以英国为例，其通过建立完善的信息管税系统，将纳税人的所有收入和支出信息都纳入其中进行管理，因此，英国极少出现纳税人偷税、漏税现象。并且英国的税务系统与金融体系是互相关联的，在严格的法律和完善的诚信金融体系的支撑下，税务局能够很好地掌控纳税人的纳税行为。此外，英国人的市场交易中极少使用现金，而主要通过信用卡或支配的形式来进行支付和转账。一旦企业或个人存在不正当交易的行为，将立即引起税务局的怀疑甚至调查。此外，英国对推迟申报或者逾期纳税的行为的处罚较重，纳税人不仅需要支付25%的罚款，同时还需要支付部分利息。在英国，如果纳税人被税务局认定为逃税将承担极大的“违法成本”，甚至会直接导致倾家荡产，也正因如此，纳税人通常会珍惜自己的纳税信用。

可见，西方国家的纳税信用制度已相对健全，“奖励诚信纳税人与惩罚不诚信纳税人”的机制建设有助于提升纳税人的诚信纳税意识，促进良好税收

---

① 参见周俊琪、孙丽梅：《日本的税务不服申告制度》，载《涉外税务》1990年第9期。

征收管理环境的形成。

（三）我国纳税信用管理制度的完善

目前，我国纳税信用的制度构建已取得初步进展。2003 年国家税务总局出台了《纳税信用等级评定管理试行办法》（以下简称《试行办法》），规定了纳税信用等级评定的内容、标准及程序等。但随着 2014 年《纳税信用管理办法（试行）》（以下简称《信用办法》）的颁行，2003 年的《试行办法》也被相应废止。根据《信用办法》的规定，纳税信用须遵循客观公正、标准统一、分级分类、动态调整的原则进行管理，而在制度安排上，《信用办法》共规定了六章共计 34 条的内容。其中，“总则”部分主要明确了纳税信用管理的内容、适用对象、管理原则、信息化及参与社会信用体系建设等原则性内容；“纳税信用信息采集”部分明确了纳税信用信息采集的主要内容、信用信息的组成以及数据采集来源；“纳税信用评价”部分主要明确纳税信用评价的方式、级别以及标准；“纳税信用评价结果的确定和发布”明确了纳税信用评价结果的确定和发布的责任与时间以及发布的程序等内容；“纳税信用评价结果的应用”则明确了税务机关按照守信激励、失信惩戒原则对不同信用级别的纳税人实施分类服务和管理的相关措施。

纳税信用管理制度的有序建立有助于我国税务机关将税务信息检查重心放在信用等级较低的纳税人身上，从而能够改善税务机关长期所处的“税务信息”劣势地位，节约信息管理成本。但是，由于我国《信用办法》法律效力层级不高，尚处于试行阶段，因此其本身存在诸多局限，反映为以下几个方面：一是纳税信用的管理主体较为单一，仅限于税务机关，未能有效发挥市场主体的参与作用。二是纳税信用降级管理规范不足，税务机关通知义务的流于形式，且缺乏相应的后续管理机制，不利于纳税人权利的保障。三是纳税信用评价结果的使用未能实现与其他社会信用体系的“联动安排”，目前我国对诚信纳税人的激励和优待以及对漏税者的纠正和引导只限于税收征收管理活动，未延伸至市场经济全过程，激励和惩罚的效果极为有限。因此，建议我国在借鉴国际经验的基础上，不断完善纳税信用管理体系，具体而言，其一,在纳税信用管理体系模式上,可在当前“政府主导型”管理模式的基础上,充分发挥市场主体,尤其是第三方信用评价机构的作用。例如,在信用信息采集方面,可规定税务师事务所、信用评级机构、会计师事务所等机构的联合信息提供义务;在纳税信用评价方面,可邀请第三方机构对纳税信用的评价提供建议和意见。其二,应逐步完善纳税信用降级管理的条件和程序,尤其是应通过强化税务机关的通知义务来完善降级预警机制,使纳税人有机会避免纳税信用降级。其三,应推动纳税信用制度与社会信用体系衔接,实现纳税信用制度体系化。具体而言,应当扩大纳税信用结果的约束范围,对高信用纳税人给予社会信用认证,赋予其在银行贷款、工程招标以及市场准入等方面的优先权;反之,低信用纳税人,则必须加强市场惩戒和监控,使其失信纳税人的经营之路越走越窄,最终退出市场。

三、税务信息风险管理制度的建立与完善

科技进步在推动税收管理走向信息化的同时,也带来了新的风险和危害。随着信息化的持续深入发展,各级税务机关通过网络与其他税务机关、纳税人、第三人(银行、海关、工商等部门)之间的信息交流也越来越频繁,信息技术的发展使得我国税务信息化建设逐步呈现出涉税平台的统一部署性、数据高度集中、信息充分共享、税收执法更加公开透明、新技术利用日益增强等特点。但与此同时,税务信息被盗取、篡改、删除或网络系统遭到破坏的风险也在加大,而这将给税务信息管理安全带来难以预测的损失。因此,税务信息风险控制已成为税务信息管理系统当中不可或缺的部分,国家应当采取必要措施对可能发生的风险进行有效防控。

(一)税务信息化管理中的潜在风险分析

信息安全是税务信息化管理的基础和前提。所谓税务信息的安全管理,就是要保障涉税信息本身的完整性、保密性、可用性和可控性。① 然而,在互

---

① 参见庞磊:《网络经济中税收信息化及其风险研究》,中国财政经济出版社2007年版,第259~260页。

联网所带来的信息互联、互通环境中，税务信息管理系统可能面临的安全威胁包括：

1. 涉税信息被窃取和盗用的风险。信息技术的脆弱性是导致税务信息化风险的直接原因，存储设备的易损、网络设施的不通畅、病毒的传播等都可能使外部人员通过非法接入税务系统内网或直接操作内网计算机，非法窃取相关信息或对涉税信息进行篡改和破坏。

2. 税务信息的获取风险。税务信息管理在很大程度上依赖于完整、及时、准确的信息，这就要求纳税人能够及时地向税务机关提供真实、可靠的涉税信息。然而，在利益驱使下，纳税人可能利用税务信息化系统中的漏洞进行偷税、骗税，例如，编制错误数据、制造虚假发票、漏报涉税信息等行为，这些都给税务信息管理增加了风险。

3. 税务信息滥用风险。实践中，部分税务人员缺乏对税务信息的风险管理意识，容易因操作失误而将涉税信息丢失或破坏。此外，内部工作人员也有可能基于利益的驱使，以工作之便窃取涉税信息或对涉税信息进行非法披露，而这也不利于对纳税人权利的保障。

事实上，税务信息风险存在于信息流转的每个阶段，税务信息的收集和保存、公开和传播以及使用等环节都有可能引发税务风险（如图1所示）。随着税务信息化建设的不断发展，税务信息的“大集中”[①]使税收征收管理对互联网的依赖程度也越来越高，而信息获取、储存、传输、变更的便捷性，也在无形中增加了税务信息传输的风险，使税务信息系统安全工作面临着挑战和威胁。

---

① 数据大集中系统，是税务信息化建设的一个关键步骤，是涉税信息的采集、分析、利用的重要平台，也是解决信息不对称的主要硬件手段。

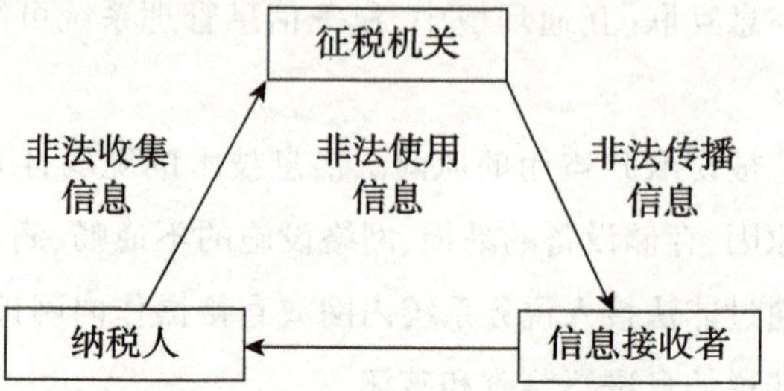

图 1　涉税信息的风险发生过程

(二)我国税务信息化安全保障的主要途径

1. 域外国家的税务信息风险管理

在税务信息化建设方面,发达国家纷纷运用风险管理理论来提高公共资源在政府部门的使用效率,税务部门通过对风险的目标预测、识别分类、评估分析和积极应对,有效地减少了税款流失,提高了征税效率。① 美国税务机关在税务信息化管理的过程中,主要采取以下措施加强对涉税信息风险的防控:一是加强涉税信息分析,及时向有关部门推送涉税风险信息,防止税款的流失。二是进一步增强涉税数据的分析应用,对风险因素与产生的差错数据及时比对分析,以为税务工作人员开展涉税风险管理提供参考。三是拓宽数据采集范围,将纳税人在征收管理过程中形成的涉税信息进行全面采集,确保数据的完整性。四是重视第三方涉税信息的采集与分析,构建部门间数据交换平台、税企互动的数据管理平台,建立风险的识别、排序、推送、应对以及符合数据管理需求的风险管理平台,通过数据之间的比对和纳税人识别码的管理,建立纳税人电子信息档案,以确保涉税信息的可获取性和真实性。② 英国税务局则建立了重点风险跟踪机制,对于较高风险的纳税人,税务机关往往会对其进行日常的税务风险控制复核,并开展更多的税务调查;而对于较低风险的纳税人,则每隔 2 ~ 3 年才进行一次全面的税务风险控制的复核,通

① 参见路琳:《信息管税问题研究》,东北财经大学财政税务学院财政与税收学 2012 年硕士学位论文,第 13 页。

② 参见邵峰:《美国税务机关信息管税的经验与启示》,载《税务研究》2013 年第 6 期。

过区分轻重缓急做好税务信息风险的管理。

2. 我国税务信息化安全保障制度的实现

近年来，我国政府在不断地推进税收管理信息化的同时，也先后制定了《税务系统网络与信息安全管理体系》《税务系统网络与信息安全总体策略》《税务系统网络与信息安全应急保障工作框架》等政策文件，并从组织机构建设、安全事件分级、安全风险评估、应急相应、信息保密等方面进行规范。但较之国外，我国税务信息化安全的制度设计上仍存在较大差距，无法适应高速发展的信息技术的要求。因此，为保障税务信息系统的安全，建议我国从以下方面推动税务信息安全管理工作的制度化、规范化和科学化。

第一，强化税务人员安全意识，明确风险管理的目标。当前税务机关的涉税信息采集越来越依托于互联网，如果理念的发展跟不上技术的变迁，就有可能使税务人员疏于对信息风险的预防，忽视信息安全技能的提高。有鉴于此，税务机关应当强化对税务工作人员的信息安全意识的培养和相关技能的培训，为税务信息安全化工作的开展提供人才基础。

第二，识别税务信息风险，建立规范的法制保障。有效的制度保障是实现风险管理的重要途径，针对我国税务信息风险管理法制化不足的问题，建议在今后的《税收征收管理法》修订过程中建立相应的制度保障。首先，应健全事前风险识别制度，通过分析、查找、明确税源管理的风险点，实行税源的分类、分级管理，形成科学系统的风险预警指标。其次，应健全风险评估制度，风险评估应当由税务机关委托专门的评估机构依照客观、公正的原则，通过对信息资料进行全面审核、约谈评估、实地核查等方式，对企业的获利能力、行业税负率、资产结构等重要指标进行全面分析，根据不同的风险级别，采取不同的处置手段消除风险。最后，应健全风险管理事后评价制度。在前期的风险预警和风险处置的基础上，不断总结税务风险管理经验教训，对现有制度体系进行修正和完善，确保税务信息化管理的良性运转。

第三，应以互联网为依托，加强安全技术防护体系建设。从我国涉税信息机制建设的阶段划分来看，伴随着金税工程的实施，我国税务系统也初步建立了“金税三期”网络与信息安全防护体系建设，在网络准入控制、数据库安全审计、安全基线管理、互联网行为审计等方面略显成效。在此基础上，应继续打造以“国家顶层设计，各级税务部门分级实施”的税务信息化风险管理模式，不断完善互联网报税身份认证系统建设，加强网络信息安全的风险评估、信息检查，增强风险应急保障能力，进一步完善税务系统安全防护体系。

总而言之，税务信息安全体系的建设是一项长久的，全方位的，全员化的，制度化的系统工程。对此，可以将其进行公式化的表达，即信息安全=先进的技术+防患意识+完美的流程+严格的制度+优秀的执行团队+法律保障。① 因此，税务信息管理体系的安全必须从理念的确立、技术的升级以及法律制度的保障多方面着手，尽可能地减少税务信息化管理的风险造成的损失。

四、税务代理制度的建立与完善

（一）税务代理制度与税务信息管理的紧密关联

所谓税务代理，是指代理人接受纳税人、扣缴义务人的委托，在法律规定的范围内代为办理税务事宜，产生的法律后果归属纳税人和扣缴义务人的各项行为的总称。② 在税务信息化管理过程中，税务代理制度的完备与否也关系着税务信息化管理的成败，因为该制度的产生本身就源于市场信息的不完全和不对称。囿于专业知识、办税能力、纳税成本等因素制约，纳税人和企业往往难以在纳税活动中获取完全的市场信息，也难以确保纳税的准确性，这就为中介机构从事税务代理提供了生存和发展空间。税务代理人能够帮助纳税人从事税务登记、纳税申报乃至税务行政复议和行政诉讼等方面的事

① 参见庞磊：《网络经济中税收信息化及其风险研究》，中国财政经济出版社2007年版，第259页。

② 参见陶迎春、黄海江：《税务代理对我国纳税服务的影响》，载《企业研究》2010年第8期。

项，进而有效地弥补了市场分工的不完备性。[①] 在税务信息管理机制创新方面，针对税收征收管理过程中税务机关与纳税人之间存在的信息不对称的问题，税务代理能够通过改善涉税信息的传递起到化解矛盾的“桥梁”作用。一方面，税务代理人可以向纳税人传递与征纳税相关的法律法规和政策信息，通过提升纳税人的法律意识来防止纳税人的税收不遵从行为；另一方面，由于税务代理人对纳税人经营信息比较了解，其还可代理纳税人及时、准确地与税务机关沟通，为税务信息采集与管理的顺利进行提供便利。

（二）域外国家的税务代理在涉税信息管理中的作用

世界上的许多国家和地区都注重发挥税务代理在涉税信息管理中的作用。例如，日本为规范税务代理义务，颁布了专门的《税理士法》，并对税理士的资格认定和监督作了明确规定。而在参与税务信息化管理方面，日本税理士所从事的业务范围已不再局限于税务事项本身，而是渗透企业的各项经营领域中，而税理士也是最先接触，最为了解纳税人经营资料的人。根据《税理士法》的规定，纳税人不仅可以委托相关的税理士代为进行纳税的申报，而且在发现征纳双方出现税收错误之时，税理士可以直接建议征纳双方予以改正。并且在纳税人接受税务信息调查时，税理士也有被告知时间和地点的权利，并可出具专业意见。在日本税务代理机构管理中，纳税人的相关税收代理资料以及各国的税收法规均须储存于电脑并进行实时更新，通过全程联网、调取自如的方式提高涉税信息的共享力度，促使税收征收管理效率得以大幅度提高。[②] 日本《税理士法》还规定，税理士为逃税咨询或违背法定进行虚伪记载的，可以进行申诫、停止税理士业务 1 年以下和禁止税理士业务的惩罚。

类似的情况，在德国，由于税种繁多，税制也较为复杂，因此，除了极少数纳税人是以自行上门申报或邮寄申报方式进行纳税外，都须委托税务代理人

---

① 参见陈志杰：《适应市场经济的中介——税务代理》，载《江西行政学院学报》1999 年第 4 期。

② 参见杨同富：《日本税理士制度的演进及对我国税收代理工作的启示》，载《税务纵横》2003 年第 6 期。

进行纳税申报。1919 年的德国《税收通则》规定了“纳税人可由代理人代理纳税”,而至 1961 年,德国制定了专门的《税理士法》。在业务范围上,税理士对所有纳税事宜皆可代理,包括税务咨询、纳税申报表的准备、代理纳税人进行税务诉讼等。此外,德国税法中还明确规定,每个企业、公司都必须聘请会计师进行查账,出具证明,为纳税人经营和税务机关检查提供专业化支持。总体而言,德国涉税信息的传递流程如下:纳税人委托执业会计(税务)师进行纳税申报——会计(税务)师将有关纳税人的申报资料输入会计(税务)师信息处理中心——会计(税务)师信息处理中心将有关税务申报资料传递到税务局信息处理中心——税务局信息处理中心发给纳税人回执。这种以税务代理中心进行集中办税的做法,不仅降低了征纳双方的成本,也有效地保障了税收征纳质量,专业化的涉税信息传递和处理减少了办税过程中出现的各种差错。

可见,充分发挥中介机构的作用是域外国家推进税务信息化管理的重要途径之一。正是有了税务代理的存在,才使涉税信息在纳税人、税务代理人、税务机关这“三位一体”的征收管理体系中更为快速和透明,税务代理自身的独立性和公正性能够有效缓解信息不对称所带来的逆向选择和道德风险,既减少了纳税人偷税、漏税的可能性,也减少了税务机关工作人员违法征税的可能性。

(三)我国税务代理制度的完善路径

就我国而言,随着“金财”“金税”“金关”等工程的建设,税务信息化管理的进程正在逐步加快,税务代理制度所发挥的“信息中介”作用也越来越突出。就我国现有法律规定而言,2001 年的《税收征收管理法》第 89 条明确规定,“纳税人、扣缴义务人可以委托税务代理人代办税务事宜”,首次提出了税务代理人的概念。在此之后,2006 年国家税务总局颁布的《注册税务师管理暂行办法》(以下简称《暂行办法》)对税务代理制度进行了较为详细的规定。根据该办法第 14 条的规定,注册税务师在执业的过程中,不仅可以向税务机关查询税收法律、法规、规章和其他规范性文件,还可要求委托人提供相关会计、经营等涉税资料,并对税收政策存在的问题向税务机关提出意见和建议。

并且《暂行办法》规定注册税务师可开展的业务包括提供代办税务登记、纳税和退税、减免税申报、建账记账，增值税一般纳税人资格认定申请，利用主机共享服务系统为增值税一般纳税人代开增值税专用发票，代为制作涉税文书，开展税务咨询、税收筹划、涉税培训等活动。然而，《税收征收管理法》的规定过于原则，而《暂行办法》对税务代理的规定仍然存在以下诸多问题：一是法律层级偏低，权威性、执行力和控制力得不到有效保障的问题，[①]体现为《暂行办法》仅为部门规章，法律效力较低，法律的约束性较差。二是税务代理的业务范围狭窄，代理层次较低的问题。目前，《暂行办法》将税务代理的范围限于基本纳税事项的代理，而对于企业的税收风险预防、税收争议的协调等方面的特殊业务却无权代理，无法适应新形势下企业发展的需要。三是在税务代理的信息化建设方面，目前我国税务代理机构仍未完全实现与税务机关业务的网络对接，进而无法为税务机关采集更多的纳税人信息提供便利。

就此而言，我国应当借鉴域外立法经验，尽快出台专门的税务代理法和注册会计师法，不断推动税务代理的法制化和规范化建设。在与税务代理相关的信息化管理法律制度设计方面，应着重从以下几个方面进行完善：一是应扩大税务代理的业务范围，根据不同涉税业务对信息管理的要求进行分别处理，提升税务代理人对涉税信息的“接触量”，使其容纳更多的中转信息。二是明确规定税务代理人在信息的报送、信息的处置方面的“注意义务”，要求税务代理人进行信息的真实记载和申报，如有违反，应当对其进行警告、罚款甚至取消从业资格。三是在税务代理的机构建设方面，可借鉴德国经验，建立专门的税务代理信息处理中心，使税务代理机关充分依托网络技术，实现与税务机关及其自身各地代理机构在涉税业务方面的网络对接，帮助纳税人及时了解税收政策法规的变化，并将纳税人的相关涉税信息及时地反馈到税务机关，通过建立税务代理机构网上办税模式，降低税收征纳的成本。

---

① 参见闫海主编：《税收征收管理的法理与制度》，法律出版社2011年版，第206页。

下　编　纳税人税务信息保护法律规则设计

第六章　纳税人税务信息保护的范域

一、纳税人税务信息保护的意义

(一)纳税人税务信息法律保护的必要性

首先,纳税人税务信息容易受到征税机关的侵犯。从本质上来讲,税收是对公民私有财产权和经营自主权的限制,是财产权属从个体到国家的单向转移,具有强制性。由此,对纳税人进行征税就需要受到严格的限制,否则就会造成国家强制力侵犯私权的局面。在税收法定主义的框架下,[①]征税不但需要有法律的明确规定,还需要征税机关证明纳税人有符合课税要件的应税事实。只有在确保符合税收课税要件的事实已经客观存在,即只有在有关涉税事实客观上是否存在已经完全明确,且有确实的证据可以证明纳税人的经济收益的取得已经符合课税要件的情况下,征税机关才能根据该事实核定应税所得的范围并核定税款、调整或增加纳税人的税收负担。[②] 这就要

---

① 参见[日]金子宏:《日本税法原理》,刘多田等译,中国财政出版社1989年版,第47页。

② 参见张守文:《论税收法定主义》,载《法学研究》1999年第6期。

求征税机关应当在职权范围内,运用尽可能的方式以获取查明事实所需要以及可获得的事实材料,以保证认定纳税人的应税事实的准确性。基于此,我国现行税法授予了征税机关以税收征收权和税收检查权,试图通过这两种权力的行使达到查明纳税人应税事实的目的。而这两项权力的行使则不可避免地会触及纳税人的税务信息。因为纳税人的财产状况、交易信息状况及其他足以判断纳税人财产状况及其财产流向的信息,如经营负债状况(资产负债表等财物会计报表、企业经营资信状况)、收入与负债等信息,不但是征税机关确定纳税人应税事实的关键性信息,而且同时这些信息往往构成纳税人私人生活或经济生活的记录,甚至包括其生产经营所必需的商业秘密。这就在事实上造成了纳税人对其税务信息管理的弱化,正如有学者所指出,征纳关系中会在一定程度上弱化纳税人对自身财产交易或经营信息等信息的自主支配权利,必然会违背纳税人自身意愿,而公开其自身的财产或信用信息,更将直接侵入纳税人的隐私空间,无疑对纳税人的个人生存空间的保有权、与课税资料有关的个人信息的流向与控制权形成了不同程度的干预与限制。①

此外,随时信息现代化的推进,政府职能部门间信息共享的呼声越来越高,征税机关作为政府的职能部门之一,必然会卷入其中。在与其他部门进行信息共享的过程中,稍有不慎就会将征税机关获取的纳税人的信息泄露,也会给纳税人造成不必要的麻烦,影响征纳关系。

其次,纳税人税务信息容易受扣缴义务人、第三人的侵犯。一方面,纳税人的税务信息容易受到扣缴义务人的侵犯。扣缴义务人是指依照法律、行政法规规定,负有代扣代缴、代收代缴税款义务的单位和个人。在我国现行税法体系下,虽然并不是每个税种都有扣缴义务人,但扣缴义务人的存在极大地节省了税收征收管理资源,有力地保证了税款的及时入库,有效地防止了税收流失。为了准确地代扣代缴纳税人应纳税款,既保证纳税人应纳税额的

① 参见汤洁茵:《税收征管与隐私权的冲突与制衡》,载《河北法学》2008年第12期。

准确性，又保证国家税款不流失，扣缴义务人在代扣代缴税款时必定要准确、充分地掌握纳税人的税务信息，如收入状况、交易信息等内容。这就使纳税人的税务信息脱离了自己的控制，具有了被侵犯的可能性。另一方面，纳税人税务信息容易受到第三人的侵犯。在市场经济条件下，社会分工更为细化，不同的经济组织承担了不同的社会经济职能，这就使经济交易变得较为复杂。一些机构在交易中充当了交易的第三方，承担了辅助功能，如金融机构。这种第三人在提供服务的同时也就获取了纳税人的交易信息，若不加以规制，则很容易造成纳税人税务信息的泄露。

最后，现代化通信手段加剧了纳税人税务信息被侵犯的风险。随着科技的进步，通信手段的创新给人们的生活带来了巨大的便利，同时也使各种信息的泄露、传播更为简单。尤其是在网络日益发达的当下，纳税人税务信息极易被泄露。而且经网络的传递，还会将这种税务信息泄露的影响无限放大，进而造成对纳税人的严重影响。

（二）纳税人税务信息法律保护的重要性和迫切性

首先，与纳税人税务信息容易受到侵犯的趋势相反，随着税收法治的推进，纳税人权利意识不断增强，尤其在税收契约论[①]的指引下，纳税人权利意识得到了极大的觉醒。特别是民事权利研究的不断深入、细致，为纳税人权利的维护提供了理论支撑。以隐私权为代表的私权研究的不断深入以及商业秘密的权力化，都为纳税人税务信息要求受到保护提供了理论源泉。

隐私权作为当今民事权利的一项重要组成部分，是随着法律制度的不断完善而逐渐得到重视的，其法律保护也经历了从无到有再到逐步完善的漫长过程。在隐私权产生之前，隐私利益栖身于其他权利的保护伞下，主要是隐含在财产权的延伸保护中。这主要是因为财产权占支配地位的传统民法属性导致了人格本身在一定程度上物化为商品经济范畴的结果，“人格权本质

① 参见施正文：《税收征纳法律关系的法理解析》，载《当代法学》2004 年第 3 期。

上是物权”,即人格权本质上为财产权。[①] 关于隐私权的集中论述要追溯至1890年,美国波士顿两位年轻律师在哈佛法律评论共同署名发表《隐私权》一文,[②]从此揭开了隐私权法学研究、立法和司法的一个新篇章。此后,隐私权或者说公民的私生活权利,作为一种国际人权,得到了《世界人权宣言》和《公民权利和政治权利国际公约》等主要国际人权文件的确认与保护,也被一些重要的区域性人权公约所接纳与认可。[③] 尤其具有积极意义的是,许多国家的宪法和法律逐步确认隐私权为一项独立的权利。这样,隐私权在公民权利体系中处于一种较高的顺位,起维系人的价值、安宁、尊严的功能。随着信息社会和现代福利国家的建立,信息隐私权的重要性凸显,信息逐渐成为隐私权保护的重点。互联网的发展,使收集个人信息更为容易,非法散布个人信息更为方便。在探究个人信息被侵犯的源头时,很多时候都可以归责于公权力。因为在现代社会,个人的信息往往被行政机关集中管理,“国家权力在新的社会形态下呈现逐渐扩张的趋势,国家权力的扩张往往也意味着个人自治的空间缩小”,[④]个人在国家权力面前显得势单力薄,逐步退缩。来自公权力对公民私生活的侵犯远甚于一般组织或普通公民。为对抗国家公权力的强行介入,个人有必要控制有关自己的信息。隐私权内涵的重心已逐渐演变为对抗公权力、信息隐私、控制与支配的内容。当下,随着法律制度的不断完善,隐私权的法律保护更为完备,而且呈现出了扩张的趋势。由此,以隐私权为核心的信息安全的权利便成为广大公民的普遍诉求。体现在税收关系中,纳税人的税务信息要求受到法律保护的欲望更加强烈。此外,随着立法的深入,商业秘密最终得以权利化,明确得到法律的保护,这就不仅使自然人纳税人要求保护其个人隐私,法人和其他组织也有要求保护其商业秘密的强烈

---

① 参见马俊驹、刘卉:《论法律人格内涵的变迁和人格权的发展——从民法中的人出发》,载《法学评论》2002年第1期。

② Samuel D. Warren, Louis D. Brandies, “the right to privacy”, *Harvard Law Review*, Vol. 4, No. 5, pp. 193 - 220 (Winter1890).

③ 参见张新宝:《隐私权的法律保护》,群众出版社1997年版,第1页。

④ 胡玉鸿:《法学方法论导论》,山东人民出版社2002年版,第379页。

愿望。

其次,税收是增进人民福祉,提高人民生活品质的重要手段。对于税收债权的实现往往需要对逃漏税者予以处罚以及相关配套措施的支持。国家税收作为一种公法之债,凸显了公权力的自力救济,相反的是,纳税人的权利则很难,也无法通过自力救济去保护。国家作为最大的债权人,与债务人处于平等的位阶,但同时,国家是集公权力于一身的,国家债权人与纳税人(债务人)之间又处于不平等的地位。当债权人的权利受到侵犯时,其可以利用公权力予以自救。而对于纳税人来说,纳税人(债务人)的公权力被分割授权于立法机关代表,当其税务隐私等权利受到侵犯时,由于其不可能使用自力救济,只能通过公权救济实现其权利,故纳税人在行使权利或权力时存在时空间隔。由于税务行政机关是掌握公民个人隐私最多的机关(除国家安全部门),在行政公开的情势下,倘若不妥善规制税务信息的处理利用,如果滥公开或者公开不当,则将造成纳税人人格透明化,增加纳税人的不安,甚至增加偷逃税的概率。例如,《保守国家秘密法》的修改对个人隐私的保护亦有所涉及。个人税务信息集行政公开与私隐这对矛盾于一体,一方面,在税收征纳中既需要维护纳税人税务信息的安全,切实保证纳税人的权利,以此推动税收法治的进程;另一方面,又不能够影响征税机关履行职权,避免在"泛权利化"的浪潮中征税机关行使职权时"捉襟见肘",进而影响国家财政收入,制约国民经济的发展。如何能在公显与私隐间达成平衡性的保护便是本书研究的重要内容。

二、纳税人税务信息的界定

(一)纳税人税务信息的内涵

顾名思义,纳税人税务信息就是指与纳税人相关的,涉及税收的各种信息的总和,即在纳税人缴纳税款的过程中主动给征税机关及第三方提供的,或者由税务机关或第三方强制性掌握的有关纳税人身份、财产状况、经营状态等有关信息。纳税人税务信息本身是一个中性的概念,从学理上进行分析，即只要是与纳税人缴纳税收有关的信息，都可以视为纳税人税务信息。例如，美国《国内税收法典》第 6103 条规定，税务信息是指纳税人的身份，收入的性质、来源、数量，支出额，收入额，扣除额，豁免额，税收责任……其他由税务署获得、记载、准备、提供、收集的有关某类税，或者任何人因某税种、处罚、利息、罚金或其他种类的税收或违法行为而决定税的存在和可能的其他资料。此外，税务信息还包含了联邦税务署（Internal Revenue Service，IRS）对税法典适用于某一特定情况的解释而作出的任何行政决定，以及根据其第 6110 条之规定，不能公开的与这些行政决定有关的背景材料。① 这与我国法律上保护的纳税人的税务信息有一定的区别。按照《纳税人涉税保密信息管理暂行办法》的规定，纳税人的涉税保密信息，是指税务机关在税收征收管理工作中依法制作或者采集的，以一定形式记录、保存的涉及纳税人商业秘密和个人隐私的信息。主要包括纳税人的技术信息、经营信息和纳税人、主要投资人以及经营者不愿公开的个人事项。进一步分析，我们可以发现在《纳税人涉税信息保密管理暂行办法》中，采取的是概括和列举式并重的定义模式，即对纳税人涉税信息既做了概括的抽象描述，又列举出了一些具体的涉税信息事项，主要指个人隐私和商业秘密信息。但是我们在界定纳税人信息时，恐怕不能够直接沿用这一个立法概念，因为在这个立法概念中，其本身就蕴含着一定的价值判断，即对纳税人的何种税务信息给予法律保护的价值选择。事实上，纳税人的税务信息，与受到法律保护的纳税人的信息应当是两个层面上的概念，是一种包含与被包含的关系，即受到法律保护的纳税人的税务信息，是纳税人税务信息中的一部分。

为了更好地理解纳税人税务信息的内涵，我们还需要把握以下几个方面。

---

① See John L. Abramic, "Advance pricing agreements: confidential return information or written determinations subject to release?", *Chicago-Kent Law Review*, 2001, page 19& 26, U. S. C. 6103(b)(2).

1. 纳税人税务信息包括但不限于纳税人的个人信息

个人信息的概念最早在1968年联合国"国际人权会议"中提出，①从外延上来讲，个人信息从字面含义去理解，主要包括两个方面：一方面，包括从其自身产生的信息，如年龄、收入、爱好等；另一方面，也包括非自身产生的信息，主要是他人对该人的评价等。按照公开的程度不同，个人信息又也可以分两类：一类是极其个人化、永远不能公开的个人信息，如银行卡号、家庭收入、财务状况等；另一类是在某些范围内和在一定程度上可以公开的个人信息，如姓名、性别等。就纳税人税务信息而言，自然人纳税人在税收征收管理法律关系中，主动提供或者强制性地被要求提供的信息中，必定会涉及这些信息，如纳税人的身份信息、财产信息甚至纳税人违反税收法律规范的违法信息等内容，因此，从这个角度上来讲，纳税人的税务信息中必定包括纳税人的个人信息。

但从个人信息的内涵上来分析，个人的信息就是指有关个人的一切资料、数据。由此可见，法人和其他组织的信息显然不能够成为个人信息的内容，只有自然人的信息才是个人信息。按照现行税法规定，纳税人是指法律、法规规定的负有纳税义务的单位和个人。从字面上理解，在我国现行税法规定中，纳税人应当包括自然人、法人和其他组织三大类。法人和其他组织在税收法律关系中也必定会产生一定的税务信息，无论这些信息公开受到法律的何种程度保护，都不会影响其成为纳税人的税务信息的基本判断。因此，纳税人税务信息不仅限于个人信息，还包括了法人和其他组织在税收征纳关系中所产生的税务信息。

2. 纳税人税务信息是指纳税人的涉税信息

很显然，纳税人的税务信息必定是纳税人涉及税收的信息，即只要与纳税人缴纳税款有关的信息都可以视为纳税人的信息。由此可见，纳税人税务信息不但包括纳税人不愿意公开的信息，如《纳税人涉税保密信息管理暂行

---

① 参见齐爱民：《论个人信息的法律保护》，载《苏州大学学报》（哲学社会科学版）2005年第2期。

办法》规定的受到保护的个人隐私、商业秘密等信息,还包括纳税人公开程度较高的信息,如工商登记等信息,这些信息处于一种实际的半公开状态,利害关系人通过必要的途径可以获悉这些主体的基本信息,但只要在税收征纳过程中涉及了这些信息,这些信息也就自然成为了纳税人的税务信息。此外,纳税人的税务信息不但包括纳税人的合法信息,也包括纳税人的违法信息。即在税收征纳过程中,纳税人可能遵从税法的规定,也可能会违反税收法律规范,由此会导致一些违法信息的产生,这些违法信息自然也是纳税人的税务信息。

(二)纳税人税务信息的特征

从上述对纳税人税务信息的内涵的把握来看,纳税人税务信息包含的内容较多,难以用列举的方式进行定义。为了更好地把握纳税人税务信息的内涵,有必要对纳税人税务信息的特征进行抽象和提炼。

1. 纳税人税务信息价值上具有中立性

价值中立性是指研究者在选定了研究对象之后,必须放弃任何主观的价值观念,严格以客观、中立的态度进行观察和分析,从而保证研究的客观性和科学性。就纳税人税务信息而言,其本身只是对纳税人在税收征纳过程中所涉及的信息的一种简单反馈和总和,是对纳税人涉税信息的基本描述,本身不存在价值判断的问题。至于对纳税人的有些税务信息的法律保护,则是经过人们的价值判断选择以后所形成的一种价值取舍的事实,这与纳税人税务信息本身不是同一个概念。因此,在纳税人税务信息的中立性价值下,纳税人税务信息不但包括了纳税人已经公开或者处于半公开状态的税务信息,也包括了纳税人不愿意公开的涉税信息;不但包括了纳税人遵从税收法律规范的涉税信息,也包括了纳税人违反税收法律规范而导致的违法信息。

2. 纳税人税务信息具有财产性

从某种程度上来讲,信息本身就具有一定的财产性。当然,信息的财产特征,是基于一定的生产力水平和社会关系而形成的,是人们认识深化的结果,[①]主要体现在它的附加价值上。这高于基本价值的部分,可能源于人的加工,加工的方式包括整理、选择、组合等,既可能是零散的信息组合,也可能是对其进行结构化的处理,使信息的关联性增加,信息的价值明显提升。全新的信息商品“不再是物质商品中的附属部分,而是以其信息价值独立存在于生产流通领域之中,其主要价值是由信息决定的,而与载体的形式无关”。[②]纳税人税务信息作为信息的一部分,必然具有交换价值,必定具有财产性。尤其是在市场经济条件下,信息成为弥补市场失灵的有效手段,在一定程度上讲,掌握了信息就掌握了财产。因此,纳税人税务信息具有财产性的特征。

3. 纳税人税务信息具有脆弱性

我国现行税法规定了税务机关有要求纳税人提供相关信息,查明应税事实的权力,也规定了纳税人具有提供相应信息,协助征税机关查明应税事实的义务。由此,纳税人的税务信息必定会通过纳税人的主动申报或者强制性地被征税机关要求的方式提供,无论纳税人是否愿意,其税务信息都会在税收征纳过程中主动或者被强制性地脱离纳税人的控制,具有了泄露的风险(虽然有些税务信息是已经公开的或者半公开的,但是也有一些信息是纳税人本身不愿意公开的信息)。而且纳税人作为一个被管理者,事实上处于相对弱势的地位,其税务信息要求被保密的迫切愿望往往会被以税权为代表的公权力所压制,以致最终难以实现。此外,现代通信设备的繁荣,使纳税人税务信息的保密难度骤然加大,并且纳税人税务信息的泄露和不正当利用的影响也会随着网络等现代通信技术的传递被无限放大。

三、纳税人税务信息保护的基本范围

从法理学的角度进行分析,任何一个事物要受到法律的保护,首先必须

---

① 参见陆小华:《信息财产权——民法视角中的新财富保护模式》,法律出版社2009年版,第69页。

② 乌家培等编著:《信息经济学》,高等教育出版社2007年版,第28页。

具备一定的法益,即法理上的利益。只有具备了一定法益,才是法律所保护的客体。就纳税人税务信息而言,税务信息的法律保护,实际上就是税务信息权利化的过程。但这种权利化过程,本身就带有立法者价值判断的倾向,必定与一定的社会经济的发展程度有关,同时也受制于特定背景条件下的理论研究状况。因此,从这个角度上进行分析,并非纳税人所有的税务信息都能够成为法律保护的对象,而且从纳税人税务信息的内涵中我们也不难发现,有些税务信息(如纳税人的税收违法信息)很难成为法律保护的对象。至于纳税人的哪些税务信息需要受到法律的保护,这一方面需要结合现行的立法现状,从现有的立法规范中寻找答案;另一方面也需要作理论的探索,即不仅仅限于现有的立法,且需要用超前的眼光做理论探究以期指导立法实践。

纳税人税务信息保护的基本范围应该包括以下几类。

(一)个人隐私

纳税人个人隐私成为纳税人税务信息保护的内容之一,这一点在我国现行的税收立法中已有体现,例如,《纳税人涉税保密信息管理暂行办法》中就明确规定了纳税人个人隐私应受到法律保护。理论界甚至走得更靠前,有的学者开始研究纳税人的隐私权保护问题,提出了纳税人隐私权保护的基本对策。① 由此可见纳税人个人隐私保护的重要性。然而,在看到纳税人个人隐私应当受到法律保护的重要性的同时,我们也必须认识到纳税人的个人隐私依旧是公民隐私中的一部分,因此,研究纳税人个人隐私的具体路径,不可能摆脱对公民个人隐私研究具体范式的路径依赖。在不同的国家和地区,隐私的具体内容也存在一定的差异。在美国,对隐私有许多不同的表述,有的认为隐私是一种保持安静的独处生活的权利;有的认为隐私就是我们对自己的所有信息的控制;有的认为隐私是对个人亲密关系的自决或者控制;有的认为隐私是对一大堆价值和权利的一般标签。② 在法国,隐私被称为个人生活,

---

① 参见王辉、许蒙亚:《纳税人隐私权保护中的问题与对策》,载《攀登》2007年第2期。

② 参见[美]阿丽塔·L.艾伦、理查德·C.托克音顿:《美国隐私法:学说、判例与立法》,冯建妹等编译,中国民主法制出版社2004年版,第13页。

包括个人的那些不属于公共生活的全部内容。① 在德国,通常认为,隐私即私人秘密,泛指一切关于个人的事实和事件的知识,这些知识仅限于某个特定的圈子中的人所知道,并根据客观上应承认的利益和相关人真实的或可推知的意思,对这些知识不应做进一步传播。② 在日本,隐私被称为私生活,是指保护免遭他人侵犯的私生活和私事。而在我国台湾地区,有的学者将隐私称为秘密,有的学者称为隐私,是指隐秘而不准公开的意思。③ 在我国民法中,有的学者认为,隐私一般包括身体秘密、私人空间、个人事实、私人生活四个方面。④ 有学者则认为,隐私是一种与公共利益、群体利益无关的,当事人不愿他人知道或他人不便知道的信息,当事人不愿干涉或他人不愿干涉的个人私事和当事人不愿他人侵入或他人不便侵入的个人领域,包括个人信息、个人私事和个人领域。⑤ 虽然各国乃至同一个国家中对隐私的具体内容存在一定的差异,但在各种关于隐私的界定中,透过这些分歧的表面,其实可以看到一个共同点,即都承认当事人不愿他人知道或他人不便知道的个人信息。而且在当下世界各国的立法及地区的规定中,将隐私置于法律框架内予以保护的态度基本是一致的。

按照上述对个人隐私的理解,自然人纳税人在税收征纳过程中,主动申报或者应征税机关要求而提供的相关信息中必定也含有纳税人个人隐私的内容。具体而言,自然人纳税人提供的税务信息中的以下几类是纳税人个人隐私,应当受到法律的保护:一是纳税人户籍信息,包括姓名、年龄、民族、籍贯、身份证编号、住址等信息;二是纳税人财产状况信息,如收入信息、会计信息、金融信息、财产公证信息等;三是税源普查、税源调查、税收分析等形成的统计信息;四是包含个人数据的电子文件、电子档案,如办公自动化中形成的

---

① 参见王传丽:《私生活的权利与法律保护》,载中国政法大学民商法教研室编:《民商法纵论》,中国法制出版社2000年版,第197页。

② 参见[德]霍尔斯特·埃曼:《德国民法中的一般人格权制度》,邵建东等译,载梁慧星主编:《民商法论丛》(第23卷),金桥文化出版公司2001年版,第453页。

③ 参见吕光著:《大众传播与法律》,台北,"商务印书馆"1981年版,第63页。

④ 参见江平主编:《民法学》,中国政法大学出版社2007年版,第298页。

⑤ 参见王利明著:《人格权法新论》,吉林人民出版社1994年版,第480~482页。

含有个人信息的电子文件等。上述信息都直接或间接地涉及个人隐私权，因此是隐私权的信息载体。[①]

(二)商业秘密

商业秘密(Trade Secret)一词最早源自于英国，在国际社会上现已获得广泛的认可和使用。对商业秘密进行保护，是工业革命和市场经济发展的产物。判例表明，英国对商业秘密进行保护可以追溯至1851年，美国可以追溯至1868年。[②] 我国对商业秘密进行法律保护则产生于20世纪80年代。1987年11月1日实施的《技术合同法》已开始从合同(债权)角度对技术秘密进行保护，这是我国保护商业秘密中的技术秘密的第一部实体法律。1991年4月9日修订并施行的《民事诉讼法》中有两处使用了"商业秘密"一词，即第66条规定："对涉及国家机密、商业秘密和个人隐私的证据应当保密，需要在法庭出示的，不得在公开开庭时出示。"第120条规定："……涉及商业秘密的案件，当事人申请不公开审理的，可以不公开审理。"这是我国法律首次使用"商业秘密"概念。1993年9月2日颁布的《反不正当竞争法》将商业秘密的保护纳入了反不正当竞争范畴，并第一次从立法上对商业秘密进行了详尽的规定。《反不正当竞争法》第10条第2款规定："本条所称的商业秘密，是指不为公众所知悉、能为权利人带来经济利益、具有实用性并经权利人采取保密措施的技术信息和经营信息。"这一定义被1995年11月25日国家工商局发布实施的《关于禁止侵犯商业秘密行为的若干规定》所引用。在《最高人民法院关于审理科技纠纷案件的若干问题的规定》第51条第2款第(三)项明确地将"实用性"解释为价值性，认为商业秘密只需具有非公知性、价值性和管理性即可。与此相同，美国一般观点认为："被认为是商业秘密的信息必须具备三个要件：(1)保密时能获得竞争优势；(2)必须是秘密的；(3)必须采取合

① 参见王辉、许蒙亚：《纳税人隐私权保护中的问题与对策》，载《攀登》2007年第2期。

② See James W. Hill, "Trade Secrets, Unjust Enrichment, and the Classification of Obligations", *Virginia Journal of Law and Technology*, 1999, p. 3.

理的保密措施予以保护。”①

就纳税人的税务信息而言，是否构成商业秘密，则需要通过以下几个构成要件来加以判断：第一，具有秘密性。这是构成商业秘密的核心要件，即商业秘密的信息是不公开的，不被社会公众普遍知悉或容易获得。判断一项税务信息是否符合这一条件，其客观标准就是该税务信息是否已经公开了，如工商登记信息，这属于已经公开的事实，故不能够作为商业秘密来予以保护。第二，具有经济性。这些信息具有商业价值，能为权利人带来经济效益。对于商业秘密来说，能为权利人带来实际的或潜在的经济价值或竞争优势，这是法律对商业秘密予以保护的依据，同样也是权利人维持商业秘密的商业状态的原因。第三，具有实用价值。这种信息可以应用，在应用中转化为物质财富，实现权利人的经济目的。实用性是商业秘密经济价值的外在体现，正是具有了实用价值，其经济价值才可以实现，构成商业秘密的信息要符合这一要求，其必须是能在生产经营中付诸实施的确定的方案。第四，已采取保密措施，权利人对这些信息已采取合理的防范保密措施。权利人在主观上有把该信息作为商业秘密予以保护的意图，客观上也采取了相应的措施。商业秘密的存在价值就是依靠权利人的保密措施得以实现的，否则，一旦被泄露出去就进入了公共领域。

① Robert G. Bone, “A New Look at Trade Secret Law: Doctrine in Search of Justification”, *California Law Review*, 1998, p. 247.

第七章　纳税人税务信息法律保护的基本价值

一、权利保护与自由流通之争

纳税人税务信息法律保护的价值定位问题，首先是一个法律价值的问题，必定需要符合法律价值的基本内涵；同时，纳税人税务信息的法律保护又有特定的研究对象，这就决定了其必定与法的价值存在一定的区别，应当可以抽象出其固有的价值出来。值得一提的是，纳税人税务信息与个人信息存在一定相似性，这就容易导致在研究纳税人税务信息法律保护的基本价值时，因循个人信息法律保护的基本价值的研究路径。诚然，在这种研究对象具有重合性的研究领域中，参考个人信息法律保护基本价值的研究成果具有一定的合理性，是一种典型的路径依赖的结果，但是我们在看到两者之间的联系时，更要看到二者之间的差别，并需要仔细甄别、合理求证，在这种差别的基础上凝练出纳税人税务信息保护的基本价值。要达到这个效果，就需要在对目前个人信息法律保护基本价值的研究成果进行广泛梳理的基础上，纳入纳税人税务信息法律保护的框架中，去伪存真，去粗取精，方能抽象出纳税人税务信息法律保护的基本价值。

目前,学界有关个人信息立法保护的价值选择的研究成果逐渐丰富,大致可以分为两种研究路径:一种研究路径是从法的共性入手,通过对法的价值的梳理,归纳出个人信息法律保护的基本价值,例如,有学者就将个人信息立法保护的基本价值归纳为正义、自由、秩序等多元的价值;①另一种研究路径则是与前一种相反,从个人信息的特殊属性入手,通过其与法的价值相结合,进而抽象出个人信息法律保护的基本价值。② 由于有国外立法模式的佐证,③第二种研究路径在学界已经占据了主导地位。对这种研究路径进一步分析,我们便可以发现在这种研究路径之下又存在不同的观点主张,大致可以分为三类:第一种观点为权利保护论,这种观点认为个人隐私权是应受到政府保护的基本人权,④这在欧洲几部多边协议中都有体现。⑤ 第二种观点为自由流通论,这种观点认为涉及隐私权的个体消费者可以采取个人行为来保护他们自身的权利,因为在有限政府的原则下,政府介入并非在于直接干涉,而是协助私人方式及个人选择的发展,使个人信息隐私的价值及保护得以体现,⑥而且"在公共政策层面,许多组织和社会的利益更重于个人的隐私权诉求,统一的个人信息保护立法则很难被一致地接受"。⑦ "所以个人信息应当

---

① 参见冯心明:《个人信息保护的立法价值冲突及整合》,载《甘肃政法学院学报》2006 年第 11 期。

② 参见洪海林:《个人信息保护立法理念探究——在信息保护与信息流通之间》,载《河北法学》2007 年第 1 期。

③ 参见蒋舸:《个人信息保护法立法模式选择——以德国经验为视角》,载《法律科学》2011 年第 2 期。

④ Directive 95/46/EC of the European Parliament and of the Council of 24 October 1995 on the protection of individuals with regard to the processing of personal data and on the free movement of such data, Council Directive 95/46, arts. 22 – 23. 1995 O. J. (L281)31.

⑤ See e. g., Council of Europe Convention for the Protection of Human Rights and Fundamental Freedom (Nov. 4, 1950), art. 8, reprinted in The Privacy Law Sourcebook 2000, 230 (mark Rotenberg, ed., 2000); Charter of Fundamental Rights of the European Union, art. 8, http://europa. eu. int/comm/justice_home/unit/charte/pdf/charter_en. pdt.

⑥ 参见陈起行:《私权法理探讨——以美国法为中心》,载《法学评论》2000 年第 64 期。

⑦ Spiros Simitis, "Reviewing Privacy in an Information Society", 135 *U. Pa. L. Rev.* 707, (1987).

自由流通,只有在特定的商业部门有滥用隐私权的可能或者当企业持有敏感的个人信息时才会受到限制。"[①]第三种观点是一种折中说,是前两种观点的综合,这种观点认为个人信息保护法的宗旨是在保护个人权利的基础上,促进个人信息的合理利用。[②] 这三种观点是根植于不同的社会制度以及文化背景之上而各自提出来的,都具有一定合理性,而且就其实践而言,在不同的国度都取得了一定成效,这种各自成功的现实反衬了各自理论的合理性。由此可见,这三种观点原本没有孰对孰错之分,合理确定对信息法律保护的价值需要根据不同的国情来进行确定。

就我国而言,在对这三种理论进行比较后,学者们发现,无论是采取欧洲大陆法系的权利保护论,抑或采取美国普通法系的自由流通论,似乎都存在一定短板,都容易遭到攻击,于是便都寻求一种在权利保护与自由流通中协调共生的路径,即折中理论,这也是为什么目前这种理论成为我国个人信息法律保护基本价值取向的主导理论的原因。暂且不论这种理论在合理性和科学性上是否可以自足,单就其路径而言,因其容易契合我国传统主流文化的思想,是中庸品格之下的产物,因此必定会在众多研究者中产生一批追随者。最有力的证据便是目前学界对这种研究路径的赞同已经出现端倪。[③] 作为与个人信息有交叉但不完全重合的纳税人税务信息而言,研究对其保护的价值取向,难免会受个人信息立法保护价值取向现有成果的影响,尤其是在折中理论大受欢迎的背景下,在研究纳税人税务信息法律保护的价值取向的问题上,学界甚至有难以压制的"照猫画虎"的冲动。

然而,纳税人税务信息法律保护的基本价值的确定远非是因循个人信息法律保护基本理念路径的必然结果。因为纳税人税务信息与个人信息不但

---

① 对此,美国的如下法案均有体现:Video Privacy Protection Act, § 2710(e)(1997); Cable Communications Policy Act,47 USC. § 551(a)(1997)。

② 参见齐爱民:《个人信息开发利用与人格权保护之衡平——论我国个人信息保护法的宗旨》,载《社会科学家》2007 年第 2 期。

③ 参见洪海林:《个人信息保护立法理念探究——在信息保护与信息流通之间》,载《河北法学》2007 年第 1 期。

在内涵和外延上存在差异，而且纳税人税务信息固有的脆弱性特征也是确定法律保护基本价值时不得不予以考虑的事实。在税收法律关系中，纳税人负有法定的纳税义务，无论是采用主动申报纳税还是税务机关核定征收，都会涉及纳税人税务信息的强制性转移，使纳税人对其税务信息失去了自主的控制权。因此，纳税人税务信息较其他个人信息而言，具有更容易受到侵犯的特征。这就决定了在对纳税人税务信息进行法律保护时，必定会与个人信息的法律保护存在一定的差异。事实上，对纳税人税务信息进行法律保护，就是对纳税人税务信息进行权利化的过程，而这种权利化的实现，实际上就是纳税人权利的创设，因此，其必定需要建立在纳税人权利体系的基础上，应当符合纳税人权利演进的基本规律。所以合理抽象概括出纳税人税务信息保护的基本价值，需要回归到纳税人权利演进的历史中，在历史发展的规律中找到其合适的定位，方是正确的选择。

二、不同历史条件下纳税人权利演进的规律

（一）前契约社会阶段

以纳税人与国家的关系为标准，以英国《大宪章》为分水岭，《大宪章》颁布以前，我们可以将其统称为前契约社会阶段。这一漫长的历史长河中，其共同的特点是，在君权神授的思想主导下，国家征税的权力集中在君主个人手中，征税具有较大的随意性。君主具有随意剥夺个人财产权甚至生命权的无限权力。这一时期，为君主集中的征税权提供理论支持的便是保险说。该学说认为国家保护了人民的生命财产安全，人民应向国家支付报酬，国家犹如保险公司，人民纳税如同投保人缴纳保险一样，人民按其受国家利益的一定比例来支付，犹如保险公司的保险金按投保金额的一定比例来确定。① 这种理论为当时统治阶级征税提供了合理性解释，从表面上来看，保险说似乎公平，但透过表面探究其本质，我们便可以清楚地看到，在这种税收理论下，

---

① 参见［日］小川乡太郎：《租税总论》，陆孟武译，商务印书馆1934年版，第64页。

纳税人几乎完全丧失了话语权。因为这种理论并未提及对国家君主征税权力的限制以及明确具体纳税人的缴税义务，换言之，君主具有无限的征税权，而作为纳税人的臣民负有无限的纳税义务。由此可见，这一时代，纳税人只负有纳税的义务，而几乎没有权利。

（二）近代契约社会阶段

自英国《大宪章》颁布以来，从税法的角度上讲，人类社会便进入一个新阶段。尽管《大宪章》不是议会的产物，而仍是一个封建制度下的产物，但是它作为一个成文法典成功地将君主的权力第一次置于法律的约束下，开辟了此后有关税收的斗争是“法”对于君主征税权的约束的先河，其所确定的“征税须征得纳税人的同意”的理念更是对后世产生了巨大而深远的影响，体现在税法上，为这一时期的税收格局提供理论支持的便是交换说。所谓交换，就是双方处在一个平等、能够讨价还价的层面上，体现契约的精神。国家对纳税人征税是在双方达成的契约中明确规定的，超出“契约”范围的征收都视为无效。① 交换说较保险说具有明显的进步性，该说承认国家与纳税人的地位是平等的。当然，交换说也并非完美无缺的税收理论，但是在这个学说体系下，建立了一种国家与纳税人的契约关系，即税收可以看作政府与纳税人之间自愿达成的契约，而税法则可以认为是政府与纳税人之间的“税收契约”。国家征税和人民纳税是一种权利与义务的“自愿交换”，税收是人们为获取政府提供的公共产品而付出的代价，公共产品的提供和税收之间实质上存在市场式的等价交换关系。② 在这种视角下，税收法律关系被视为一种“税收契约关系”，税收征税权的行使与纳税人权利保护不是根本对立的而是统一的，而且税务机关和纳税人的权利应该是平衡的。在税收契约关系中，纳税人的权利是一种原生权利，属于第一性权利；征税权是一种次生权利，属于第二性权利。在这一阶段，纳税人较为明显的权利包括了征税的同意权。

① 参见［英］霍布斯：《利维坦》，黎思复、黎廷弼译，商务印书馆1995年版，第1～43页。

② 参见［英］亚当·斯密：《国富论》（下），杨敬年译，陕西人民出版社2003年版，第894页。

(三)现代税收国家阶段

从理论上来讲,当一国税收成为一个国家的主要财政来源时,我们就可以认定这个国家是税收国家。在这一阶段,国家与纳税人之间存在两个最为明显的特征:第一,税收法定主义成为税法至高无上的原则。税收法定主义或称租税法律主义,①是指税法主体的权利义务必须由法律加以规定,税法的各类构成要素都应当且只能够由法律予以明确规定,征税主体的权利义务只以法律规定为依据,没有法律依据,任何主体均不得征税或减免税收。② 在税收法定主义的框架内,不但国家征税需要有法律的明确授权,而且公民的纳税义务必须是法律明确规定。课税要素要明确,并且具体。第二,税收债务论成为税收法律关系的主要理论。税收债务关系说将税收法律关系定性为国家请求纳税人履行税收债务的关系,国家与纳税人之间的关系是法律上的债权人和债务人之间的对应关系。因此,税收法律关系是一种公法上的债务关系,纳税义务不因课税处分而成立,而以满足课税要件而成立。③ 税收债务关系说强调征纳双方之间法律地位的对等性,强调税收构成要件法定和依法征税,重视纳税人的权利保护。④ 这一时期,纳税人最为典型的权利包括了公共产品的选择权以及用税的监督权。除此之外,纳税人的私权也受到了关注,衍生出了纳税人的税务信息权、纳税人税务隐私权。

从对上述不同阶段纳税人权利的梳理来看,我们很明显地可以得出纳税人权利演进的基本规律:第一,在国家与纳税人权利博弈的过程中,国家的权力在不断退缩而纳税人的权利在逐步扩张。从纳税人基本无权利到纳税人的征税同意权和公共产品的选择权,再到纳税人的用税监督权以及税收隐私权,无不体现出纳税人主体身份的权利特征。事实上,纳税人权利的演进表

---

① 参见[日]中川一郎:《税法学体系总论》,台北,月旦公司出版股份有限公司 1993 年版,第 607 页。

② 参见[日]金子宏:《日本税法原理》,刘多田译,中国财经出版社 1989 年版,第 47 页。

③ 参见刘剑文、熊伟:《二十年来中国税法学研究的回顾与前瞻》,载刘剑文主编:《财税法论丛》(第 1 卷),法律出版社 2002 年版,第 16 ~ 17 页。

④ 参见刘剑文、熊伟:《税法基础理论》,北京大学出版社 2004 年版,第 64 页。

面上是纳税人权利数量以及范围的不断扩大，但透过这种历史表象可以窥探到其中蕴含的哲学思想，即在国家与个人权利选择时，是国家社群主义的逐步退缩，个人主义不断获得尊重。第二，在对个人主义逐步尊重的过程中，纳税人权利的范畴更加细致、具体，从最初的征税同意权扩大到税务隐私权、纳税人的权利在不断细化的过程中完成了从政治权利逐步延伸到人格权利的转变，即从公共的集合权利转变到个体的私人权利。因此，按照这样的历史规律，在接下来的人类历史中，纳税人的权利仍将会继续扩张，纳税人的权利保护诉求将变得更加具体、细化。由此可见，将纳税人的税务信息纳入法律保护的体系中，也是符合纳税人权利演进的基本规律的。在研究纳税人税务信息法律保护的基本价值时应当遵循这个规律，顺应历史的潮流。

三、我国纳税人税务信息法律保护基本价值确定的前提

纳税人税务信息法律保护，实质上就是将纳税人税务信息权利化的过程。确立纳税人税务信息法律保护的基本价值则是治国者在何种程度上对纳税人税务信息进行保护。因此，从抽象的层面上来讲，纳税人税务信息法律保护的基本价值问题仍然是纳税人权利与国家权力关系的处理问题。从上述对不同历史时期纳税人权利演进的历史规律的梳理中可以看出对纳税人税务信息法律保护基本价值的确定，就是要在国家与纳税人之间选择博弈的结点，合理地国家和纳税人的关系，反映在法哲学上，就是合理地处理社群主义和个人主义之间关系。

关于国家社群主义和个人主义的争论，是两种不同哲学思想的交锋，时至今日，其纷争尚未停止。社群主义关注权利的社会属性，认为集体权利优先于个人权利，在个人权利之外，还有所谓的一种集体的权利。这种集体权利是普遍的善的物化形态，优先于个人权利。① 个人主义则刚好相反，认为个人所享有的权利来源于人类不证自明、不可剥夺的道德本性，人所享有的自

① 参见俞可平：《权利政治和公益政治》，社会科学文献出版社2000年版，第235页。

然权利先于,并独立于政府的承认,具有不依赖法律存在的道德性质。例如,德沃金就认为:“权利是掌握在个人手中的政治王牌,是要求保护的道德主张,也是对抗政府的理由。”①哲学家、伦理学家罗伯特·诺内克认为:“权利是人类行为的道德边际限制……就是要求人们在任何行动中不得侵犯个人权利,更不能为了社会整体利益而牺牲某个人和少数人的利益,国家和政府也无权要求一些人为另一些人作出牺牲,而必须小心翼翼地在公民中保持中立。”②由此可见,在个人主义的哲学下,个人权利与国家权力之间强调权利的个体属性,将个人权利置于明显优越的位置,这充分体现了对人性的尊重,符合天赋人权的自然法思想。

从理论上来讲,社群主义和个人主义的方法论是相反的,社群主义推崇从集体到个人,而个人主义则是由个人到集体。然而,在笔者看来,关于社群主义和个人主义的关系问题,实际上一个二律背反的问题。即单纯地分开来看,个体主义和社群主义都具有巨大的合理性,但是综合起来谁也没有压倒另一方的巨大优势。其反映在当今社会现实中就是,在追求个人自由的美国,个人主义也会受到集体权利的限制,而在标榜社群主义的社会主义国家中,个人权利也并未受到完全的压制。因此,单纯地、单个地研究某一个问题,都不会在纳税人权利保护的进程中获得足够的理论支持,唯有将二者综合起来考虑才是正确的路径。事实上,社群主义和个人主义也不能割裂地看,否则就失去了意义。正如有学者指出:“讨论个人与社群的关系孰先孰后的问题有点像鸡与蛋的问题。人是合群的社会动物,绝不可能离开群体而正常生存。……尽管它们之间会有对抗,但这种对立并非水火不容。”③“尽管权利具有浓厚的个人主义色彩,但没有一个人权的阐释者愿意去阒无人迹的地

① [美]罗纳德·德沃金:《认真对待权利》,信春鹰、吴玉章译,中国大百科全书出版社1998年版,第6页。

② [美]罗伯特·诺齐克:《无政府、国家与乌托邦》,何怀宏译,中国社会科学出版社1991年版,第156~159页。

③ 钱满素:《个人·社群·公正》,生活·读书·新知三联书店1998年版,第1~2页。

方,在与世隔绝的孤岛上享受这些权利。"①总体而言,我们不能置现实中的人于不顾而贬低权利的个人属性,也不能因为权利归个体享有,就否认权利的社会来源和社会属性。权利的存在和实现,不仅来源于个人的价值,还来源于包括权利主体在内的社会成员对他的尊重与认可,并且在权利主体行使权利的同时,也不能妨碍他人和社会的正常生活。

就我国而言,社群主义和个人主义的选择同样是一个巨大的理论问题,而对这个问题的研究则是确立我国纳税人权利保护的基本前提。同样,纳税人税务信息的法律保护也应当在这个前提的基础上展开。我国纳税人税务信息法律保护必定要符合纳税人权利演进的社会规律,同时也应当与其他社会的制度有所区别。因此,我国纳税人税务信息法律保护基本价值的确定,不能"刻舟求剑"式地"一刀切"地套用国外的经验,而是必须回归到我国的基本国情。在我国税收史上,群体利益一直是至高无上的,国家向来以代表公共利益自居。在确立社会主义基本政治制度以来,生产资料的公有制更为国家代表公共利益提供了巨大的理论支持。因此,在我国作为社会主义国家这一特定的历史背景下,处理个体主义和群体主义关系时,与西方发达国家相比,应有不同的侧重点。西方国家作为先发展的国家,其在很长一段时间内个体主义占据着统治地位,个体主义是其政治制度的基础,因此,个人权利发育得较为充分。只是到了近代在个人主义下出现了各种个人权利被滥用或者无法控制的现象时,社群主义权利理论才针对个体主义的短板进行了补充,在西方国家仍是以个人主义为主。而在我国税收领域,对于个人主义与社群主义的认识应该有所不同,因为公共利益的无所不在,权利文化的生成才是最近20多年的事情。"一直以来,在我国的税收学和税法学领域,人们更多关注的是国家征税权的分配和行使、税种和税率的设置和调整、税收征管的力度与效果等问题,总的说来,对这些问题的思考都围绕一个中心:如何让纳税人尽最大可能地履行纳税义务,即如何实现国家财政收入的增长甚至

① [英]马格里特·麦克多拉尔德:《自然权利》,中国社会科学出版社1990年版,第312页。

使其超过预期的充足。”[①]因此，在中国纳税人权利保护的具体进程中，与其说是社群主义的过度，倒不如说是个体主义的缺失。在纳税人税务信息法律保护基本价值的定位中，如何矫正这一个问题，才是研究纳税人税务信息法律保护的价值的主要内容。正如有学者指出：“中国对于纳税人权利构建的路径就应当区别于西方，即我们在处理纳税人群体与个体的关系的时候，一方面，要加大对纳税人权利个体性的关注力度，在税法制度中赋予纳税人完备的权利，并兼顾权利间的利益协调。另一方面，打着集体利益行公权力扩张之实、有损纳税人权利的制度要加以废止，使个体权利与权利利益的高度统一起来。”[②]

四、我国纳税人税务信息法律保护的基本价值定位

合理确定纳税人税务信息法律保护的基本价值，一方面需要借鉴个人信息立法保护的基本理论；另一方面也要认识到税务信息的特殊性以及我国纳税人权利保护的现状。基于此，本书认为，我国纳税人税务信息法律保护的基本价值只能是以纳税人权利保护为核心价值。理由如下：

首先，我国目前纳税人权利状态尚处于低水平。从前文纳税人权利演进的规律中我们虽然可以看出纳税人权利在逐步扩张，呈现出进步的特征，但是我们恐怕无法将纳税人的权利进行横向比较，即将不同社会时代的纳税人的幸福指数进行比较，我们恐怕也无法推定纳税人在前契约时代就一定是不幸福的，而当今时代的纳税人就是无比幸福的。虽然有关税收本质的理论历经了岁月的沉淀后，在科学性的特征上可以分出伯仲，但是我们却不可否认，无论是哪种学说，都曾经在它所处的时代发挥过相当巨大的作用，都曾成为当时的主流思想。这也从侧面证明了这种思想与当时的社会发展程度具有某种契合性。正所谓“存在即合理”。相应地，在我们现在所处的时代中，纳税人获得的权利是前所未有的规模，如果我们将眼光放置更加长远的未来，

① 单飞跃、王霞：《纳税人税权研究》，载《中国法学》2004年第4期。

② 黎江虹：《中国纳税人权利研究》，中国检察出版社2010年版，第90页。

则我们完全有理由相信，未来纳税人的权利，无论是数量还是质量都会较我们现在所处的时代呈几何倍数的增长。事实上，换一种比较的视角，则会发现目前我国作为一个后发展国家，纳税人权利受到的关注远不如西方国家。在英国，作为纳税人权利保护的发源地，在《大宪章》颁布后，其纳税人权利保护制度已经相当完备；美国、德国以及日本等发达国家，其宪政国家法律体系中的税法制度的构建就是围绕着纳税人的权利保护而展开的；加拿大等国家有专门就纳税人权利立法的法律和法案，为纳税人权利的保护的实现提供了有力的法律保障。而在我国，一直以来，在马克思主义的国家分配理论话语体系内，税收被视为国家凭借政治权力对社会产品进行再分配的形式，税法则是国家制定的以保证其强制、固定、无偿取得税收收入的法律规范的总称。这种从国家需要、国家本位的角度来阐述税收理论的模式一直占据人们思想的主导地位，而想从这样一种思维模式中推导出纳税人的个人权利的存在也是不可能的，征税机关也习惯了长期以来以国家权力的化身出现和对纳税人权利的漠视。① 虽然近年来，随着税法作为一个新兴学科的兴起，税法理论有所转变，纳税人权利本位的思想逐渐得到认可，但是短时间内，我国纳税人权利保护程度较低的现实依然难以发生质的变化。因此，我们在确定纳税人税务信息法律保护的价值时，就需要摒弃过往国家分配论的观点，回归个人主义重视权利的个体性，将纳税人权利置于所有价值之上，促进纳税人权利体系的完善。

其次，我国现有制度安排不足以支撑税务信息的合理流通。诚然，笔者承认，无论是个人信息立法保护还是纳税人税务信息，如果能够真正促成权利保护与合理利用的均衡，则其必定是一个皆大欢喜的局面。但是，就我国现有的制度安排而言，这种理论设计显然过于超前，甚至是一种不可到达的“桃花源”。一方面，促成纳税人税务信息的合理流动需要有非常严密的配套措施，如严格的保密制度、完备的救济制度以及相关的免责制度，这些在我国

---

① 参见王建平：《纳税人权利理念与“政府——纳税人”关系的转型》，载《税收法制》2008年第4期。

现有的体制下，是根本无法实现的。这就与对非法所得课税所遇到的障碍如出一辙，虽然理论上，对非法所得课税的正当性问题已经不是制度设计的核心障碍，对非法所得课税可以超越可税性理论，但是由于配套措施建立的难度极大，我国治国者一直没有对非法所得进行课税。事实上，选择对非法所得不课税的制度安排，与其说是治国者对可税性理论的坚守，倒不如说是治国者对纳税人税务信息的保护以及纳税人税务信息泄露后对后续问题处理能力的强烈不自信。若在纳税人税务信息保护的配套措施尚未完备的背景下，允许纳税人税务信息自由流动，则其无异于给侵犯纳税人权利提供了理论上的支持。另一方面，纳税人税务信息具有财产性和脆弱性的双重属性，导致其容易被泄露和非法利用。从某种程度上来讲，信息本身就具有一定的财产性。全新的信息商品"不再是物质商品中的附属部分，而是以其信息价值独立存在于生产流通领域之中，其主要价值是由信息决定的，而与载体的形式无关"。① 纳税人税务信息作为信息的一部分，必然具有可交换价值，必定具有财产性。尤其是在市场经济条件下，信息成为弥补市场失灵的有效手段，在一定程度上讲，掌握了信息就掌握了财产。同时，如前文所述，无论自己愿意与否，纳税人的税务信息都会被要求主动或者强制地转移给征税机关或者第三方主体，从而使纳税人失去了对税务信息的控制权。这就必定会导致纳税人税务信息极其容易受到侵犯。当财产性与脆弱性结合在一起时，如果法律对其流动规制得不严格或存在漏洞，则纳税人税务信息的权利将处于何种境遇便可想而知了。因此，在我国现有体制下，各种制度安排难以支撑纳税人税务信息的合理利用，而只能以保护纳税人权利为主体，确保纳税人税务信息不被非法侵犯。

最后，坚持纳税人税务信息法律保护的权利保护论，并不意味着禁止纳税人税务信息的流转。将纳税人税务信息权利化，并不意味着要将纳税人税务信息藏匿于保险柜，置于一个任何人都不可触及的地方，以保证纳税人税

① 乌家培等编著：《信息经济学》，高等教育出版社2007年版，第8页。

务信息的静态安全。这源于一种方法论上的错觉，在权利保护论与自由流通论中做选择时，如果选择了一方，似乎另一方就是对方阳光投射下的影子，就成为了对立面。即把权利保护论与自由流通论完全对立起来进行思考。诚然，在纳税人税务信息法律保护的进程中，坚持权利保护的基本价值确实会在某些时候与自由流通价值产生冲突，二者之间的确有相互矛盾的一面。但是事物都是辩证的，权利保护论与自由流通论又在某个点上是可以达成契合的。事实上，无论坚持纳税人税务信息法律保护的何种价值，其都不是绝对的。即使在以权利保护见长的欧洲大陆法系国家，虽然以人权作为个人信息保护的核心价值选择，但是同样不排斥信息合法流动；同样，在标榜信息自由流通的美国，虽然法律制度设计允许信息自由流动，但是也不是完全没有限制，当其触及了个人权利的底线时，自由流通便会受到禁止。据此，“许多美国人认为，涉及隐私权的个体消费者可以采取个人行为来保护他们自身的权利”。[①] 由此可见，在保护纳税人税务信息的过程中坚持纳税人权利保护论，并不意味着要完全禁止任何意义上的纳税人信息的流转。只是在纳税人税务信息流通的程序、方式甚至目的与用途上有着更加严格的要求。这些条件的设置的初衷都是为了保护纳税人的权利。只要符合法律规定的条件，那么纳税人税务信息的流通就不会造成对纳税人权利的侵犯，法律当然应允许其流通。

① 洪海林：《个人信息保护立法理念探究——在信息保护与信息流通之间》，载《河北法学》2007年第1期。

第八章　纳税人税务信息的保护原则

本书认为，以“纳税人权利保护”为起点，同时明确纳税人税务信息保护原则的特质之后，才可确立纳税人税务信息保护的具体原则，即自控原则与平等保护原则。此外，应关注“信息保护与信息公开之平衡”与“平等与效率之平衡”，协调纳税人税务信息保护原则内部以及相互之间可能发生的冲突。

一、确立纳税人税务信息保护原则之基点

要准确确立纳税人税务信息保护原则的基点，本书拟从两方面进行考量。

（一）以“纳税人权利保护”为起点

纳税人税务信息保护制度涉及公共利益、第三人利益等，会不可避免地产生权利之间的冲突。由于我国目前纳税人权利状态尚处于低水平，我国现有制度安排不足以支撑税务信息的合理流通，并且坚持纳税人税务信息法律保护的权利保护论，并不意味着禁止纳税人税务信息的流转。因此，需在前文“纳税人权利保护”基本价值的指引下，协调原则内部以及相互

之间的矛盾与冲突。合法的权益构成法律意义上的权利,但权利的实现与保障是有限度的,且存在成本,如确定权利的立法、救济权利的行政与司法等成本。同时,这些成本涉及公共资源的重新分配以及社会公众权利的博弈。因此,纳税人要真正实现包括但不限于税务信息在内的个体信息保护,需有一个平等、自由、独立的社会环境。正如上文所提及的公共财政理念,为了实现与保障纳税人的个体利益,须将征税权让渡给国家,在国家的授权之下,税务行政机关得以合法收集、占有、处理、使用纳税人的税务信息,至少从形式上来看,税务行政机关的出发点是为了保障公共利益。不可否认,个体意志与社会意志之间具有统一性,法律保护纳税人的合法权益,但如果双方当事人的意志违背了社会的统一意志和整体利益,法律上也要加以禁止。在个体利益与公共利益的协调过程中,纳税人须有合理的社会容忍度,容忍税务行政机关合法、合理地占有个体税务信息。从社会契约理论可以得出结论:纳税人对税务信息的权利也是有限制的。个体权利受到公共利益、第三人权益等因素的限制,如民法中的相邻关系。从本质上来看,国民纳税意识的提高源于纳税人的自发配合,前提是纳税人信赖税务行政机关,信任税务行政机关会合法、合理地保护包括但不限于纳税人税务信息权利在内的所有税法上的权利。当纳税人真正信任税务机关时,纳税人会自觉提供全面、准确、及时的税务信息;而当代表公共利益的税务机关获取上述税务信息后,才能更好地保障税收公平合理,这样就会形成"双赢"的局面。

(二)纳税人税务信息保护原则的特质

在确立具体的纳税人税务信息保护原则之前,首先必须回答的问题是纳税人税务信息保护原则有何特质,即以什么标准确立纳税人税务信息保护原则?只有符合以下特质的原则才能成为纳税人税务信息保护原则;反之,原则的确立就会过于随意。

纳税人税务信息保护原则的特质之一:普适性。纳税人税务信息保护原则是纳税人税务信息保护的根本规则,是纳税人税务信息保护的指导思想,也是克服纳税人税务信息保护制度局限性的工具。纳税人税务信息保护原则是“法律原则”，而法律原则具有普适性，因此，纳税人税务信息保护原则就应体现自身的“普适性”，应当贯穿纳税人税务信息保护制度的始终，在立法、执法等各个环节中得到普遍遵行。这种对普遍性或普适性的要求，应当是确立纳税人税务信息保护原则的一个标准。有学者提出，法律原则是衍生其他规则的规则，①纳税人税务信息保护原则既要体现纳税人税务信息保护的基本价值，又要统领纳税人税务信息保护原则的具体制度规则。同时，具体制度规则也不应与纳税人税务信息保护原则相抵触。另外，在确立纳税人税务信息保护原则时，必须考量其与其他相关法律原则的共性与联系。纳税人税务信息保护原则与宪法原则、民法原则和行政法原则等法律原则均有关联，在确立具体纳税人税务信息保护原则时，不可忽略上述相关法律原则对于纳税人税务信息保护原则的影响。

纳税人税务信息保护原则的特质之二：差异性。确立纳税人税务信息保护原则并非是对个人信息保护原则的简单重复或表面修正，正如前文所述，两者在内涵和外延上均存在差异，特别是纳税人税务信息的脆弱性特征是确立纳税人税务信息保护原则时必须考虑的因素。与个人信息相比，纳税人税务信息更容易受到侵犯，并且其目前的救济途径是如此模糊与坎坷。因此，必须在前文“纳税人权利保护”的基本价值指引下，对纳税人税务信息进行倾斜性法律保护，使纳税人税务信息保护原则体现出与其他相关法律原则的差异性。同时，也要适度借鉴个人信息保护原则和其他相关法律原则中的有益因子，以平衡多方利益。

纳税人税务信息保护原则的特质之三：中介性。纳税人税务信息保护原则是沟通纳税人税务信息保护原则的基本价值与纳税人税务信息保护的具体规则之间的桥梁。一般意义上，法的价值包括公平、正义、自由、秩序等，纳税人税务信息保护原则应体现法的一般价值，也应体现纳税人税务信息保护的具体价值目标，即“纳税人权利保护”。同时，由于法律具有滞后性与保守

---

① 参见[美]弗里德曼：《法律制度：从社会科学角度观察》，李琼英等译，中国政法大学出版社1994年版，第23页。

性，法律往往滞后于社会实践。因此，需要法律原则指导具体法律规则，使纳税人税务信息保护原则能在最大程度上保护纳税人税务信息，并为相关立法、执法和司法活动提供法律依据。

综上，纳税人税务信息保护原则的确立，应以“纳税人权利保护”为起点，同时必须寻找符合“普适性、差异性和中介性”这些特质的原则。在此，纳税人税务信息保护原则的确立，不仅需要从理论的高度进行论证，也需要从具体的纳税人税务信息保护制度的角度进行验证，这样才可能确立纳税人税务信息保护原则，并使其理论价值与实践价值得到充分体现。

二、纳税人税务信息保护具体原则

自控原则与平等保护原则是符合“普适性、差异性和中介性”这些特质的纳税人税务信息保护具体原则。同时，这两个原则也融合了“纳税人权利保护”理念。

（一）自控原则

1. 自控原则的内涵

税，是一份重要的社会契约。作为契约，税具有典型的债权性质。因此，作为债权债务关系主体的一方当事人——纳税人有权控制自己的税务信息、财产等。在纳税人税务信息保护原则中，纳税人对自我税务信息的控制，即自控原则（亦有学者称其为自我决定，即自决原则）应是首要的核心原则。纳税人税务信息保护制度中的自我控制原则，是指纳税人作为税务信息的所有权人，无论是否知悉或实际占有本人的税务信息，均有权控制、支配、决定本人税务信息的收集、处理、使用，且有权排除他人的不法侵害。诚然，为了防止此原则的滥用并平衡第三方利益、公共利益，对自控原则也应有合法合理的限制，这部分内容将在“纳税人税务信息保护原则之协调”中进行论述。纳税人税务信息保护制度中的自我控制原则强调纳税人有权直接控制其个体税务信息，对于其税务信息是否被税务行政机关或其他机构收集、处理、使用，以及以何种目的、范围、方式收集、处理、使用等问题，纳税人具有直接且绝对的控制权、支配权。对于纳税人而言,其税务信息不仅涉及个体及其家庭重要隐私内容,还包括虽不重要但当事人却不愿为公众知晓的税务信息,税务行政机关与其他机构有保密责任,须在合法合理限度内使用有关税务信息。

本书认为纳税人税务信息保护制度中的自我控制原则具体包括以下三方面内容。

第一,知情同意。纳税人对自己的税务信息有控制权,因此,税务行政机关或其他机构对税务信息的收集、处理、使用等权力需得到纳税人的同意或基于法律的直接规定,同时必须保障纳税人充分的知情权。纳税人享有主动知悉所有有关本人税务信息的知情权,为了保证纳税人的知情权,税务信息占有人负有向纳税人提供相关信息的义务。美国《纳税人权利法案》第2条专门规定:"除非法律允许,国内收入署不应向任何人泄露你提供给我们的信息。你有权知道我们为什么要求你提供信息,我们将如何使用这些信息,以及如果你不提供所要求的信息将会发生什么。"同时,美国财务部在1976年的税制改革中修改了美国《国内税收法典》关于税务信息的保密与公开规则(第6103条)。美国《国内税收法典》第6103条大致由以下部分组成,即禁止公开规则、禁止公开规则的除外条款、公开程序、税务信息的保护措施和罚则等原则,除美国《国内税收法典》有特别规定外,原则上有关纳税人的申报单和申报信息一律不予以公开。在美国《国内税收法典》第6103条的禁止公开规则的除外条款中针对某些特殊事项作了详细规定。① 本书认为,应以禁止公开税务信息原则为基础,若需公开税务信息,则纳税人须知情且书面同意,若依法律之规定,须明确"公共利益"等正当性理由的内涵(且不应把"公共利益"的定义权过度授予行政机关)。反之,若没有纳税人书面同意或没有正当性理由,则不仅不得公开税务信息,而且不得收集、处理、使用税务信息。同时,知情同意应以"知情"为前提。为了保障纳税人充分"知情同意",须公开

① 即向纳税人指定的第三方的公开事项;向州税务职员的公开事项;向与纳税人有实质利害关系的第三方的公开事项;向议会各个委员会的公开事项等。

税务信息的收集、使用等法律、政策,并公开税务信息占有人、使用人的基本信息,进而保障纳税人在充分且理性地知悉个体税务信息相关情况的前提下,行使知情权与同意权。总之,税务信息占有人、使用人不得歧视、漠视纳税人的上述权利,当纳税人的上述权利被不法侵害时,纳税人有权得到司法救济。

第二,明确限制。有学者称其为限制收集、限制利用、目的明确等原则,笔者认为可以将上述原则统一归纳在"明确限制"这一内涵中,并包含在纳税人税务信息保护制度的自我控制原则之中。"明确限制"包含以下 4 项内容:首先,此处的限制是指税务行政机关或其他机构对税务信息的收集、处理、使用等须有合法合理的目的、范围、方式,且仅以上述目的、范围、方式为限。税务行政机关或其他机构不得超出上述目的、范围、方式进行税务信息的收集、处理、使用等,除非得到纳税人的书面同意或具有法律的规定。其次,基于上述制度,对于无须识别的税务信息,须消除其识别力,以限制税务行政机关或其他机构对其收集、处理、使用等,预防税务行政机关或其他机构对纳税人税务信息可能的侵害。再次,在"明确限制"中,税务信息的保存期也应有所限制,正所谓"夜长梦多",一般不能超过"合法合理的收集、处理、使用税务信息之目的"所需的期间。反之,无期限的保存纳税人税务信息极易引起侵害纳税人合法权益的情形。最后,必须限制第三人的协助义务。《税收征收管理法》明确规定了银行等金融机构在提供个体税务信息方面的协助义务,现代信息社会中,金融机构控制了大量与税务相关的信息。以金融机构为代表的第三人知悉、占有大量的税务信息,但金融机构客户(纳税人)有权自主控制、支配上述信息,自主决定是否允许他人知悉或利用该信息。金融机构并非该税务信息所有权人,按照与客户之间的私法契约,金融机构对客户的相关信息负有严格的保护与保密义务。

第三,信息品质。纳税人为了实现其对税务信息的自我控制,需要对税务信息有全面、正确、及时的了解,即税务信息应具有全面、准确、及时更新的品质。自控原则要求"控"的税务信息必须是准确、全面的,世界各国在纳税人税务信息保护方面均强调信息品质的重要性，对税务信息的准确性提出了较高的要求。例如，对纳税人收入这一重要税务信息的滞后更新，将侵害纳税人对其税务信息的合法、合理控制，进而侵害其合法权益。因此，唯有无瑕疵的税务信息，才能保证纳税人全面、及时、正确地控制、支配其税务信息。

2. 自控原则的理论基础

自控原则的理论依据之一是社会契约论。卢梭根据人民主权的思想提出，在自然状态下，所有的权力属于社会成员，其权力是完整的，但为了安全这些人就必须依照一定的原则组织起来，让渡自己的权力，组成国家。国家的权力是派生的，源于社会成员，这就是人民主权的思想。因此，国家与个人的关系，就是契约关系。因此，纳税人作为契约当事人，理应在不侵犯公共利益、第三人利益的前提下，对个人税务信息享有控制权，即自控原则。传统民法理论认为，所有权是一种支配权，具有占有、使用、收益、处分等权能，是一种绝对权；而债权是一种处分权，债权人可以请求债务人为一定行为，是一种相对权。在纳税人税务信息保护制度中，国家作为公共债权人，请求纳税人（债务人）履行纳税和提供税务信息的义务，其本质上是一种债权请求权。作为债务人的纳税人在履行纳税义务的过程中，同时也履行了告知税务信息的义务。但究其根源，税务信息的所有权主体是纳税人，税务行政机关或其他机构通过公法契约或私法契约（如税务代理协议）占有了纳税人的税务信息。但作为税务信息占有人的他们有意或无意地颠倒了自己和税务信息所有权人的位置，随意处分、支配、控制税务信息，侵害纳税人合法合理的权益。

自控原则的理论依据之二是人格权保护理论。纳税人税务信息保护制度中的自控原则的确立与实现，其目的是保护纳税人的人格利益。有学者对此有不同见解，其将包括税务信息在内的个体资料归于所有权保护的模式之中，并认为："个体资料的所有者是该资料的生成个体，无论他人对主体个体资料的获取方式与知悉程度如何，都不能改变个体资料的所有权归属。"[①]但

① 汤擎：《试论个人资料与相关法律关系》，载《华东政法学院学报》2000年第5期。

一般认为,所有权保护模式与人格权保护模式有明显差异,如对所有权的侵害不发生人格损害。① 另外,美国的立法与司法实践倾向于将包括税务信息在内的个体资料归于隐私权保护的模式中,例如,1974 年美国的《隐私权法》的实质是保护个体资料。但本书认为包括税务信息在内的个体资料不同于个体隐私,例如,有些已公开的税务信息已经不是隐私,但纳税人对这部分税务信息依然有控制权,有权收集、处理、使用。因此,本书赞同齐爱民教授的观点,即将包括税务信息在内的个体资料归于人格权保护的模式中。我国《宪法》第 38 条规定:“中华人民共和国公民的人格尊严不受侵犯。禁止用任何方法对公民进行侮辱,诽谤,诬告陷害。”德国《基本法》第 1 条规定:“人的尊严不可侵犯。尊重和保护它是国家全部权力的职责。”而这一条文正是德国联邦宪法法院在 1983 年“人口普查法案”判决的法律基础。因此,纳税人对税务信息的自我控制原则的确立与实现,是对其主体人格与人格尊严的人性关怀和尊重。

(二)平等保护原则

1. 平等保护原则的内涵

为了真正实现纳税人对个体税务信息的控制、支配、处分,实现其宪法意义上的人格权,就必须确立平等保护原则,即纳税人作为税务信息的所有人,其法律地位与税务信息占有人(一般为税务行政机关或其他机构)的法律地位是平等的。一方面,税务信息所有人与占有人之间的法律地位平等;另一方面,各税务信息所有人之间的法律地位平等,平等地受法律保护,不因经济实力、职业等因素而受到区别对待。当税务行政机关手握行政权,当其他税务信息占有者处于优势法律地位时,他们的利己性须用社会的理性加以约束,必须贯彻平等保护原则。

平等保护原则的内涵具体体现在以下三方面:第一,资格平等。《世界人权宣言》第 1 条规定:“人人生而自由,在尊严和权利上一律平等。人人有资

---

① 参见齐爱民:《论个人资料》,载《法学》2003 年第 8 期。

格享有本宣言所载的一切权利和自由，不分种族、肤色、性别、语言、宗教、政治或其他见解、国籍或社会出身、财产、出生或其他身份等任何区别。”另外，英国《纳税人权利宪章》中规定：“在相同的情况下，您将获得与其他纳税人一样的待遇。”在各种税收法律关系中，纳税人的地位必须是平等的。此处的资格平等包括横向公平和纵向公平，前者是指相同情况下，同等保护不同纳税人的税务信息，后者则是指不同的情况下对不同纳税人的税务信息的区别对待，如对儿童、某些敏感信息的特别保护。平等原则是建立在主体法律地位一律平等的基础之上的。平等原则的核心是保护各类主体的人格平等，无论主体是国家、法人还是自然人，都应该受到平等的对待。就自然人纳税人而言，平等原则强调无论自然人的贫富、强弱，都要对所有自然人纳税人的个人信息进行平等保护。税收之债作为债的一种特殊类型，也应具有债的共同性质——债的主体地位平等。但是，税收之债具有公法之债的性质，国家赋予税务机关相应的行政权力。现实中，税务行政机关与纳税人之间依旧存在管理与被管理、命令与服从的关系，因此，双方主体资格并非完全等同，要真正实现在平等原则下的纳税人税务信息保护制度中双方主体资格的平等仍然任重而道远。

第二，诚信推定。诚实信用原则源自罗马法学家所崇尚的“善意与衡平”等自然法思想，在实践中来自罗马法中的诚信契约和诚信诉讼。现实中，与税收行政机关或以金融机构为代表的税务信息占有人相比，纳税人常处于弱势的法律地位，常被推定为“不诚信”或“刁民”，如能确立诚信推定制度，使纳税人与税务信息占有人在平等主体的前提下发生税收法律关系，则对纳税人税务信息的保护将大有益处；反之，纳税人被推定为“不诚信”，则常成为税务性质机关或其他机构侵犯纳税人税务信息的正当理由。税务机关在无证据证明纳税人存在不诚信行为或其提供的税务信息有瑕疵时，应认定纳税人是诚信的，诚实推定有助于保证纳税人免受税务机关无理侵权，保护纳税人之人格尊严。加拿大《纳税人权利宣言》赋予纳税人诚实假定的权利，即“你有权被认定为诚实，除非有相反的证据”。现实中，财税法的诚信制度侧重于对纳税人的诚信要求,例如,强调纳税人的诚信义务,要求纳税人须守信用、遵守法律法规及相关政策、及时缴纳税费等,但却缺少对征税者的诚信要求和相关制度设计。信赖是人与人交往的基础,亦是法律制度正常运行的有力保障,当纳税人与税务信息占有者之间建立起良好的信赖关系时,可以有效地降低制度成本。对纳税人而言,若信赖一旦被破坏,则可能带来损失。

第三,程序平等。为保障上述实体平等的实现,在法律程序上也必须做到平等。首先,税务机关行政行为的程序必须平等、公正。税务信息的保护在实践中更多涉及税务行政机关税收征收管理权的行使,例如,纳税人在接受课税调查时,拥有接受该项调查事前通知,对调查的目的、范围、方式接受告知的权利。其次,权利救济的平等。当涉及税务信息保护纠纷时,纳税人拥有以平等、公正程序解决纠纷的权利。例如,美国《纳税人权利法案》第7条规定:"如果你对应纳税额或我们的某些征税行为有不同意见,你有权要求国内收入署上诉办公室复议,你也有权对国内收入署作出的有关纳税义务和征税行为的任何决定提出上诉。"我国《税收征收管理法》也规定了纳税人对包括税务信息纠纷在内的税收法律纠纷有权提出行政复议权和行政诉讼。同时,为了更平等、公平地救济纳税人在税务信息方面的权利,在举证责任方面倾向于加重行政机关的责任,只是这种举证程度为何以及法院如何审查,理论上仍需进一步讨论。在我国台湾地区的司法实务中,仅有台北高等行政法院2005年年度诉字第2330号判决书中指出:"被告虽以税籍证明系个体机密资料文件,并不属于应公开提供之行政资讯云云,惟查税籍证明有何机密性?有何侵犯个体隐私。"①

2. 平等保护原则的理论基础

平等保护原则的理论基础是税收的债权性质。税收的债权性质决定了纳税人税务信息保护制度中必须包含平等原则。税收债权债务关系说认为:税收征纳可以分为实体和程序两部分。在税收程序上,征收主体因为具有行

① 伏创宇:《两岸信息公开豁免案例之比较评析》,载《行政法论丛》2010年第13期。

政权力而享有绝对的优越性地位,税收征纳主体之间是不对等的服从与被服从的关系,这也是树立国家权威和稳定统治的需要;但是就税收的实体法律关系来看,税收征纳主体之间本质上应该是一种债权债务关系,这也是市场经济发展的必然要求。国民,即每一位纳税人,为了自身更自由、民主、独立地生活,须有一个良好的公共环境,如自然环境、交通、治安等,这些构成公共需求,但如何满足上述公共需求？答案是公共产品的供给,而这种公共品的供给需要大量公共财政的支持。通过这种简单的逻辑推理,得出了税收的本质,即税收是国民为满足公共需求而支付的对价。契约精神与平等精神是一对孪生兄弟,虽然税收在形式上表现为强制性与无偿性,但其实质是平等主体间确定权利义务的契约。平等原则是现代法治的精髓,在社会主义市场经济条件下要想实现多层次上的平等,就必须排除过分的行政干预,并以法律的权威取代政治权力的权威。因此,纳税人税务信息保护制度中的平等保护原则是对税收契约精神的应有回应。

三、纳税人税务信息保护原则之协调

纳税人税务信息保护原则内部以及相互之间如何协调可能存在的矛盾与冲突,是立法者必须考量的一个问题。

(一)信息保护与信息公开之平衡

现实中,必须面临的问题是要平衡信息保护与信息公开的关系,保护并不排除合理利用。现实中,税务行政机关基于纳税人让渡与法律赋予的税收征收管理权,在税收征收管理过程中频繁便捷地获取纳税人的税务信息。面对大量的税务信息,税务行政机构或其他机构也有“幸福的烦恼”,他们必须面对两大难题,一是如何保护纳税人的税务信息,二是如何公开税务信息以实现纳税人的知情权与实现“透明公开政府”。我国现行的《税收征收管理法》及《实施细则》中均规定了纳税人的“保密权”。《税收征收管理法》第 8 条规定:“纳税人、扣缴义务人有权要求税务机关为纳税人、扣缴义务人的情况保密。税务机关应当依法为纳税人、扣缴义务人的情况保密。”《实施细则》

第5条规定:"税收征管法第八条所称为纳税人、扣缴义务人保密的情况,是指纳税人、扣缴义务人的商业秘密及个体隐私。"但在强调信息保护的同时,也不可忽视信息公开的法律价值。政府信息公开制度中通常包含了公共利益的因素,公共利益与个体利益这两种利益发生利益冲突之时如何平衡?以什么为依据平衡双方利益?《政府信息公开条例》第14条第4款规定:"行政机关不得公开涉及国家秘密、商业秘密、个体隐私的政府信息。但是,经权利人同意公开或者行政机关认为不公开可能对公共利益造成重大影响的涉及商业秘密、个体隐私的政府信息,可以予以公开。"在此法律条文中,"可以"赋予了行政机关绝对的自由裁量权,特别赋予了行政机关在第三人不同意的情况下依旧享有自由裁量权,即"对不公开可能对公共利益造成重大影响",这里的"可能""公共利益""重大影响"均没有明确的法律解释。若申请信息属于第三人之权益,则其与公共利益之间如何衡量?《政府信息公开条例》第21条第(二)项规定:"属于不予公开范围的,应当告知申请人并说明理由。"然而该条及整个政府信息公开条例都没有说明不履行说明理由义务之法律后果,如果没有法律后果或法律责任的规定,整个制度就成了"一纸空文"。综上,信息保护与信息公开似乎并非绝对矛盾,需在信息保护的前提下进行信息公开,否则极易造成对纳税人合法权益的侵害。同时,信息公开制度的完善,也能起到保护税务信息的作用,例如,上文提到的信息公开能保障纳税人的知情权,进而使纳税人在知情同意的前提下,更好地保护自身之税务信息。

(二)平等与效率之平衡

在平衡平等和效率的过程中,涉及的核心概念是"交易成本"。科斯认为,交易成本是"通过价格机制组织生产的,最明显的成本,就是所有发现相对价格的成本""市场上发生的每一笔交易的谈判和签约的费用及利用价格机制存在的其他方面的成本"。[①] 在税收中也存在交易成本,包括直接税收成本和间接税收成本。直接税收成本是指纳税人为纳税付出的人力、物力、财

---

① [美]R. 科斯:《企业的性质:论生产的制度结构》,盛洪、陈郁译校,上海三联书店1992年版,第12页。

力,间接税收成本是指纳税人在履行纳税义务过程中承受的精神心理消耗等。因此,纳税人税务信息保护制度的宗旨之一即为保护纳税人合法权益,通过改善纳税人对税收活动的预期性和对税务行政机关的信赖度,减少直接交易成本与间接交易成本,进而实现平等、公平、正义;但同时,过度的保护可能有损公共利益或第三人利益,例如,债权人获取纳税人(也是合同中的债务人)的税务信息变得如此不经济,进而带来交易成本的上升和效率的损失。

综上,在纳税人税务信息保护制度中,会涉及纳税人、税务机关、第三方等多方利益,“自控原则与平等保护原则”并非绝对化的封闭纳税人税务信息。因此要从社会整体利益出发,协调各利益主体的行为,平衡其利益关系,从而达到总量平衡、结构优化和秩序和谐;同时,通过对纳税人与税务信息占有者之间超越形式平等的权益分配,以达到实质上的利益平衡和社会公平正义。

第九章　域外关于纳税人税务信息保护之比较分析

随着信息技术的发展,包括税务信息在内的个人信息被滥用的风险与日俱增。因此,世界各国、地区对纳税人税务信息保护都给予了不同程度的重视。

通过对国外纳税人税务信息保护系统的差异分析,对比世界各国、地区对纳税人税务信息保护制度(主要考察美国和德国的纳税人税务信息保护相关制度),归纳其特点,比较其优劣,并根据我国实际提出对策建议。希望对我国纳税人税务信息保护制度的建立有所借鉴,进而发掘一条完善纳税人税务信息保护体系的既有共性又有特色的路径。

一、英美法系纳税人税务信息保护制度

(一)美国纳税人税务信息保护制度

美国纳税人税务信息保护制度的立法与实践在英美法系,乃至全世界均有较高的示范效应,被学者称为“美国模式”。无论是其保护理念,还是具体保护制度等方面,均值得借鉴与学习。

1. 美国纳税人税务信息保护制度概览

首先，美国纳税人税务信息保护制度与美国个人信息保护制度的发展有紧密联系。虽然税务信息与个人信息有差异之处，但美国将税务信息作为个人信息的重要组成部分，其纳税人税务信息保护制度的发展，是建立在美国个人信息保护制度发展与完善的基础之上的。第一，美国个人信息保护制度以“信息隐私权”为核心。“信息隐私权”，即个人信息主体（指产生个人信息的自然人）对个人信息拥有的占有、使用、处分、控制、支配的权利。从历史进程来看，隐私权已从消极的权利（免受外界入侵，享有独处自由的一种事后救济的权利）向积极的权利（积极的支配、处分权利）进行转变。第二，强调利益平衡。一方面，美国强调私权神圣，即在各方面强调对公民个体权利的保护；另一方面，如若极端强调对个人信息的保护，阻碍信息的自由流动与社会进步，则立法与司法实践也会进行利益的平衡，在保护个人信息安全与隐私的同时，促进政府机关、其他机构等个人信息的合理利用，促进经济、社会的健康发展。第三，综合保护模式。美国的个人信息保护模式采取综合保护模式，即分散立法模式与行业自律模式的结合。一方面，在“公领域”，即涉及行政机关对个人信息的收集、处理、使用等领域，采取分散立法模式，如1966年的《联邦信息公开法》、1974年的《隐私权法》、1988年的《计算机资料对比法》等法律。另一方面，在“私领域”，即非政府机关对个人信息的收集、处理、使用等领域，采取行业自律模式，又称“安全港”模式。“安全港”模式是一种将国家立法模式和民事主体的自律模式相结合的综合保护模式，要求行政机关和行业组织根据自己的具体情况，拟定一个适当合理的个体信息的保护规则，并经由立法机关审查、通过，可以发生和法律一样的效力。具体到纳税人税务信息保护制度，税务行政机关或其他机构可以根据实际情况，拟定纳税人税务信息保护规则，例如，税务代理公司拟定行业自律规则。通过这种行业自律与传统立法的结合，对纳税人税务信息保护制度的确立与贯彻落实将大有益处。

其次，美国纳税人税务信息保护制度有其特有的历史发展轨迹，大致经历了3个历史阶段。第一阶段是1862～1913年,美国有关税务信息的立法最早可以追溯到1862年南北战争时期的"所得税法案",这一时期的主流观点是为了公共税收利益必须公开相关税务信息。为对内战提供资金支持,这项法律的前提条件是,所有的收益必须公开以供公众监督。任何人,若提出要求,都有权利检查税收清单。在那个政府机构的人员配备不及如今健全的年代,国会显然认为公众对税收收入的监督能更好地抑制欺诈。"所得税"于1872年被废止。在之后一段时间的资本大量积累和工业高速发展之后,"所得税"于1894年重新出台,这次有了"防泄密规定",并对违反者实行惩罚。然而,这项政策立刻被斥为"违宪",而且需要出台一项宪法修正案来确保国会有权力对收入征收税款。第二阶段是1913～1976年,国会在1913年的《关税法》中明确规定了税务信息作为政府的"公共记录",只有在总统批准的财政部法令规定或总统的命令的情况下才可查阅的基本规则。① 这一时期的主流观点是税务信息是否公开的决定权掌握在行政机关手中。国会通过1913年《收入法案》,其中包含"在总统授权的范围内,公共记录应当向公众开放,并接受检查监督"的条款。在这些法律规定的实施中,历届总统都倾向于把税收收入看作广义上的政府内部共享的财产,而不是与人民大众共享的,广大领域的政府机构随心所欲地对"必须了解的常识"作出解释。第三阶段是1976年至今,20世纪70年代之前,美国经历了从公开到不公开纳税人税务信息的博弈过程,期间也有不断的反复与变化。但进入20世纪70年代之后,随着行政机关管理和使用的个人信息的频繁且缺少法律制约,极易侵犯个体权利,因此,不公开纳税人税务信息成为主流观点。据了解,当时尼克松政府利用从国税局获得的税务信息威胁和恐吓政治对手。② 针对上述问题,美国财务部在1976年修改了美国《国内税收法典》关于税务信息保密与公开规则(第6103条),下文将详述。

---

① 参见何峰:《美国、德国纳税人税务信息保护制度的比较与启示》,载《涉外税务》2013年第5期。

② See Joseph Darby, "Confidentiality and the Law Of Taxation", *American Journal of Comparative Law* 46, 1998, p. 577.

2. 美国纳税人税务信息保护具体制度

首先,在美国纳税人税务信息保护具体制度中特色鲜明的是美国税收法典关于税务信息保密与公开规则(第6103条)。美国财务部在1976年的税制改革中修改了美国《国内税收法典》关于税务信息的保密与公开规则(第6103条),美国《国内税收法典》第6103条大致由以下部分组成,即禁止公开规则、禁止公开规则的除外条款、公开程序、税务信息的保护措施和罚则等原则,除美国《国内税收法典》有特别规定外,原则上有关纳税人的申报单和申报信息一律不予以公开。在美国《国内税收法典》第6103条的禁止公开规则的除外条款中针对以下事项作了详细规定,即"向纳税人指定的第三方的公开事项;向州税务职员的公开事项;向与纳税人有实质利害关系的第三方的公开事项;向议会各个委员会的公开事项;向总统及白宫的公开事项;基于税务行政目的向其他联邦机构的公开事项;基于税务行政目的以外的刑法执行目的向其他联邦机构和审计署的公开事项;为统计目的的公开事项;其他税务行政目的的公开事项;税务行政目的以外的公开事项;为确定纳税义务人的信息公开事项;为税务行政目的向合同当事方的公开事项;其他有关税收征收方面的税务信息的公开事项等"。其中需要特别注意的是向其他机关(如财务部及法院等)公开税务信息时,对履行信息公开的程序作了严格规定。

其次,美国纳税人税务信息保护制度的其他法律规定。对于违反保密规则第6103条的民事诉讼和刑事承担后果,第7431条有明确规定,为了胜诉,纳税人必须显示的大量证据表明其是未经授权的披露,披露是"故意或过失的原因",且披露违反了第6103条。责任一经确定,享受纳税人的损失赔偿金额为1000美元或更多,或实际的信息披露而造成的损害。此外,合理的律师费以及在适当时可判罚惩罚性赔偿。另外,第7213条对联邦和州的员工故意和不当披露税务信息的,违规处罚之重罪多达5000美元罚款或监禁不超过5年,或二者并处。另外,1988年《专业与杂项收入法》明确规定了纳税人拥有知情权、信赖权和诉讼并获得赔偿权等权利。上述权利在实体和程序上均有利于保护纳税人税务信息。又如，1996年《纳税人权利法案》规定了"因第三人错误填写纳税人资料的申报对纳税人造成负面影响的，纳税人可以对第三人提起民事诉讼以求赔偿"。① 上述规定赋予了纳税人民事诉讼的救济途径。

综上，美国的税收制度依赖于纳税人的意愿纳税申报。确保纳税人提交的信息保密，这就提供了一个重要的激励措施来保证纳税人遵从法律，而且可能在长期获得更多税收。纳税人对税务保密的保密权不是源于美国宪法，也不是源于普通法，而是规定在美国《国内税收法典》之中。这一规定代表着一种折中的隐私和政府的需要。目前这种系统很有可能被描述为"有条件的保密"。

（二）英美法系其他国家、地区纳税人税务信息保护制度

英美法系以美国法律制度为代表，英美法系其他国家与地区相关法律制度大同小异。②

1985年加拿大《纳税人权利宣言》规定：纳税人有权要求加拿大国税局仅为法律允许的目的使用所提供的个人与财产信息，并得到礼貌公正的对待。其内容亦涉及纳税人税务信息保护制度，宣言规定了纳税人享有保密权，即纳税人在纳税申报中，享有保护自己私人秘密和金融信息秘密的权利。另外，宣言还规定了纳税人的行政复议权和税收诉讼权。在此必须强调的是加拿大与美国一样，设立了独立的税务法院，有利于高效地处理包括纳税人税务信息纠纷在内的法律诉讼。

英国在保护纳税人税务信息方面的法律主要是《个人资料保护法》和英国《纳税人权利宪章》。英国的相关法律与判例在强调个人资料权利人（包括纳税人）相关权利的同时，也规定了豁免的情形，具体包括"国家安全、犯罪和税制、家庭目的"等。英国在1986年公布了《纳税人权利宪章》，其内容与加

---

① 周铁军：《纳税人权利保护研究——基于法经济学的视角》，西南财经大学财政与税收学2008年博士学位论文，第147页。

② 参见高强主编：《加拿大税制》，中国财政经济出版社2000年版，第102页。

拿大《纳税人权利宣言》颇为相似，例如，英国《纳税人权利宪章》也规定了纳税人享有隐私权和信息保密权等权利。

二、大陆法系纳税人税务信息保护制度

（一）德国纳税人税务信息保护制度

德国作为大陆法系的代表国家之一，其个人资料保护法也是大陆法系最具有代表性的一部个人资料保护法（此处的个人资料与个人信息是同义词）。与先前介绍美国情况一样，税务信息是个人信息的重要组成部分，德国纳税人税务信息保护制度的发展，亦是建立在德国个人信息保护制度发展与完善的基础之上的。因此，了解德国个人资料保护制度的基本情况很有必要。

1. 德国纳税人税务信息保护制度概况

首先，德国采取统一立法模式。1977 年《联邦资料保护法》、1990 年的修订版以及各州的立法，构成了德国统一立法模式。德国法律的严谨与细致值得我们借鉴，例如，德国《联邦资料保护法》附件对“自动化处理个体信息”的安全措施作出了详细的规定：(1)入口管制：防止无权者侵入处理个体信息的数据处理设备内。(2)出口管制：防止擅自阅读、复印、变更或搬走数据库。(3)输入管制：防止擅自投入储存机及擅自认知、变更或消除已储存之个体信息。(4)使用者管制：防止无权者擅自利用以资料传递设施传递资料之数据处理系统。(5)取用管制：确保有权利利用数据处理系统者只能取用其权限内之个体信息。(6)传递管制：确保能检定并确认个体信息经由资料传递设施可能传递至何处所。(7)投入管制：确保事后能检定并确认哪些个体信息于何时由何人投入数据处理系统。(8)委托管制：确保受委托处理之个体信息能仅依委托人之指示处理。(9)运送管制：防止在传递个体信息以及运送数据库时该资料被擅自阅读、变更或消除。(10)组织管制：使官署或营业之内部组织能符合数据保护之特殊要求。① 通过德国法的规定，可以看出其安

---

① 参见齐爱民：《电子病例与患者个人医疗信息的法律保护》，载《社会科学家》2007 年第 5 期。

全措施是十分具体细致的，值得我们学习借鉴。

其次，德国关于纳税人税务信息保护的法律基础是宪法权利和一般人格权理论。此处的宪法权利主要指信息自决权。信息自决权理论源于德国宪法法院1983年人口普查案的判决书，主要案情如下：1982年德国联邦政府制定了《人口普查法案》，计划在全国范围内收集职业、收入、住房等主要个人资料，有民众提起宪法诉讼，要求宣告此法违宪。1983年12月15日德国联邦宪法法院作出判决，认定此法部分违宪，违宪部分无效，其余部分修改后实行。在上诉判决中，德国联邦宪法法院首次使用了“信息自决权”概念，即本人对个人资料的交付与使用的自由决定的权利应受到法律的确认与保护。上诉判决的宪法依据如下：德国《基本法》第1条第1款中规定：“人性尊严不受侵犯。”德国《基本法》第2条第1款规定：“在不侵害他人权利或公序良俗范围内，任何人均有自由发展其人格的权利。”

从上文德国《基本法》第2条第1款提到的人格自由发展理论自然可以引出德国个人资料保护法的私法基础——一般人格权理论。德国最初对个人资料保护的关注深受美国隐私权理论的影响，但由于两大法系不同的法律制度，使得德国最终放弃隐私权理论，而选择人格权理论作为个人资料保护的理论基础。英美法系的隐私权是指不受某种入侵的权利，是对个人独立的确认和肯定，是个人自由与尊严在法律上的必然反映；而大陆一般法系人格权理论更强调一般的、普遍存在的人格利益，而非某种具体的人格利益，如姓名、肖像等利益。按照一般人格权理论的观点，当今社会广泛而深入地进行个人资料的收集、处理，保护个人资料理应成为一般人格权的核心内容，1990年德国《个人资料保护法》第1条规定：“本法目的在于保护个人免于遭受个人资料的传输造成人格权的侵害。”

2. 德国纳税人税务信息保护监督制度

无监督的权力，就极易造成权力的滥用，德国以独特的监督机构约束与纳税人税务信息相关的权力与权利。在“公领域”（主要指国家公务机关），由个人资料保护委员会与内部资料监察人进行监督；在“私领域”，则由资料保护人进行监督。

其一,个人资料保护委员会。针对国家机关在处理纳税人税务信息时的强势地位,德国设立了个人资料保护委员会履行相应的监督职责。其职责如下:第一,调研与报告。个人资料保护委员会应该也有权调查研究各国家机关的个人资料保护状况,特别是重视对税务机关的调研;同时,个人资料保护委员会每2年向德国联邦议院提交一份工作报告,此报告涉及包括纳税人税务信息保护在内的个人资料保护的发展情况。此报告提交给联邦议院后由联邦议院向社会公众公布。第二,主动监督。个人资料保护委员会有权主动对各个国家机关的个人资料保护事项进行监督,对各类违法行为有权要求其纠正,当遇到拒绝时,个人资料保护委员会有权向其上级部门反映。第三,被动监督。在个人资料本人向个人资料保护委员会申明被侵权的情形下,个人资料保护委员会有权对此事件进行具体调查与监督。

其二,内部资料监察人。针对某些特殊的国家机关,如铁路、邮局等行政机关,德国《个人资料保护法》设立了内部资料监察人。内部资料监察人一般由上述机关的高级主管担任,以确保《个人资料保护法》在此类特殊国家机关的施行。

其三,资料保护人。针对非国家机关如税务代理公司可能存在的税务信息侵权行为,德国设立了资料保护人。与上文提到的内部资料监察人类似,这是一种内部监督制度,资料保护人主要负责监督本公司对纳税人税务信息的收集、处理情况,同时宣传德国《个人资料保护法》并负责相关纠纷的咨询。①

(二)大陆法系其他国家、地区纳税人税务信息保护制度

大陆法系以德国法律制度为代表,大陆法系其他国家与地区的相关法律制度也各有特色,同时两大法系的融合痕迹也十分显著。

荷兰在纳税人税务信息保护方面的主要依据是1998年的《个人资料保

---

① 参见齐爱民:《德国个人资料保护法简论》,载《武汉大学学报》2004年第7期。

护法》。瑞典在纳税人税务信息保护方面的主要依据是《个人资料法》。欧盟的重要法律是《关于个人资料处理及自由流通个人保护指令》。上述法律在保护本国个人信息(包括纳税人税务信息)的同时,分别规定了向第三国(主要指非欧盟国家)进行数据传输所要达到的特殊标准。例如,荷兰《个人资料保护法》第46条规定,个人数据只能向欧盟以外的某一个能够达到数据保护适当水平的国家发送。①

日本作为我们的近邻,其制度设计往往综合英美法系与大陆法系的精华。日本纳税人税务信息保护制度的主要特点如下:第一,上升到宪法高度。与我国只有“纳税义务”的宪法规定相比,日本认为对纳税人税务信息的保护来自于宪法中对公民隐私权的保护。第二,保密权与知情权之平衡。税务信息的保密权与“知情权”(信息公开或信息披露)相对应。知情权是由日本宪法确认的“精神自由权”中的“表现上的自由”发展而来的,即“个人只有通过了解各种事实和意见才能有效地参与政治,进而积极要求政府公开信息,参与国家施政”。近年来,日本通过立法保护知情权(信息公开权),如《行政机关信息公开法》《关于公开行政机关保管的个人信息之法律》等法律。纳税人税务信息保护并不等同于单纯税务信息保密,保密与公开并非绝对矛盾。因此,日本在对税务信息保密的基础上,兼顾公众对税务信息的知情权,衡平纳税人保密权与公众知情权的关系。第三,严格责任。日本通过公务员法与税法规定了税务机关工作人员对纳税人税务信息的保密义务。日本税务机关工作人员的保密义务比一般公务员更加严格。日本《所得税法》第243条规定:“从事于所得税的调查事务所或从事过调查事务者,泄露或盗用其所知该项事务的秘密时违法者将被处以两年以下的有期徒刑或三万日元以下的罚金。”与一般行政机关相比,税务机关的保密义务显得更为重要。因为一旦纳税人秘密(税务信息)轻易被税务机关工作人员泄露,则将损害纳税人对税收

① 参见齐爱民:《个人信息保护法的宏观解读》,载《中国长春市委党校学报》2007年第4期。

行政的协助与配合。[①]

三、两大法系纳税人税务信息保护制度比较与启示

（一）两大法系纳税人税务信息保护制度比较

对纳税人税务信息进行保护是法制社会的重要特征，世界上大多数国家或地区都重视或开始重视纳税人税务信息保护制度。总体而言，两大法系的国家均加强了对纳税人税务信息的保护，但由于法律文化与国情的不同，各国及地区的具体保护制度有所差异。但世界各国、地区在纳税人税务信息保护制度方面的经验值得我们借鉴，对建立我国纳税人税务信息保护制度必定大有益处。

1. 两大法系纳税人税务信息保护制度的相似性

首先，从各国、地区纳税人税务信息保护的立法和实践上来看，其均强调纳税人权利的重要性，并与个人信息保护的立法和实践密不可分。各国对纳税人权利的重视源于经济合作发展组织制定的《纳税人宣言》，之后美国等国以上述宣言为范本陆续制定了相关法律。其次，与纳税人税务信息保护关联度最高的是“保密权”，即纳税人有权要求税务信息不得被用于法律规定以外的目的，且税务机关须比其他行政机关承担更高的保密义务。再次，在对税务信息保密的基础上，兼顾公众对税务信息的知情权，衡平纳税人保密权与公众知情权的关系。最后，对泄露纳税人税务信息的税务官员和其他人员处以重罚。

2. 两大法系纳税人税务信息保护制度的差异性

两大法系均重视对纳税人税务信息的保护，且相互吸收对方制度中的长处，例如，日本就是综合采用了大陆法系与英美法系在纳税人税务信息保护方面的制度精华。同时，在对税务信息的公开范围与程序上，又均作出了严格的规定。但其在保护的方法、制度设计、理论基础等方面有着明显的差异。

---

① 参见[日]金子宏：《日本税法原理》，刘多田等译，中国财政经济出版社1989年版，第296页。

其一,美国纳税人税务信息保护制度以“隐私权”的保护为基石;而德国纳税人税务信息保护制度以“一般人格权”的保护为基石。其二,英美法系在税法典中直接、明确地规定了税务信息的范围,对相应的民事、行政、刑事责任的规定十分明确。而大陆法系在税法典中对税务信息保护的具体规定不如英美法系国家详细,且较多地采用“援引其他法律”的做法。其三,英美法系国家强调对纳税人税务信息的权利救济,直接赋予当事人民事诉讼权利。大陆法系国家设立了个人资料保护机关,某种程度上可以达到解决纠纷的目的,但是其在税务信息保护上的作用不是十分显著。同时,大陆法系国家在税务信息侵权救济中赋予了当事人类似于行政诉讼的税务诉讼权利。

(二)两大法系纳税人税务信息保护制度对我国的启示

1. 确立“纳税人权利保护”基本价值

纳税人税务信息保护是纳税人的一项基本权利,我国可以向美国和加拿大等国学习,将纳税人税务信息保护方面的纳税人权利写入《纳税人权利法案》《纳税人权利宣言》。在当代西方法治国家,为保障纳税人隐私权和人格权,对于税务行政人员和第三方获取纳税人税务信息均有严格的法律限制。因此,我国应在宪法、税收基本法、公务员法等多层次上保护纳税人税务信息。

2. 建立纳税人税务信息保护法律制度

首先,建立纳税人税务信息保护实体法律制度。一方面,强调保密权。纳税人提供给税务机关和第三方的税务信息应以禁止公开为原则,并明确限制税务信息的使用范围和目的。同时,对滥用税务信息的行为应给予严厉惩罚,可以仿效日本的有期徒刑及罚金制度,而非我国现行法律规定的“行政处分”。另一方面,保护知情权。对于纳税人的税务信息,纳税人有权要求税务机关和第三方保密。同时,纳税人有权知道自己税务信息的内容、被收集和被使用的情况。例如,美国和加拿大印制了《税收信息手册》,告知纳税人享有哪些相应的权利。澳大利亚对纳税人税务信息的知情权进行了更加具体的规定,“对电话询问和前来税务局咨询的人的等待时间,不得超过十分钟”。

同时,在税务行政人员收集纳税人税务信息时,税务行政人员必须告知收集的内容、依据及使用目的等。因此,在我国也必须明确纳税人的税务信息知情权,唯有如此才能更充分地保护纳税人税务信息。

其次,借鉴"安全港"模式。"安全港"模式源于美国,是一种将国家立法模式和民事主体的自律模式相结合的综合保护模式,要求行政机关和行业组织根据自己的具体情况,拟订一个适当合理的个体信息的保护规则,并经由立法机关审查、通过,可以发生和法律一样的效力。具体到纳税人税务信息保护制度,税务行政机关或其他机构可以根据实际情况,拟定纳税人税务信息保护规则,例如,税务代理公司拟定行业自律规则。但我国行业自律与民间自治能力较弱,还是应采用统一立法模式,同时立法应确立自律规范的效力,使行业自律成为法律的有效补充。众所周知,法律的稳定性要求与现有的信息技术发展不成熟而随时可能产生变动之间的矛盾无法调和,因此需要行业自律进行有力补充,例如,指纹技术的发展对信息安全有重要意义,需要立法模式与行业自律模式的综合,既发扬法律规范的强制力优势,又兼顾行业自律的专业化特点。

最后,建立纳税人税务信息保护程序法律制度。一方面,建立相应的行政复议权。当纳税人税务信息被行政机关侵犯时应给予纳税人行政复议权,与行政诉讼相比行政复议更加简便。另一方面,建立相应的诉讼制度。当行政机关或第三方侵犯纳税人税务信息权利时,应分别建立相应的行政诉讼和民事诉讼制度。同时,也应效仿西方国家建立专门的税务法院,以提高税务行政案件的诉讼效率。

3. 建立相应的监督机构

可以仿效德国,在税务行政机关中设立纳税人税务信息保护委员会,专门负责主动监督税务机关对纳税人税务信息保护的程度。在第三方机构中可设立纳税人税务信息保护人,主要负责监督第三方对纳税人税务信息的收集、处理和使用情况,并宣传相应的法律法规,也可负责相关纠纷的咨询。另外,可成立纳税人税务信息保护协会,以民间组织的形式,通过合法方式维护纳税人税务信息权利,也可以集中反映纳税人在税务信息保护方面的诉求。

综上,世界各国、地区均对纳税人税务信息保护给予重视,本书通过分析、对比世界各国、地区的纳税人税务信息保护制度,希望对我国纳税人税务信息保护制度的建立有所借鉴。

第十章　我国纳税人税务信息保护中各类矛盾冲突的协调

我国相关学界对纳税人税务信息的研究，主要集中在如何收集、利用纳税人税务信息的技术性问题上，从法学角度专门讨论有关保护纳税人税务信息的相关文章可谓极少。[①] 纳税人税务信息保护属于纳税人权利保护范畴。现代税收国家高度重视对纳税人权利保护的理论研究，通过宪法、法律、行政法规等对纳税人权利进行了系统的保护。随着市场经济的不断发展，我国已越来越重视对纳税人权利的保护，2001 年修订后的《税收征收管理法》被誉为"纳税人权利保护的新篇章"；[②]国家税务总局于 2009 年施行的《纳税人涉税保密信息管理暂行办法》（以下简称《保密暂行办法》），为我国纳税人税务信息保护提供了基本的制度性依据。

---

① 以"纳税人税务信息"为主题，在中国期刊、中国博士论文与中国硕士论文 3 个全文数据库检索全文数据库进行模糊查询，检索出来的文章多是从收集、利用与管理税务信息技术的角度研究该问题的。

② 刘剑文主编：《税法专题研究》，北京大学出版社 2002 年版，第 24 页。

纳税人税务信息与个人隐私、个人信息在逻辑上属于交叉关系，对个人信息的保护起源于对个人隐私的保护，而税务立法实践中对纳税人税务信息的保护，则主要是保护纳税人税务信息中的涉密信息。因此，对纳税人税务信息保护问题的研究，必然会涉及与个人信息、个人隐私保护相关的问题，可以借鉴个人信息权理论，以隐私权、一般人格权等理论为基础，构建纳税人税务信息权理论。[①] 在保护纳税人税务信息的立法中，存在纳税人税务信息权与公众知情权、信息交流自由权、其他纳税人的知情权及对征税行为的监督权之间的多种矛盾与冲突。相关立法应当以均衡保护为理念，明确纳税人的税务信息权的权能与税务机关对纳税人税务信息的权力及职责，区分不同类别的税务信息，并分别确定税务机关不同的保护职责及披露的程序。只有这样，才能协调纳税人税务信息保护中的各种矛盾与冲突。[②]

一、纳税人税务信息保护与个人隐私和个人信息保护的逻辑关系

(一)个人隐私、个人信息及保护

1. 关于个人隐私与个人信息

人类维护个人隐私的道德观念早已产生。如中国儒家学说代表《论语》卷六《颜渊第十二》中记载的孔子非常著名的道德规范"非礼勿视，非礼勿听，非礼勿言，非礼勿动"，其暗含的意思是德行高尚的人应该以"礼"为界，尊重他人的隐私，对不符合"礼"的现象不能因为好奇而去知晓或交流。作为法律上的概念或权利，其源自 1890 年美国的沃伦(Warren)与布兰迪斯(Brandeis)共同在《哈佛法律评论》(*Harvard Law Review*)第 4 期发表的论文《隐私权》("The Right to Privacy")。西方国家如美国、英国与德国、法国关于隐私的理解及保护隐私的理论基础与制度设计有一定的差异，[③]但对隐私的定义却分

① 参见魏琼:《论纳税人税务信息保护的法理路径》，载《税务与经济》2012 年第 4 期。

② 参见张怡、魏琼:《论纳税人税务信息保护中的矛盾冲突及协调》，载《经济法论坛》2013 年第 1 期。

③ 参见王泽鉴:《人格权的具体化及其保护范围 · 隐私权篇》(上)，载《比较法研究》2008 年第 6 期。

歧不大,其是指与公共利益无关的个人私生活秘密,包括私人信息、私人活动和私人空间。私人信息是指有关个人的一切情报资料和资讯;私人活动是指一切个人的与公共利益无关的活动;私人空间即私人领域,是指个人的隐秘范围。①

对隐私权的保护源于美国的侵权行为法,经过100余年的变迁,逐渐发展出宪法及特别法律的保障机制,随着信息化时代的来临,通过个人信息保护立法保护信息隐私权已经成为各国重要的法律手段。

在当今信息化的网络时代,一切社会的、自然的存在,包括自然人的人格本身都在不断地被信息化。"个人信息"是指能够表征本人特性的数字或者符号,源于英文的"personal data",有的译成"个人资料",有的译成"个人数据"。② 鉴于"个人信息"已成为多数人习惯的称谓,相关研究不必过多纠缠于该三个词语的差异,而应尽量统一使用"个人信息",以便学术研究和司法实践的交流与沟通。③

国内研究"个人信息"概念的成果较多,④多数观点⑤认为个人信息系指所有可以直接或者间接识别本人的信息的总和,其既包括特定个人的生理特征及其密切相关的识别符号,也包括与个人特定经历相关的信息及其心理特

---

① 参见杨立新:《关于隐私权及其保护的几个问题》,载百度文库网:http://wenku.baidu.com/view/4fd0420ef12d2af90242e62a.html,最后访问日期:2011年8月6日。

② 例如,有学者将欧盟1995年《数据保护指令》第2(a)条中的"personal data",翻译成"个人数据"。参见杨会永:《个人信息概念的界定及其法律分析》,载《重庆社会科学》2009年第9期。我国台湾地区的《计算机处理个人资料保护法》使用的则是"个人资料"。也有学者认为,data在英语里特指能带给人们知识并被存储、传输以及处理(can be stored, delivered and processed)的符号组合,这正与汉语中"信息"的含义相符。参见齐爱民、李仪:《论利益平衡视野下的个人信息权制度——在人格利益与信息自由之间》,载《法学评论》2011年第3期。

③ 有学者对该三个词语在中国的使用情况进行了详细的分析和统计,也得出了与笔者相同的结论。参见吴钢:《论个人信息保护与利用之平衡关系》,载《情报科学》2007年第1期。

④ 我国现有的有关个人信息保护的研究文章,几乎都对个人信息、个人隐私的概念进行了研究,其中,还有多篇专门对个人信息进行概念性界定的文章,如井慧宝、常秀娇:《个人信息概念的厘定》,载《法律适用》2011年第3期,将个人信息界定为"所谓个人信息,是指自然人的姓名、住址、出生日期、身份证号码、联系方式、指纹、婚姻、学历、职业、医疗记录、财务状况等单独或者与其他资料相结合能够将本人识别出来的,本人不愿为不特定人所获知的个人资料"。

⑤ 参见陈玉莲等:《个人信息保护机制的构建》,载《安徽警官职业学院学报》2009年第2期。

征、各种活动信息等，涵盖内容非常广泛。[①] 学界对“个人隐私”与“个人信息”两个概念在逻辑上的关系有三种观点，[②]本书认为“个人隐私”与“个人信息”在外延上属于交叉关系。具有可识别性的个人隐私性信息，既是个人信息，又是个人隐私；但即使同样表现为信息，个人信息强调的是该信息对信息本人的可识别性，而个人隐私强调的则是该信息对信息本人的隐私性。例如，某人自己公开发在网上的个人隐私性信息，虽因自愿公开不再属于个人隐私，但依然属于个人信息；某人自己的私人汽车内部，属于个人隐私之私人空间，却有可能因不具有可识别性而不属于个人信息的范畴。即使侵害个人信息会在实质上侵害个人隐私，但侵害信息毕竟与侵害隐私存在诸多不同，正因传统的隐私概念无法涵盖全部的个人信息概念，采隐私权模式保护个人信息的美国立法模式才存在不足。[③]

2. 保护个人隐私与个人信息的立法实践

随着计算机技术的不断发展，收集、储存、交流信息的技术手段越来越发达，自然人的人格也正被更多地体现为能识别本人的信息，当今社会因个人信息被广泛收集和使用而逐渐“透明”化，人类的个人隐私无处遁形。为此，必须通过立法对个人信息加以保护才能保障个人人格尊严不被侵犯。据不完全统计，制定了个人信息保护法律的国家或地区已超过50个，其内容有两个相同特征：第一，法律保护的对象是作为自然人的个人，而不是企业或其他

① 参见廉霄：《从民法视角看隐私与个人信息保护的制度安排》，载《黑龙江省政法干部管理学院学报》2010年第8期。

② 该三种观点之一认为个人信息包含了个人隐私，参见齐爱民：《个人资料保护法原理及其跨国流通法律问题研究》，武汉大学出版社2004年版，第34页。观点之二认为个人隐私包含个人信息，参见张新宝：《隐私权的法律保护》，群众出版社1997年版，第17页；王利明：《人格权法新论》，吉林人民出版社1994年版，第481页。观点之三认为二者属于交叉关系。对该三种观点的归纳，参见井慧宝、常秀娇：《个人信息概念的厘定》，载《法律适用》2011年第3期。该文赞同第二种观点，反对另外两种观点。但是笔者认为，个人隐私的“公开”既有向特定人的公开，也有向不特定的人公开；即使侵害信息的本质会侵害隐私，但是，侵害信息毕竟与侵害隐私在诸多方面都存在不同，正是由于传统的隐私概念无法涵盖全部的个人信息，在信息化时代才出现了个人信息的保护问题。

③ 参见齐爱民、李仪：《论利益平衡视野下的个人信息权制度——在人格利益与信息自由之间》，载《法学评论》2011年第3期。

组织；第二，法律所要实现的目标是使能够识别特定个人的信息不被随意收集、传播或作其他处理，从而侵犯个人的权利。①

但是，各国或地区具体保护个人信息的立法模式有较大差异，以欧盟为代表的大陆法系采用独立的具体人格权模式，而以美国为代表的普通法法系（欧盟成员国——英国除外）采用隐私权模式。② 欧洲理事会协定规定了七个基本原则用以指导个人信息处理活动，欧盟制定了《欧盟数据保护指令》。美国采取了立法保护与自律机制相结合的灵活策略，通过立法保护高度敏感的个人信息——儿童信息、医疗档案以及金融数据，采用自律性的隐私保护政策，鼓励商界和消费者团体更多地保护其他的个人信息。该两种模式对其他国家保护个人信息的立法产生了巨大影响。

（二）纳税人税务信息及保护

1. 纳税人的税务信息

"纳税人"有"法律上的纳税人"与"经济上的纳税人"两个不同的概念，③本书中的"纳税人"仅指"法律上的纳税人"，即"法律、行政法规规定负有纳税义务的单位和个人"。④ "税务信息"是指与税务相关的信息，其范围广泛，例如，有人认为其包括六个方面的信息，即税务指令性信息、课税信息、促产增收信息、反馈信息、税务档案信息、相关经济信息。⑤ 学界对"纳税人税务信息"概念尚无现存的研究成果。本书认为，"纳税人税务信息"指税务机关为履行其征税的法定职责而收集、利用的关于某位特定的纳税人的相关信息。其具有三个特征，即收集、利用该信息的主体是税务机关，该信息的主体只能是税法规定的纳税义务人，该信息的内容必须与该特定的纳税人履行纳税义务有关。

---

① 参见周汉华：《域外个人信息保护立法概况及主要立法模式》，载《中国经济时报》2005年1月13日，第A01版。

② 参见齐爱民：《美国信息隐私立法透析》，载《时代法学》2005年第2期。

③ 参见陈少英：《税法基本理论专题研究》，北京大学出版社2009年版，第151页。

④ 参见我国《税收征收管理法》第4条第1款。

⑤ 参见肖娜：《税务信息工作初识》，载《湘潭大学学报》（社会科学版）1993年第1期。

由此,纳税人税务信息包括两个内容:一是有关某特定纳税人本身的基本信息,即税务机关识别该特定纳税人的依据;二是有关该特定纳税人履行纳税义务的相关信息,即税务机关确定该特定纳税人之具体纳税义务的依据。采用不同标准,可对纳税人税务信息进行不同的分类。以是否涉及商业秘密或私人生活秘密为标准,其可分为涉密的纳税人税务信息与非涉密的纳税人税务信息;以税务信息的主体为标准,其可分为自然纳税人的税务信息与非自然纳税人的税务信息。

2. 保护纳税人税务信息的立法实践

当今多个国家和地区就纳税人享有保护隐私、要求保守商业秘密的权利已经取得了广泛的一致,①并通过制定纳税人章程或宣言的方式保护纳税人税务信息,②规定了纳税人的隐私权等各项权利并要求征税机关充分尊重;除非法律允许,税务机关不得将纳税人提供给税务机关的信息透露给任何人;税务机关不得滥用纳税人报送的税收情报资料,通常该资料除用以查定税额或征收税款外不作他用;在遵守国家保密法规的前提下,税务机关可将该情报资料转给社会保险部门或其他政府部门,或在没有被泄露危险的前提下,依据条约交换给外国税务部门;税务机关有权不受银行保密法规的限制,可从银行获得足够的税收情报资料;进行税务审计时,税务机关除非有合理的迹象表明纳税人可能存在未申报收入,否则不得通过询问探测性的方法试图确定未申报收入的存在。③

我国通过立法保护纳税人权利尚处于起步阶段,存在立法层次低、权利体系不完整、可操作性差等缺陷。④ 国家税务总局于2008年颁布《保密暂行办法》,保护纳税人税务信息涉密部分的保密权;2009年颁布的《关于纳税人

---

① 参见李小全:《外国纳税人的权利与义务》,载《涉外税务》1992年第12期。

② 例如,美国颁布的《纳税人权利法案》,澳大利亚国税局颁布《纳税人宪章》,加拿大、英国、法国颁布的《纳税人权利宣言》《纳税人权利宪章》等规范性文件均详细规定了纳税人的各项权利。

③ 参见张富强、卢沛华:《纳税人权利的概念及现状》,载《学术研究》2009年第3期。

④ 参见王春婕:《美国纳税人权利保护的立法特点及其对我国的启示》,载《山东社会科学》2007年第12期。

权利与义务的公告》规定,纳税人享有知情权、保密权等多项权利。这些制度性规范为我国纳税人税务信息的保护提供了初步的依据。

(三)纳税人税务信息与个人隐私、个人信息保护的共性与差异

纳税人税务信息与个人隐私、个人信息这3个概念的外延在逻辑上有交叉,三者既有重合又有未重合的内容。这种逻辑交叉关系决定了纳税人税务信息保护制度与个人隐私、个人信息保护制度既有共性,同时又有差异。

1. 三者的共性

这3个概念的重合部分在于纳税人税务信息中,作为信息主体的纳税人为自然人,作为信息的内容有关其个人隐私并具有可识别性,则该自然纳税人税务信息同时属于个人隐私与个人信息,例如,税务机关为征收某自然人的个人所得税而收集的该自然人的工资单,属于该自然纳税个人的税务信息,工资单上的姓名具有可识别性,属于该人的个人信息,工资单上的工资数额涉及该人的收入情况,则属于该人的个人隐私。

这3个概念逻辑上的重合性决定了保护个人隐私或个人信息的法学理论与法律制度,可以直接运用于保护纳税人税务信息中与个人隐私或个人信息相重合的部分——自然纳税人税务信息,保护该部分的理论与制度即是纳税人税务信息保护与个人隐私、个人信息保护的共通之处。

2. 三者的差异

以上3个概念未重合的内容,即三者的差异主要表现在以下几个方面:首先,信息主体的差异。信息主体分为两类:一是信息主体;二是收集、利用他人信息的主体。纳税人税务信息的信息主体必须具有纳税人的特殊身份,因纳税人可为个人或单位,纳税人税务信息的信息主体可为自然人或法人或其他自然人的集合体,而个人隐私或个人信息之信息主体仅为自然人。收集、利用纳税人税务信息的主体通常是国家的税务机关,而收集、利用个人隐私、个人信息的主体,则可以是任何自然人或自然人的集合体。其次,信息内容的差异。个人隐私的内容与公共利益无关,个人信息可以是能够识别信息本人之任何方面的信息,其内容范围并无特殊限定;纳税人税务信息的内容通常除包括为识别信息本人而应包括的信息内容外，主要是与信息本人纳税事务相关的信息，如纳税人的财务信息、技术信息、经营信息等信息，通常与公共利益有关。

这3个概念逻辑上的前述非重合性意味着保护个人隐私、个人信息的法律制度与保护纳税人税务信息的法律制度之间存在差异，保护个人隐私、个人信息的法律制度并不能全部充分地保护纳税人税务信息，所以必须建立专门的保护纳税人税务信息的法律制度。该两种法律制度的差异如下：

第一，立法目的不同。保护个人隐私、个人信息的立法目的在于保障个人的人格尊严不受侵犯，而保护纳税人税务信息的目的主要是调动纳税人创造财富并自愿纳税的积极性从而提高税收征收管理的效率。纳税人在履行纳税义务的过程中，必然会将包括税务信息在内的相关个人信息告知税务机关，税务机关为了更好地履行自己的职责，也必须积极、主动地去收集并利用这些信息。作为这些信息的收集、利用主体，若无制度安排来确保税务机关严格保护这些信息，则必然会破坏纳税人对税务机关的信任，纳税人必然会担忧这些信息被泄露，这种不信任与担忧反过来必然不利于纳税人与税务机关之间良性互动、相互配合关系的建立，更会伤害其履行纳税义务的主动性与自觉性，不利于调动其创造财富的积极性。这些弊端必然严重降低税收征收管理的效率。

第二，所保护的重点不同。保护个人隐私的重点在确保与公共利益无关的私人信息、私人活动和私人空间不受外界的干扰；保护个人信息的重点在于确保能识别信息主体之任何方面的信息不被滥用；而保护纳税人税务信息的重点则是确保与信息主体纳税事务相关的信息不被税务机关滥用。

第三，义务人的权利不同。一般情况下，收集、利用他人信息的主体即保护个人隐私、个人信息的义务人，其保护义务体现为消极的不侵害的义务，其权利仅限定在只有符合法律规定的前提下才能够收集、利用他人的信息。在纳税人税务信息保护中，税务机关也负有不得滥用纳税人税务信息的义务，但因义务人——国家税务机关身份的特殊性与税务信息和公共利益的密切关联性,其权利范围要大于前者的权利范围。例如,非经税务信息本人的同意,税务机关可以依法对税务信息本人的私人领域进行搜查以获取更多的税务信息,税务机关可将该税务信息转给社会保险部门或其他政府部门,或者依据条约交换给外国税务部门;税务机关有权不受银行保密法规的限制,可从银行获得足够的税收情报资料。

二、纳税人税务信息权的理论分析

借鉴个人对其个人信息享有个人信息权①的做法,可将纳税人对其税务信息享有的权利称为纳税人的税务信息权,其义务主体是收集、利用纳税人税务信息的税务机关。

(一)纳税人税务信息权的属性

纳税人有自然人与单位之分,自然纳税人税务信息与单位纳税人税务信息的权利属性是不完全相同的,前者是可财产化的人格权并兼具财产权属性,后者则主要表现为财产权属性。

1. 自然纳税人税务信息权的属性

自然纳税人税务信息属于个人信息,其权利属性与一般个人信息权相同。信息主体对其个人信息所享有的权利属于人格权,无论将其视为一种具体的人格权还是视为隐私权,各国法理及立法皆认为个人隐私、个人信息对其本人属具有意志与精神属性的内在物范畴,本人对其个人隐私享有隐私权,对其个人信息享有个人信息权,人格尊严与自由是保护个人隐私或个人信息的基本依据。学界对这种人格权是否兼具财产权属性,或个人信息是否属其本人的财产利益,或个人信息能否被财产化却有争论,②有学者认为其只

---

① 许多研究文章将这种权利称为信息自决权。有学者提出我国应建立"个人信息权",信息自决权是个人信息权的核心权利,但并非全部权利,因此,本书采纳了"个人信息权"这种更为全面、准确的称谓,参见齐爱民、李仪:《论利益平衡视野下的个人信息权制度——在人格利益与信息自由之间》,载《法学评论》2011 年第 3 期。

② 参见洪海林:《个人信息财产化及其法律规制研究》,载《四川大学学报》(哲学社会科学版)2006 年第 5 期。

是人格权而非财产利益,[①]也有学者认为其应被财产化且不能作为一般人格权。[②] 笔者认为,本人对其个人信息所享有的权利是一种能够被财产化的人格权利,属于人格权,同时兼具财产权的性质。

公民享有财产权与人身权,自然人的人身权有人格权与身份权之分。依传统观点,人格权乃存在于权利人自己人格上的权利,在权利关系存续中不得让与或抛弃,属于非财产权。但是,自然人的人身权中固然存在不能被财产化的权利,如无监护权之离婚夫妻一方对其子女享有的探视权,然而,"因社会经济活动的扩大,科技的发展,特定人格权既已进入市场而商业化,具有一定经济利益的内涵,应肯定其兼具有财产权的性质"。[③] 在现代社会中,自然人的人格权与身份权越来越多地被财产化已是普遍存在的社会事实,例如,著作权首先是身份权,其主体常通过有偿许可他人使用以获得财产利益或实现财产权;影视明星的肖像权是典型的人格权,明星们有偿许可他人利用其肖像作为商品外包装的广告,已经成为获得财产收益的渠道之一。个人信息就是这样的权利现象,尤其是在信息化时代,个人信息成为交易对象同样已经是普遍存在的事实,将个人信息视为信息本人可财产化的人格权,不仅符合现代社会的发展趋势,是法学理论与立法实践对现实需要的回应,而且其并不必然会导致以效率代替自由与正义作为制度设计之圭臬的结果。本人与其信息可以相对分离,但信息绝不可能像所有物那样与所有人通过交易而完全分离,因此,本人对其信息享有财产权,并非意味着本人对其信息享有所有权,[④]这种财产权通常表现为许可他人使用或禁止他人滥用或泄露的权利。

---

① 参见齐爱民、李仪:《论利益平衡视野下的个人信息权制度——在人格利益与信息自由之间》,载《法学评论》2011 年第 3 期。

② 参见 Anita L. Allen, "Coercing Privacy", *William & Mary Law Review*, 1999, p. 7; 刘德良:《个人信息的财产权保护》,载《法学研究》2007 年第 3 期。

③ 王泽鉴:《民法总则》(增订版),中国政法大学出版社 2001 年版,第 134 页。

④ 参见汤擎:《试论个人资料与相关法律关系》,载《华东政法学院学报》2000 年第 5 期。

2. 单位纳税人税务信息权的属性

单位纳税人对其税务信息所享有的权利，属于财产性质的权利，不具有人格权属性。“单位”即自然人的团体，指法人或非法人团体。对于法人(或团体)是否有人格权，在理论上有肯定与否定两种观点，[①]笔者赞同否定论。正如有学者所言：“团体人格是用作区分团体有无民法上独立财产主体地位的纯法律技术工具，既无社会政治性，亦无伦理性。人格权是一个历史性概念，保护的是专属自然人人格所具有的那些伦理性要素，不能以同等含义适用于团体人格。法人的名称权、名誉权等权利无精神利益，实质上是一种财产权，且不具有专属性，非为任何团体人格存在之必需，故法人无人格权。”[②]鉴于单位无人格权，单位纳税人对其税务信息所享有的权利自当归属于单位之财产权范畴，这种财产权通常也表现为许可他人使用或禁止他人滥用或泄露的权利。

3. 纳税人税务信息权与一般个人信息权的差异

个人信息通常与公共利益无关，其权利范围相对较大，涵括“决定是否以及如何处理其个人信息；查询个人信息被他人处理的相关情事并对违法或不当处理行为提出异议；请求信息处理者采取合理措施，确保个人信息正确与完整状态”。而纳税人之税务信息与公共利益密切相关，在处理相关问题时，纳税人个体利益易与征税机关代表的公共利益冲突，为解决这些冲突，需要缩小纳税人对其税务信息的权利边界，扩大其义务人的权限。这就导致了纳税人税务信息权与一般的个人信息权存在较大差异。同为人格权，自然纳税人对其税务信息所享有的信息自决权，与一般人对其个人信息所享有的信息自决权相比，前者的自决程度较低，其义务主体税务机关有权获取和掌握自然纳税人的税务信息，其信息权利主体不得以自决权为由拒绝履行告知义务。虽皆有财产性权属性，纳税人对其税务信息所享有的权利内容与一般人

---

① 参见郑永宽：《法人人格否定论》，载《现代法学》2005 年第 3 期；陈能、张锐：《论法人人格权及其精神损害赔偿》，载《理论月刊》2004 年第 4 期。

② 尹田：《论法人人格权》，载《法学研究》2004 年第 4 期。

对其个人信息所享有的权利内容也同样有差异。一般人对他人收集、利用其个人信息可以要求支付对价,否则就可以拒绝他人的收集或利用,但纳税人对税务机关收集、利用其税务信息却不能要求支付对价,税务机关收集、利用纳税人的税务信息是强制、无偿的。

(二)构建纳税人税务信息权的理论基础

构建纳税人税务信息权是否具有正当性?只有证明了其存在的正当性,才能为相关制度的构建奠定理论上的前提。有学者用法哲学的方法从劳动论、人格论、激励论和马克思主义哲学等角度论证了个人信息权合理性,并得出个人信息权具有正当性的结论,[①]为构建纳税人税务信息权提供了哲学上的理论基础。本书将分析构建纳税人税务信息权在法学、经济学上的理论基础。

1. 法学基础:隐私权与一般人格权

隐私权及一般人格权理论为构建纳税人税务信息权提供了法学基础。作为法律上的概念和理论,隐私及隐私权隐私权来源并发展于美国法。沃伦(Warren)与布兰迪斯(Brandeis)共撰的《隐私权》("The Right to Privacy"),首先提出了必须肯定普通法上的隐私权的观点,著名侵权法学者威廉·L. 普罗塞(William L. Prosser)所著的《论隐私》(*Privacy*)[②]在整理分析实务案例的基础上,提出隐私权的侵害涉及4种不同的利益,构成4个侵权行为,并分别提出了其各自的构成要件。同时,美国法认为言论自由应受宪法优先保障,因此,侵权行为上隐私权的保护应受到相当的限制。美国学者艾伦·F. 威斯汀(Alan F. Westin)提出了保护个人隐私所具有的4项功能,即个人自主(personal autonomy)、情感释放(emotional release)、自我评估(self evaluation)及有限与受保护的沟通(limited and protected communication)。[③]

自然纳税人税务信息的内容多与信息主体的财产信息相关,属于其隐私的范围,前述保护隐私的四大功能同样为构建自然纳税人税务信息权的正当

① 张莉:《个人信息权的法哲学论纲》,载《河北法学》2010年第2期。

② See William L. Prosser, "Privacy", *California Law Review*, 1960, p. 383.

③ 参见王泽鉴:《人格权的具体化及其保护范围·隐私权篇》(上),载《比较法研究》2008年第6期。

性奠定了基础。

一般人格权概念及理论始于德国法。一般人格权的创设及具体化，系德国联邦法院和联邦宪法法院的重要贡献。德国联邦法院于 1957 年通过著名的“读者投书”(Leser-brief)案判决指出：人格尊严应受尊重，人格自由发展是一种私权，在不侵犯他人权利、不违反宪法秩序或伦理的范畴内，是一种应受宪法保障的基本权利。德国联邦法院以德国《基本法》为依据，创设了一般人格权(Alleghenies Persoenlichkeitsrecht)。在著名的“Soraya”案判决中，德国联邦宪法法院肯认了一般人格权，提出作为基本权价值核心之在社会共同体中自由开展的人格及其尊严，应享有所有国家权力之尊重与保护。个人的私人领域，亦即自主的自我负责的作成决定，并希望不受任何形式侵犯的领域，唯有该私人自己方可以决定是否以及以何种方式，使公众得以探究其私生活。一般人格权依宪法意旨，固然具有限缩报业自由基本权的权能，但报业自由对于自由民主基本秩序亦有深厚的不容忽视的意义，一般人格权不得全面主张其有优先地位。①

自然纳税人之税务信息属于个人信息，其本人对该信息享有的权利属于一般人格权范畴，一般人格权所具有的核心价值为构建自然纳税人之税务信息权的正当性提供了理论支撑。

2. 经济学基础：经济效率

依据波斯纳的隐私经济学理论，信息主体对其自身信息拥有的产权应受限制。如果强制披露会降低人们进行某些有益活动的动机，那么这些信息就不应被披露，其产权应被划归个人；但如果隐瞒信息会误导他人，进而降低社会产出，那么就应被披露，个人对这些信息的产权应被剥夺。② 信息的提供有益于社会，扩大保护信息的范围必然会缩小披露信息的范围，从而降低社会产出，不利于经济效率的提高。由此推出的结论是，加强对纳税人税务信息

---

① 参见王泽鉴：《人格权的具体化及其保护范围·隐私权篇》(上)，载《比较法研究》2008 年第 6 期。

② 参见齐爱民：《个人信息开发利用与人格权保护之衡平——论我国个人信息保护法的宗旨》，载《社会科学家》2007 年第 3 期。

的保护,无助于经济效率的提高。

但是,波斯纳的结论只是从经济分析的角度定位信息,而未考虑个人信息的固有价值,因而存在片面性。从个人信息固有价值的角度来看,保护纳税人税务信息,有助于提高经济效率,经济效率为构建纳税人税务信息权提供了经济学上的基础。首先,赋予纳税人税务信息权,是对自然纳税人人格的基本尊重。个人只有在受到足够尊重的前提下,才能最大限度地发挥其创造财富的主观能动性从而创造更多的财富。社会是由个人构成的;因此,在同等投入的前提下,对个体足够尊重的社会,能够获得个体所创造的更多的财富,也就拥有更高的经济效率。此外,保护纳税人税务信息,可以提高纳税人纳税申报的积极性,降低税务机关税务稽查的阻力,从而提高税收征收管理的效率。保护纳税人税务信息,属于保护纳税人权利的范畴,“许多国家特别是西方各国的实践表明:加强纳税人权利的保护,不仅是市场经济发展到一定阶段的自然产物,而且是提高税收征管效率的客观要求”。[①] 其次,构建纳税人税务信息权,是对纳税人私有财产权的基本尊重。纳税人税务信息,通常会涉及信息本人的商业秘密,目前对纳税人税务信息的保护,主要集中在对纳税人涉密信息——主要是商业秘密信息的保护上。所谓商业秘密,是指不为公众所知悉的能为权利人带来经济利益,且具有实用性并经权利人采取保密措施的技术信息和经营信息。理论界对商业秘密法律保护正当性的理解可概括为义务理论和产权理论。[②] 保护商业秘密能够维护商业交易的自由和安全,促成商业秘密在市场流转中的社会效用;[③]商业秘密是需要投入时间和金钱,并同时承担开发风险的智力创造,其创造者不愿以公开为代价来换取如申请专利等“公力保护”,而更愿意以采取保密措施为代价进行“自力保护”。出于对他人商业行为选择的尊重,法律有必要对这种“自力保护”予以支持,使商业秘密的创造者免受其他未付出任何努力的人窃取其信息后使

① 陈少英:《税法基本理论专题研究》,北京大学出版社2009年版,第183页。

② 参见刘银燕:《商业秘密法律保护的合理性分析》,载《河南商业高等专科学校学报》2011年第3期。

③ 参见冯晓青:《商业秘密保护中的公共利益》,载《人民司法》2006年第10期。

用。保护商业秘密有助于鼓励研究和革新，提高信息利用效率，促进技术、经营创新。“每一个对自己的劳动果实有权主张”，商业秘密所有权应当被赋予商业秘密所有人，并给予其产权化的法律保护，不仅要保护因利用专有的商业秘密而产生的收益，而且要保护产生收益的技术或方法，商业秘密所有人还能从中持续获得收益。这样便能激发更多人从事智力创造，提高社会生产力，促进经济发展。

承认并尊重社会成员对其赖以存在与发展的物质财富拥有私有产权是个体积极主动创造财富的前提。赋予纳税人税务信息权可保护纳税人的商业秘密，有利于保护纳税人对其商业秘密及利用商业秘密获得收益的所有权，表达了对纳税人私有财产权的尊重，有助于社会财富的增加，因而有助于提高社会的经济效益。

三、纳税人税务信息保护中的矛盾与冲突

在个人信息保护的立法价值中，正义和效益存在矛盾。正义要求法律赋予个人对其个人信息拥有更多权利，但信息主体对其个人信息所享受的权利越多，可供作为社会资源的个人信息就越少，就越不利于提高效益。在纳税人税务信息保护的立法价值中，该矛盾表现为税收公平与效率的矛盾，纳税人税务信息权利的大小与税收公平的实现成反比关系，与税收效率成正比关系。本书下面将重点讨论纳税人税务信息中各种具体权利之间的矛盾与冲突，即税收公平与税收效率之间的矛盾与冲突的具体表现。

在保护纳税人税务信息的过程中，存在私权利与公权力以及私权利相互之间的矛盾与冲突，这些冲突的私权利或公权力分别代表着不同的利益，表现为个体利益与社会公共利益的矛盾或者个体利益之间的冲突。研究这些矛盾和冲突，是保护纳税人税务信息立法中妥善协调处理这些矛盾和冲突的前提。

（一）纳税人税务信息权与公众知情权的矛盾与冲突

公众的知情权（right to know）又称为“知的权利”，是指公众享有最大限

度地知悉获得各种信息的自由和权利。随着1951年美国的哈罗尔德·克洛斯所著《国民知情权——进入公共记录及审议过程的法律权利》一书的出版，知情权的概念已被广泛使用并被各民主国家的立法所采纳。知情权分为知政权、社会知情权和个人信息知情权3种类型。① 其是指公民依法有权知悉国家机关的活动及国家机关工作人员的活动与背景资料，有权知道其所感兴趣的各种社会现象和事务，有权了解他人或自己的信息。在民主社会中，知情权具有重要的社会价值，是实现公民政治权利的条件，是公民经济、社会、文化、人身权利的保障。

保护纳税人税务信息权，要求尽量减少纳税人税务信息的披露以保护自然纳税人的个人人格尊严及纳税人财产权所代表的个体利益；保护公众的知情权，要求尽量公开纳税人的税务信息以保护公众"知的权利"所代表的公共利益。二者之间显然存在此消彼长的对立关系。政府信息公开制度中的政府信息公开保障公众知情权所代表的整体利益与保护个人信息所代表的个体利益之间的冲突，即典型地反映了纳税人税务信息权与公众知情权的冲突。

政府信息公开，是指行政主体依照法定程序以法定形式主动或被动地公开其掌握的与社会成员利益相关的信息，并允许公众通过查询、阅览、复制、摘录、收听、观看、下载等形式充分利用政府所掌握的信息的行为与制度。②依据《政府信息公开条例》的规定，"政府信息，就是指行政机关在履行职责过程中制作或者获取的，以一定形式记录、保存的信息"。纳税人税务信息属于政府信息的范畴，政府有依法公开的义务，即具有依法允许公众查询、阅览、复制、摘录、收听、观看、下载等义务。

税务机关公开政府信息与保护纳税人税务信息实际上是一个问题的两个方面。税务机关公开政府信息保证了公众的知情权，维护了社会公共利

① 参见袁晓波：《论隐私权与知情权的冲突与调适》，载《黑龙江社会科学》2006年第1期。

② 参见范吉胜、景丽萍：《政府信息公开过程中的个人信息保护》，载《图书馆学研究》2010年第11期。

益，但是公开有可能造成纳税人税务信息本人的个体利益甚至第三人之个体利益受损的结果。因此，在制定相关立法时，如何确保税务机关在公开税务信息时，既能做到税务信息的合理公开，又能保护纳税人的税务信息权，就需仔细考量与设计。否则，就会出现税务机关借保护纳税人个体税务信息之名而不公开其应该公开的信息，或者借政府信息公开之名公开纳税人之隐私性税务信息损害其合法权利的现象。

（二）纳税人税务信息权与收集、利用信息自由权之间的矛盾与冲突

收集、利用信息自由权是指为管理、参与社会事务或实现自我价值，国家机关、企事业团体或个人所享有的自由收集、利用他人的个人信息的权利。个人信息是信息社会的基础资源，对其的收集与利用对现代信息社会的发展具有决定性的价值。现代信息社会的典型标志是个人信息已被商品化，收集、利用个人信息已形成了专门的行业。社会契约论为公权力主体及私权利主体享有收集、利用信息自由权提供了理论依据，①因为个人信息的让渡、收集和共享是国家等联合体赖以建立、维系和发展的纽带。自由收集、利用个人信息，是国家公权力机关、企事业团体或个人完成其社会管理职能，参与社会事务，实现自我价值的前提条件。

虽然自然纳税人税务信息权与个人收集、利用信息自由权的目的都在于确保主体意志与行为的自主性，皆包含了法律所追求的自由价值，但二者在实现的路径上却截然不同。保护纳税人税务信息权需赋予税务信息本人对他人收集、利用其税务信息的行为进行限制的权利，而保护收集、利用信息自由权则需减少甚至消除这种信息本人对他人收集、利用其信息的限制。现实生活中，新闻媒体或商业机构为新闻报道或商业目的，越来越多地不经过本

---

①　有学者提出行政机关收集、利用个人信息的理论依据是社会契约论，参见齐爱民：《个人信息开发利用与人格权保护之衡平——论我国个人信息保护法的宗旨》，载《社会科学家》2007年第3期。本书以为，社会契约论为所有主体享有收集、利用他人信息的权利提供了理论基础，社会契约论的核心在于社会成员个人权利的让渡，但是这种权利的受让方并不局限为社会成员的集合体，社会成员只有相互让渡个人的权利给对方，连接社会成员的集合体才可能得以形成，因此，社会成员收集、利用他人信息的权利，来源于信息本人依据社会契约对其个人信息权的让渡。

人许可利用先进信息处理、传输技术而收集与利用其个人信息或者披露隐私，充分反映了这组矛盾的对立性。

纳税人税务信息权与税务机关收集、利用税务信息自由权是同一硬币的两面，扩大纳税人对其税务信息的控制权能保护了其个体利益，但若该控制的权能过大，则可能限制税务机关收集、利用税务信息的能力而损害公共利益；扩大税务机关收集、利用税务信息的自由度有利于公共利益，但若超过必要限度，则会造成伤害纳税人税务信息本人的个体利益甚至第三人之个体利益的结果，会因此损害纳税人创造社会财富的积极性与履行纳税义务的主动性，从而降低社会的经济效率和税务机关的征税效率，从根本上损害公共利益。因此，在制定相关立法时，需寻找到二者最佳的平衡点，兼顾对该两种相互冲突的权利的保护。

（三）纳税人税务信息权与其他纳税人的知情权、对征税行为的监督权之间的矛盾与冲突

纳税人基于让渡自身合法财产所有权而在整个税收活动中应当享有包括知情权、对征税行为的监督权等14项基本权利。[①] 纳税人的知情权是指纳税人拥有在整个税收活动过程中了解、掌握税收立法、税收征收与税收使用情况的权利，监督权则是指纳税人对税务机关和税务人员在征税过程中违反法律法规的行为有进行监督的权利。

在国家税务总局于2009年发布的《关于纳税人权利与义务的公告》中，明确列举了我国纳税人拥有知情权、保密权及税收监督权等14项权利，[②]其纳税人知情权的对象并不包括他人的税务信息。但是，他人的税务信息应属于纳税人知情权的对象。纳税人的知情权要求纳税人应享有最大限度地知悉获得各种税务信息的自由和权利。此纳税人的知情权与彼纳税人的税务信息权之间存在矛盾和冲突，因为将彼纳税人的税务信息归入此纳税人知情权的对象范围，允许知晓他人税务信息的范围越大，就越限制信息主体的税

① 参见王建平：《构建纳税人权利的体系》，载《税务研究》2007年第5期。

② 参见温来成：《解读纳税人权利义务公告》，载《中国税务》2010年第4期。

务信息权,就越有利于实现其他纳税人的知情权。不同纳税人的知情权与税务信息权代表不同的个体利益,该冲突亦为不同个体利益之间的矛盾。

纳税人对征税行为之监督权的行使,建立在其知情权的基础之上,不知情就谈不上监督,若不知晓某人纳税的具体信息,就不能确定税务机关对其进行的征税行为是否合法。可见,此纳税人的税务信息权与彼纳税人对征税行为的监督权之间存在冲突,允许知晓他人税务信息的范围越大,就越限制信息主体的税务信息权,就越有利于实现其他纳税人的对征税行为的监督权。由于不同纳税人对征税行为的监督权与税务信息权代表着不同的个体利益,该冲突同样属于不同个体利益之间的矛盾。

因此,纳税人的税务信息在多大程度上可以允许其他纳税人知晓需在立法时仔细考量,其目标在于确保税务机关在决定是否允许第三人查询他人税务信息时,既要保障查询人的知情权及监督权,又能保护纳税人的税务信息权。否则,就会出现税务机关借保护纳税人个体税务信息之名而禁止第三人查询他人税务信息,或者借保护纳税人知情权或对征税行为的监督权之名公开纳税人之隐私性税务信息的现象,从而损害纳税人的合法权利。

四、协调纳税人税务信息保护中矛盾冲突的立法选择

(一)协调纳税人税务信息保护中矛盾冲突的立法理念选择

纳税人税务信息保护立法,在立法价值上存在着税收正义与效率的矛盾和冲突,具体体现为纳税人税务信息权与公众知情权、收集、利用信息自由权、其他纳税人的知情权及其征税监督权之间的矛盾。为了协调个人信息权与收集、利用信息自由权的冲突,有学者提出了以“平衡”原则作为个人信息保护法的立法理念。[①] 可以借鉴这种做法,以均衡原则作为纳税人税务信息

---

① 参见齐爱民:《个人信息开发利用与人格权保护之衡平——论我国个人信息保护法的宗旨》,载《社会科学家》2007 年第 3 期;齐爱民、李仪:《论利益平衡视野下的个人信息权制度——在人格利益与信息自由之间》,载《法学评论》2011 年第 3 期;冯心明:《个人信息保护的立法价值冲突及其整合》,载《甘肃政法学院学报》2006 年第 6 期。

保护法的立法理念，将均衡思想贯穿整个立法始终，以协调其中的矛盾和冲突。

均衡与平衡虽有许多相通之处，但是二者仍存在一定的差异。平衡通常指同一问题中存在冲突的主体只有两方，平衡是该双方之间相互制约的结果，多具静态意义；而均衡主要指同一问题中存在冲突的主体有多方，均衡是该冲突的每一方都同时达到最大目标而趋于持久存在的相互作用形式，①多具动态意义。在纳税人税务信息保护立法中，纳税人税务信息权与其他多种法律所保护的多种权利发生冲突时，只有采用均衡原则，兼顾对各权利的保护，才能协调这些权利相互之间的矛盾与冲突。均衡原则要求在立法中，尽量寻找冲突各方最佳的均衡点，在纳税人税务信息权与公众知情权、收集、利用信息自由权之间及与其他纳税人的知情权、对征税行为的监督权之间达成一个动态的均衡，兼顾对各方权利的保护。

（二）协调纳税人税务信息保护中矛盾冲突的制度选择

以均衡原则为立法理念，反映在保护纳税人税务信息之具体的立法制度中，需明确纳税人本人对其税务信息所享有的权利范围以及税务机关对纳税人税务信息的权力及保护职责，分类保护纳税人税务信息，明确规定涉密信息的范围、可披露的信息范围及受众范围、具体的查询程序等内容。本书以下将重点讨论涉及协调前述多种冲突问题的制度选择。

1. 纳税人的税务信息权与税务机关对纳税人税务信息的权力及职责

纳税人的税务信息权，即纳税人对其税务信息所享有的权利。纳税人的税务信息与个人信息的共同之处决定了纳税人的税务信息权与个人信息权在权能上的相同性，其不同之处决定了二者在权能上的差异性。纳税人税务信息与个人信息最本质的差异在于纳税人税务信息与公共利益之间的密切关联性，正因如此，法律就必须赋予公权力的行使者——税务机关对纳税人税务信息享有权力及相应职责，该权力是对纳税人税务信息权权能的限制，

---

① 参见[美]罗伯特·考特、托马斯·尤伦：《法和经济学》，张军等译，上海三联书店出版社1991年版，第22页。

该职责是税务机关所负有的与纳税人税务信息权利的相对应的义务。

有学者较为全面科学地界定了个人信息权的对象及权能，[1]但个人信息权的对象不应被特殊地局限于“被（收集人）存储的个人信息”。收集他人信息，既可经过信息本人，也可经过非信息本人。在后一种情况下，若赋予信息本人以决定权，则不仅会阻碍信息的自由交流，而且在事实上也不具可操作性。但是，在前一种情况下，个人对是否告知他人以使他人存储其个人信息同样应当能够自觉、自控。例如，若某人明确不同意告知他人其电话号码，则该他人就不能强迫其告知，该电话号码显然未被收集人存储，但是其主人依然有权决定是否以及如何处理该个人信息。

本书认为，个人信息权即个体对其个人信息享有如下权利：决定是否以及如何处理其个人信息；查询以知晓他人利用、存储其个人信息的相关事情，并对违法或不当利用或存储行为提出异议；请求收集人更正所利用、存储的个人信息中的错误，确保个人信息的正确与完整状态。

在具体权能上，纳税人税务信息权与个人信息权既有相同的地方，又有差异的地方，出现差异的原因在于税务机关对该税务信息享有公权力，该公权力是对纳税人税务信息权的限制，因此，前者的权能范围小于后者的范围。

首先，纳税人负有依法向税务机关提供其税务信息的义务，无权决定是否以及如何处理其税务信息，税务机关有权向纳税人收集并利用其税务信息。这是由纳税人税务信息与公共利益之间的密切关联性决定的，如果纳税人有权决定是否以及如何向税务机关提供其税务信息，税务机关无权向纳税人收集并利用其税务信息，则必然出现一部分纳税人不履行纳税义务，税务机关无法履行征税职责的情况，这些情况的出现不仅会损害税收负担公平的基本原则，更会因为无法征税而危及税收国家的存在。

其次，纳税人对被税务机关处理其个人信息的相关情事有权进行查询，并对其违法或不当利用或存储行为享有异议权，税务机关负有依法利用、存

[1] 参见齐爱民、李仪：《论利益平衡视野下的个人信息权制度——在人格利益与信息自由之间》，载《法学评论》2011 年第 3 期。

储纳税人税务信息,保护纳税人税务信息不被滥用或泄露的职责。纳税人税务信息固然与公共利益相关,但是其归根结底属于个体信息,为了保护纳税人的个体利益,在赋予税务机关收集该信息的权力后,就必须同时使其承担依法利用该信息,不得滥用该信息的义务。一方面,赋予纳税人对其已经被税务机关收集的税务信息之利用、存储(情况)享有查询权及异议权,能够确保税务机关对前述义务的履行;另一方面,法律应当通过列举的方式,规定税务机关可以利用纳税人税务信息的具体情形,从而限制税务机关对纳税人税务信息的利用权力。只有这样,才能保护纳税人创造社会财富、履行纳税义务的积极性,提高社会的经济效益和国家的征税效率。

最后,纳税人享有请求税务机关更正所利用、存储的税务信息中的错误,确保其税务信息的正确与完整状态的权利。税务机关对于所利用或存储的税务信息中的错误有更正的职责,有义务确保税务信息之正确与完整的状态。

基于以上分析,保护纳税人税务信息的立法中,应明确赋予纳税人对其税务信息享有查询权、异议权及请求更正权,并规定纳税人这些权利的行使及救济程序;应明确赋予税务机关享有依法收集纳税人税务信息的权力及应承担的保护职责,并规定税务机关利用税务信息的法定条件、情形及税务机关或税务人员滥用纳税人税务信息所应承担的法律责任。

2. 税务机关披露纳税人税务信息的程序及范围

税务机关披露①纳税人税务信息属于政府信息公开的一种,套用政府信息公开的定义,即指税务机关应当依照法定程序以法定形式主动或被动地披露其掌握的纳税人税务信息,并允许公众通过查询、阅览、复制、摘录、收听、观看、下载等形式充分利用这些信息的行为与制度。税务机关披露纳税人税务信息,会引起纳税人税务信息权与公众知情权、其他纳税人的知情权及对征

① 本书之所以对用“披露”而不用“公开”,原因在于“公开”虽可分为无条件地绝对公开与有条件地相对公开,但是“公开”一词更常用于指无条件地绝对公开,而“披露”更容易使人联想到对所公开信息的范围、对受众范围的限制,能更准确地表达相对公开的含义。

税行为的监督权之间的矛盾与冲突,可通过以下制度选择来协调这些矛盾和冲突:

第一,对税务信息进行分类,明确税务机关对不同种类之税务信息的保护职责。税务机关所披露的纳税人税务信息范围的大小,与纳税人税务信息权呈反比例关系,与公众知情权呈正比例关系,只有恰当地限定税务机关所披露的纳税人税务信息的范围,才能既保护纳税人的税务信息权,又保护公众的知情权。不同的税务信息的披露,对信息本人产生的影响是不同的,因此,可依税务信息之披露对信息本人之不同的影响进行分类管理。

纳税人涉密税务信息的披露将对信息本人的利益产生巨大影响的,一般不能公开。《政府信息公开条例》规定:"行政机关不得公开涉及国家秘密、商业秘密、个人隐私的政府信息。但是,经权利人同意公开或者行政机关认为不公开可能对公共利益造成重大影响的涉及商业秘密、个人隐私的政府信息,可以予以公开。"《保密暂行办法》第2条规定:"本办法所称纳税人涉税保密信息,是指税务机关在税收征收管理工作中依法制作或者采集的,以一定形式记录、保存的涉及纳税人商业秘密和个人隐私的信息。主要包括纳税人的技术信息、经营信息和纳税人、主要投资人以及经营者不愿公开的个人事项。纳税人的税收违法行为信息不属于保密信息范围。"因此,在一般情形下,有关纳税人商业秘密、个人隐私的税务信息,被排除在税务机关公开的纳税人税务信息的范围之外。纳税人涉密税务信息,是立法所保护的纳税人税务信息中的核心部分,《保密暂行办法》规定了税务机关对涉密信息的保密义务、特殊的内部管理保护职责与外部查询之主体的资格、程序等内容,为保护税务信息权之核心标的提供了制度性依据。

但是,非涉密的纳税人税务信息是否又完全属于可披露的范围?《保密暂行办法》第4条规定:"根据法律、法规的要求和履行职责的需要,税务机关可以披露纳税人的有关涉税信息,主要包括:根据纳税人信息汇总的行业性、区域性等综合涉税信息、税收核算分析数据、纳税信用等级以及定期定额户的定额等信息。"该条所确定的可以披露的税务信息的范围与《保密暂行办法》第2条之涉密信息的范围在逻辑上显然不是非此即彼的矛盾关系，可见，并非所有非涉密的税务信息都属于可披露的范围。这导致《保密暂行办法》无法应对以下问题：对于非涉密的又不属于第4条之可披露的税务信息，税务机关有无保密的义务？有无披露的权力？如果既无保密义务又无披露权力，公众是否可以主张知情权而要求查询？可见，既然《保密暂行办法》的名称限定为“纳税人涉税保密信息管理”，由它来规定什么样的税务信息可以披露，并不完全妥当。

因此，以是否涉密为标准，税务信息可以分为两类，即涉密税务信息与非涉密的信息。未来保护纳税人税务信息的立法应分别进行规定，可以将《保密暂行办法》作为未来相关立法一部分，专门用来保护涉密信息。此外，还应另外增加保护非涉密税务信息的具体内容。

第二，恰当限定税务机关披露纳税人不同税务信息之受众的范围，明确税务机关披露不同种类之税务信息的程序。税务机关所披露税务信息的受众之范围的大小，与纳税人税务信息权同样成反比例关系，与公众知情权、其他纳税人的知情权及对征税行为的监督权同样呈正比例关系，只有恰当地限定税务机关所披露的税务信息的受众的范围，明确税务机关披露不同种类之税务信息的程序，才能均衡保护其中的各方利益。

涉密税务信息以不披露为原则，披露为例外。《保密暂行办法》第3条规定了税务机关对涉密税务信息之保密义务与可以向外部门、社会公众或个人提供的4种情形，信息本人对其中“（一）按照法律、法规的规定应予公布的信息；（二）法定第三方依法查询的信息”无权决定是否披露，但是对“（三）纳税人自身查询的信息；（四）经纳税人同意公开的信息”却享有决定权。其第12条规定了可以查询涉密税务信息的主体（例外披露涉密税务信息的受众）范围，除信息本人外，只有人民法院、人民检察院和公安机关（根据法律规定进行的办案查询）与抵押权人、质权人（对其债务人欠税有关情况的查询）。可见，在例外披露涉密税务信息的情况下，或者取决于法律的规定，或者取决于信息本人的意愿，否则，其受众就被限定在极小的范围内。

为了兼顾各方的利益，不涉密的税务信息可分为公开披露与限制披露两种。公开披露保障了公众的知情权，其受众为全体社会成员，公开的方式是采用网络或报纸等向全体公众开放的媒体，《保密暂行办法》第4条所规定的税务机关可以披露纳税人的有关涉税信息，即属于公开披露的税务信息的范围。限制披露兼顾信息本人的权利与其他纳税人的知情权及对征税行为的监督权，其受众为某些特定的社会成员（如与信息主体相关联的其他纳税人）或机构（如司法机关），披露的方式不采用向全体公众开放的媒体而采用申请查询的方式。

基于以上分析，保护纳税人税务信息的立法中，应明确涉密税务信息以不披露为原则，披露为例外，并借鉴《保密暂行办法》中有关查询涉密税务信息的主体范围及程序性规定的内容；划定公开披露与限制披露两种非涉密税务信息的范围，规定查询限制披露非涉密税务信息的主体范围及具体的程序等内容。至于如何划定公开披露与限制披露之非涉密税务信息的界限，如何确定查询他人非涉密之税务信息的主体的范围及具体程序的内容，则有待学界的进一步研究。

综上所述，为了保护纳税人的税务信息，可借鉴个人信息权理论，在隐私权、一般人格权及经济效益理论的基础上，构建纳税人税务信息权理论。在保护纳税人税务信息的立法中，存在纳税人税务信息权与公众知情权、信息交流自由权、其他纳税人的知情权及对征税行为的监督权之间的多种矛盾与冲突。因此，有关保护纳税人税务信息的立法应当以均衡保护为立法理念，明确规定纳税人的税务信息权的权能与税务机关对纳税人税务信息的权力及职责，区分不同类别的税务信息，并分别确定税务机关不同的保护职责及披露的程序。只有这样，才能协调纳税人税务信息保护中的各种矛盾与冲突。

第十一章　我国纳税人税务信息保护路径与具体措施

“我们的时代是权利的时代。”[①]近年来，纳税人权利已经得到社会各界重视。纳税人的涉税信息，作为纳税人权利保护客体的重要组成部分，较之于纳税人的其他权利保护，亟须提升社会整体的关注力度。同时，纳税人税务信息保护也是国家公共产品供给中的个人信息保护的重要组成部分之一。对纳税人税务信息保护路径与具体措施的研究，是实现个人信息保护和纳税人权利维护的重要环节。

一、纳税人税务信息权利彰显的路径转换

我国《税收征收管理法》规定，税务机关及其工作人员对纳税人的税务信息具有保密的义务。但是，相对于公权机关，纳税人一直处于信息不对称所导致的弱势地位，因此，政府和各级税务机关需要加大保护纳税人税务信息的宣传工作。通过纳税人税务信息

① ［美］路易斯·亨金：《权利的时代》，信春鹰等译，知识出版社1997年版，第177页。

权利彰显的路径转换，使纳税人能够详细了解税务信息的种类、特征以及保护方式，为依法治税奠定坚实可靠的社会监督基础。

（一）主体单位宣传与协作单位宣传相结合

良好的税务信息秩序的营造，离不开其他相关部门的支持与协作。税务机关应在宣传上加强与其他部门的协作和联系，强化自身的宣传工作质量的同时，与其他部门一起携手搞好税务信息保护的宣传工作。

1. 加强与地方政府的合作

政府是税务宣传最有力的协作部门，它能够给宣传工作提供准确的信息，能够以政府的名义和优势扩大宣传的影响。税务信息保护宣传要依靠政府力量，宣传纳税人税务信息保护的典型事例，表彰和倡导依法为纳税人税务信息保密的行为，批评违反法律规定侵犯纳税人税务信息保密权的行为。

2. 加大与新闻传媒机构的联系

利用广播、电视、报纸等大众宣传媒介向纳税人宣传在税收征纳关系中税务信息主体就税务信息享有的各项权利。随着电子网络行业的发展，也可以通过电子媒介向社会传递对纳税人税务信息保护的法律规定和具体措施，充分利用税务网站、涉税信息月报、短信平台、QQ 群、税企微博等各种纳税人普遍使用的新兴电子渠道对纳税人税务信息保护进行宣传，提醒纳税人依法保护自己的税务信息不受侵犯。

3. 加强与司法部门的联系

与司法机关一起形成有效的“立体式”宣传系统，借助公安、检察部门实际办理的税务信息侵权案件的宣传，共同为纳税人税务信息保护的宣传工作作出努力。

（二）宣传内容与宣传形式相结合

1. 抓住税务信息重点进行宣传

现阶段，除了对纳税人纳税义务的宣传外，对税务信息保护的宣传已经逐渐成为税务宣传的工作重点。重点开展税收法律规范对税务信息保护规定的宣传，包括但不限于与公民生活息息相关的各项税务信息的披露方式与保护，针对不同税种涉及的不同种类的税务信息以及税务信息的维权措施重点宣传，解决广大纳税人关心的税务信息保护难点问题，找出宣传“盲区”，这种宣传内容主要采取大厅宣传栏，报刊、电视专题，设立咨询点、悬挂标语，发放资料等方式来进行。

2. 针对不同纳税人进行不同的信息宣传

根据我国税务信息主要针对商业秘密和个人隐私进行保护的规定，应当有针对性地对不同纳税人进行税务信息保护宣传工作。

针对公司、企业或者其他纳税组织，可以采取举办税企交流会的形式或者开展涉税知识讲座和培训，向他们讲解税务信息保护的法规和政策，并对国家对商业秘密保护的政策进行解读，使纳税人能够清楚认识商业秘密的内涵，在执行税收政策时对税务信息涉及的商业秘密的保护有更加全面的认识。

针对个体工商户和个体纳税人，则可以在他们来办税大厅进行纳税行为时针对个人不同的情况，由大厅工作人员引导阅读一些有关税务信息保护知识的手册和最新政策。在面对纳税人提交一些与个人隐私密切相关的税务信息时，可由窗口工作人员以面对面的方式进行交流，由税务人员对纳税人的信息保护问题及救济方式进行详细解答。

二、税务行政机关与纳税人之自我人格实现

（一）纳税人自我人格实现之税务信息保护意识的培养

随着信息社会的发展，信息的自由流动成为社会发展的重要特征，对于信息的保护，核心条件即是信息主体的保护意识。税务信息保护意识包括信息主体事前对税务信息流动的同意权意识、税收征纳过程中对税务信息的保密权意识以及权利遭受侵犯后的救济权意识。

1. 纳税人的同意意识

纳税人税务信息的流动，需要得到信息主体的同意，同意视为信息主体的授权或者权利的抛弃，如果纳税人信息的披露和使用是基于信息主体的同

意,则在法律无禁止性规定的情况下,披露和使用行为是合法有效的;反之,如果他人的披露和使用行为逾越了信息主体的同意范围,或者超越了对同意的认知,即构成对信息主体信息权利的侵害。

"同意"作为纳税人税务信息保护意识培养的重要环节,势必需要对其进行严格的限定。《欧洲数据保护指令》第2(h)条中将"同意"定义为"数据主体自由作出的特定和有依据的关于其意愿之指示,由此数据主体表明其同意对有关他的私人数据进行处理"。[①] 第7条和第8条则规定"同意"在非敏感信息上须是"毫不含糊的"(unambiguous),在敏感信息上须是"明确的"(explicit)。[②] 当然,信息主体完整意义上的"同意",不但包含主体对披露信息的认可,还包括对信息用途以及救济方式的全面了解。

尽管税收法律关系已经脱离了传统民事法律关系意思自治对民事主体财产权保护的自由扩张,但是其作为公私契约混合并存的特殊形态,纳税人权利意识形态树立的首要任务即是对于税务信息的同意权,这也是纳税人税务信息自治原则在纳税人意识层面的直观反射。对财产化税务信息的保护,作为税收法律关系中体现出的私法关系,税务信息的转移占有及披露应当顺应人类生活的本性,尊崇个人践行生活的愿望。德国法学家梅迪库斯认为,与私法自治相对的是一套包罗万象的行政体系概念,每个人的一切生活都由国家安排,个人不能为任何行为,任何问题均由国家计划支配,如此,常会造成缓慢、昂贵、冗杂及低效率的资源分配和利用;同时,这种制度也有损人的尊严以及自由发展人格的权利。此外,经济发展史告诉我们,自主决定是调节经济过程的一种高效率手段,特别是在一种竞争性经济制度中,自主决定能够将劳动和资本配置到能产生最大效益的地方去。[③]

---

① [英]戴恩·罗兰德、伊丽莎白·麦克唐纳:《信息技术法》,宋连斌等译,武汉大学出版社2004年版,第326页。

② 同上。

③ 参见[德]迪特尔·梅迪库斯:《德国民法总论》,邵建东译,法律出版社2001年版,第142页。

2. 纳税人的秘密权意识

纳税人税务信息保护的立法滞后、执法混乱以及救济乏力，在某种程度上归因于纳税人税务信息秘密权意识的缺失。

首先，纳税人秘密权包含以下两层含义：一方面，纳税人对于税务机关及其工作人员在税收征纳过程中获得的全部涉及纳税人人身及财产利益的税务信息，有权依法要求纳税机关及其工作人员或者任何知悉该信息的第三人在法定范围内予以保守秘密；另一方面，税务机关、税务工作人员或者任何知悉该信息的第三人有义务在法定范围内主动为纳税人在税收征纳过程中披露的税务信息予以保守秘密。本部分纳税人秘密权意识的培养主要着重于秘密权定义的前者，至于纳税人对于他人违反保密义务的救济意识的培养，将在下文重点论述。

其次，依照税法规定负有纳税义务的单位或者个人是税务信息秘密权的享有主体。由于我国《税收征收管理法》对于税务信息秘密权的规定过于僵化，税务机关及其工作人员对于税务信息的保密意识不强，因此，对于纳税人税务信息的保护，纳税人秘密权意识显得尤其重要。这也意味着纳税人必须清晰地意识到如何行使纳税人秘密权以及如何维护信息主体的商业秘密、个人隐私或者其他信息利益。

最后，纳税人意识是公民意识在微观层面上的体现，税务信息秘密权意识则是纳税人意识的细化。作为信息主体，纳税人必须意识到，不管是在宪法层面还是在法律层面，纳税人税务信息的秘密权均应得到国家和政府的平等对待与保障，这不仅需要体现在具有公平规则的法律制度层面，还需要体现在行政部门对于公共资源的利用模式上。纳税人需要清晰地认识到由于税务信息秘密权具有人身权和财产权的属性，因而具有民法视野上的请求权的性质，纳税人得基于此，积极行使其税务信息秘密权下各项权能。

3. 纳税人的救济意识

就纳税人税务信息的保护意识而言，纳税人的同意与秘密权意识先于救济权，救济权意识的培养虽然是对前者遭遇弱化时的补充，但是作为纳税人税务信息保护意识的组成部分,很多时候,救济意识构成纳税人税务信息保护意识中最后一道意识屏障。

(1)“不合作”意识——纳税人的自我救济意识

综观西方发达国家的现代立法,鉴于对个人隐私的尊重,各国均对社会公众赋予了不同程度的特殊救济权利——不合作权。“不合作”是指除了法律制度或者其他行为规范有特殊规定之外,社会公众对于官方提出的其他请求有权加以拒绝,尤其是当这种要求涉及公民私人利益或者与私人利益有关的信息利益时,公民有权不予合作。

在我国,虽然没有明确提出公民“不合作”的概念,但笔者认为,对于纳税人税务信息保护意识的培养而言,“不合作”意识应当是纳税人救济意识培养的题中之意。具体来讲,对于法律规定范围内的税务信息,纳税人具有当然的提供义务,但是对于税务机关或者税务人员超出法定或者合理范围获取纳税人的税务信息,纳税人应当清楚地意识到并采取相应的措施,包括但不限于拒绝有关机关对税务信息获取的不合理要求,从而达到从源头上积极保护税务信息的效果。

(2)纳税人的公权救济意识

一个国家法治的发展与民族的特性紧密相关。中国自古以来,国民“厌讼”就是一种普遍存在的心理状态,息事宁人的中庸态度在某种程度上已经成为纳税人树立税务信息保护意识的障碍之一。权利依赖于救济,这不仅是法律制度层面上遵守的原则,更应该是纳税人意识状态中最根本的认识。

当纳税人意识到自己的税务信息已经或者可能由于税务机关、税务人员或者第三方的非法或不恰当行为遭受侵害的时候,其应当依法采取申诉、复议或者诉讼等形式主动寻求法律救济。公权救济意识的培养与我国行政、司法体制改革息息相关,互为动力。

(二)合理配置税收征纳双方权利与义务

1. 税收征纳双方权利义务配置的基本原则——均衡原则

中国对权利义务配置的基本观念建立在权利和义务的统一性原则下,即纳税人依法履行纳税义务后,享有税收基本权利,而税务机关尽管有国家强制力保障其税收征收权力的有效施行,但同时也要受到服务义务的限制。本书认为,由于受中国历史传统中税收征纳关系对立的影响和根深蒂固的国家税收主义的左右,计划管理始终是我国税收征收管理制度的主要模式。统一性原则仅仅是就权利义务配置的表面现象进行的描述,并未能合理地解释税收征纳双方权利义务配置的深层理念。

西方国家理论及其税收理论是以社会契约论为理论基础,从征纳双方意思表示一致的均衡角度即"契约"的角度来阐释税收征纳中权利义务的配置准则的,本书认为,相较于权利义务统一性原则,以"契约"为表现形式的均衡性原则,更适合成为衡量税收征纳双方权利义务配置合理性的基本原则。"契约"意义上的均衡,促使人民与国家在"意思自治"的基础上对税收征纳义务的配置形成一种和谐统一的观念,进而引申出公民对于国家机关提供公共服务的需要的权利,以及国家机关提供公共服务的义务的动态均衡型双向法律关系。这种动态均衡的法律关系中体现出的"交换""对价""权利义务等量"的观念,体现出了纳税人权利作为租税国家权力本源的本质特征。

当然,均衡意义上的税收征纳双方的权利义务配置,因为税法中的行政化因素而扩展出公法上的均衡性研究维度。税收因其公益性目的使税务机关及其工作人员不可避免地被赋予一系列特权,如质问权、检查权等。这种因公法原因而产生的现象因税收公法债权债务关系理论的出现而产生了向民事权利义务均衡性配置靠拢的趋势。

2. 税务信息保护权利义务配置的均衡性安排

(1)纳税人税务信息之基本权利

纳税人税务信息基本权利应当包括纳税人的宪法性权利和税法权利。宪法权利是指由宪法规定的,纳税人在社会、政治、经济生活中所享有的权利,这种权利来源于人权。在现代税收法律关系理论重构的背景下,纳税人宪法性权利又被称为纳税人基本权。德国学者约阿希姆郎(Joachim Lang)曾指出:"基于意识到人民拥有税捐基本权,故联邦宪法法院在许多争议案件中，必须对相关税捐规范加以宪法审查。甚至当在国家与人民间加以比重时，亦将作有利于人民之思考。”①在日本“纳税者基本权”这一概念较早由宪法学者浦田贤治教授在《“纳税者基本权”与大岛违宪诉讼》（载《法和民主主义》第56号）一文中使用，但该文没有对纳税者基本权成立的法律依据以及具体内容予以明确表述。② 北野弘久教授第一个详细论证了纳税者基本权。

随着社会契约论向公法领域的扩张，税收关系作为公民和国家的契约，隐含着这样一个主旨，即公民之所以纳税，其目的是以所纳之税购买国家提供的公共产品和服务。虽然我国《宪法》第56条规定：“中华人民共和国公民，有依法纳税的义务。”但是，人民不是税收的公仆，宪法和法律上对纳税人义务的规定并非认定纳税人义务是一种绝对性义务，该义务的履行是以纳税人权利的享有为前提的。

在纳税人所享有的权利中，纳税人基本权处于核心地位，以宪法的基本价值和基本理念为理论基础，重点强调税收中的国民福利原则。可以说纳税人基本权这一概念反映的是纳税人与国家在税收征纳过程中形成的深层次关系，直接回答了国家征税、用税过程中的正当性和合法性问题。

纳税人税务信息权利义务配置中涉及的纳税人权利，自然必须以纳税人基本权为基础，充分体现出综合性权利的属性。纳税人基本权在税务信息保护中体现为自由权和社会权的综合属性。就自由权层面而言，由于税务信息具有人身和财产的双重性质，国家在征纳税的过程中显示为对纳税人实物财产的强制性剥夺，实则也是对具有财产属性的纳税人信息的强制性占有，因此，从对保障公民人身权、财产权的角度出发，强调国家税务机关及其工作人员在税收征纳过程中对公民税务信息的剥夺必须遵循平等原则、依法行政原则以及比例原则，由此衍生出了公民的税务信息同意权、不受过分信息征集权、公平披露权以及税务信息秘密权等。就社会权的层面而言，一方面，由于

① 黄俊杰：《纳税者权利之维护者》，载黄俊杰：《纳税人权利之保护》，北京大学出版社2004年版，第2页。

② 参见［日］北野弘久：《纳税者基本权论》，陈刚等译，重庆大学出版社1996年版，作者序文。

税收基本权强调税法调整的税收秩序的基本价值应当与宪法的基本价值相一致，因此，税法在对征纳税过程中税务信息主体的权利义务的配置上不能侵犯信息主体的生存权，即不能以税务机关对税务信息的占有和使用威胁到信息主体的生存或与生存相关的权利行使；另一方面，由于纳税人基本权强调征税目的的实现，信息主体享有的税务信息权利也应当以征税目的为衡量尺度，非出于合理征税目的的需求而对税务信息的占有与使用，税务信息主体可以基于税收基本权的社会保障性质享有救济性权利。

(2)纳税人税务信息保护的具体权利形态

其一，税务信息决定权，又称税务信息控制权。除法律另有规定外，税务信息主体有权自主决定其税务信息能否被收集、处理和利用，以及以何种方式、出于何种目的、在多大范围内被收集、处理和利用。信息决定权集中反映了个人信息权的人格权属性——绝对性与支配性。该权利在信息本人各项权利中居于核心地位，信息本人对其个人信息的获取、知悉、更正等其他权利都派生于信息决定权，对有关信息处理者的义务的规定也都是为了保障信息本人对其本人信息的决定权。① 信息决定权是信息本人就拥有其个人信息的首要权利，也是基础权利，本人对个人信息的决定权派生其他权利。②

纳税人税务信息的决定权基本上包括了以下内容：除税收法律明确纳税人税务信息的处理方式外，纳税人对个人税务信息具有支配与控制权，有权决定其他与纳税有关的信息是否以及以何种目的、方式、范围和程度被收集和利用，有权排除税务机关或税务工作人员或其他单位超出职权范围对纳税人税务信息权的非法干涉以及侵害。我国现行《政府信息公开条例》第14条第4款规定了"行政机关不得公开涉及国家秘密、商业秘密、个人隐私的政府信息。但是，经权利人同意公开或者行政机关认为不公开可能对公共利益造成重大影响的涉及商业秘密、个人隐私的政府信息，可以予以公开"。该规定

---

① 参见李朝晖：《个人征信中信息本人权利的保护——以确保信用信息公正准确性为核心》，载《法学评论》2008年第4期。

② 参见齐爱民主编：《个人资料保护法原理及其跨国流通法律问题研究》，武汉大学出版社2004年版，第122页。

在一定程度上概括性地保护了纳税人税务信息的决定权,但仍需要结合税收工作的实际工作特点,细化纳税人税务信息决定权的权利内容。

其二,税务信息处理知悉权,即纳税人有权请求税务机关或税务工作人员或其他单位等税务信息处理者告知其拥有的纳税人本人的税务信息状况,并从处理者处获得前述税务信息的处理方式和处理结果。但是出于对客观现实的考量,纳税人不可能知道究竟有哪些部门保有前述税务信息。因此,纳税人的税务信息知悉权主要应当体现在当纳税人向国家各级机关、部门等税务信息处理者查询其所拥有的纳税人税务信息的情况时,该机关在依法审查信息是否属于纳税人本人的税务信息后,以书面或口头告知的方式如实告知纳税人此种税务信息处理的现状。

其三,税务信息更正权,即纳税人发现税务信息处理者在处理税务信息的过程中存在不准确的情况时,有权请求信息处理者予以删除、更正或者补充。

行使税务信息更正权在实际情况中一般出于以下事由:税务机关对于纳税人税务信息的处理存在基于不完整或有缺陷的税务信息作出税务处理决定;税务机关对获知的税务信息存在错误认识或者理解的情况下作出的税务处理决定;税务机关作出税务处理的决定是建立在老、旧税务信息的基础上,而该信息业已更新。《政府信息公开条例》第 25 条第 2 款规定:"公民、法人或者其他组织有证据证明行政机关提供的与其自身相关的政府信息记录不准确的,有权要求该行政机关予以更正。该行政机关无权更正的,应当转送有权更正的行政机关处理,并告知申请人。"

需要强调的是,对于税务机关依照法定职权对真实、完整、有效的税务信息作出的主观判断属于税务机关的工作职能,因此不属于税务信息更正权的权利行使范围。

其四,其他权利。除了前述纳税人享有的税务信息权利外,纳税人还会因其身处不同法律关系而享有不同的信息权利,因此,纳税人税务信息保护的权利体系应当是以重点权利为核心的综合保护体系。面对庞大的国家税务机关体系，纳税人个体的天然弱势地位要求每个纳税人都应当充分了解税务信息之于自身、社会及国家税收的重要作用，善于在每一种税务信息遭受非法侵犯的环境下积极行使自己的合法权利。当然，这免不了作为税务信息主要处理者的税务机关的积极配合，即税务机关应当依法履行税务信息保护的义务。

（3）税务机关及其工作人员的税务信息保护义务

从某种程度上而言，强制性、无偿性与固定性已经成为税与非税的主要区别。而这种区别在社会中被过分强调，逐渐割裂了税收征纳双方权利与义务均衡配置的纽带。我国《宪法》只规定了公民有纳税的义务，而未对国家机关的税收义务加以规定。“宪法虽未明文规定公民的义务，但规定了政府有征收租税之权，则公民应有纳税的义务；规定了政府有保卫国家的职责，则公民应有服兵役的义务，虽不言义务而义务已在其中。”①尽管政府事实上在积极履行公共职责，公民也在享受政府提供的公共产品，但是传统理论和法律规定导致税收义务的一面性倾倒，即公民“先义务理论”在当前社会大肆横行，加之政府社会宣传中以“纳税是公民的义务”为主要宣传口号，不但对纳税人权利宣传不够，对政府的义务更是只字不提。反观西方社会，社会契约是社会思想的基础，以此而建立的公共需要理论和交换学说则是从人的基本需求以及基本权利的角度出发，结合国家提供公共产品的社会职能阐释税收的起源和本质。

具体到纳税人税务信息保护上，结合前文所述纳税人的税务信息保护权利，税务机关对纳税人税务信息的保护则主要体现在对纳税人税务信息的保密义务上。我国《税收征收管理法》对税务机关的保密义务有多处规定。例如，其第 8 条规定：“纳税人、扣缴义务人有权要求税务机关为纳税人、扣缴义务人的情况保密。税务机关应当依法为纳税人、扣缴义务人的情况保密。”这种规定是对税务机关税务信息保密义务的一般性规定，适用于整个税收征纳

① 李步云主编：《宪法比较研究》，法律出版社 1998 年版，第 573 页。

过程之中。第59条规定:“税务机关派出的人员进行税务检查时,应当出示税务检查证和税务检查通知书,并有责任为被检查人保守秘密。”这是针对税收稽查环节而言的规定。第87条规定:“未按照本法规定为纳税人、扣缴义务人、检举人保密的,对直接负责的主管人员和其他直接责任人员,由所在单位或者有关单位依法给予行政处分。”这是对税务机关工作人员违反法律规定的保密义务的行为进行的责任性规定。

然而,即便我国税收法律为保护纳税人税务信息对税务机关及其工作人员制定了相应的义务性规范,但是寥寥数条义务规范还远不足以对抗或者改变中国传统的公权意识对私权意识的侵犯与支配。如果不对公权主体设置完整意义上的权力限制,则私权的保护根本无从谈起。本书认为,税收法律制度以及税务机关自身还应当从以下方面树立和完善对纳税人税务信息保护的义务体系:①树立全面正确的税务信息保密意识;②维护纳税人依法享有的税务信息权利以及与税务信息有关的其他纳税人权利;③全面保护,即不能因保护某一纳税人税务信息权而侵犯其他纳税人的税务信息权利,或者因保护纳税人某一种税务信息权利而侵犯纳税人其他税务信息权利或者其他权利;④即便是存在违法行为的纳税人,税务机关及其工作人员也有义务保护其合法享有的税务信息权利。

只有税务机关及其工作人员牢固树立正确的人权观和权力观,以法治意识为指导,深入学习现有税收法律规定的立法精神,在税收征收管理过程中充分尊重和保护纳税人依法享有的税务信息权利,才能有助于从根本上实现税收征纳双方权利义务的合理配置,最终达到税务行政机关与纳税人自我人格的实现。

三、税收行政执法机关组织体系的建立与完善

行政权是一个国家的政府管理经济和社会事务的权力,从本质上来说,它是人民通过一定的组织体系和程序,委托一部分人来管理社会,是人民赋

予政府行政管理的权力。① 税收行政执法机构，是国家为了实现税收职能，依据相应的法律、法规设立的一种国家行政管理部门，是政府行政组织体系中的主要组成部分，其基本职能是对国家税收事务依法进行组织和管理，行使的即是一种具有“公众委托权”性质的行政权。行政权力的本质以及税收之于一国发展的重要性决定了税务行政执法机关组织体系中机构的设置必须具有明确的目的性、严密的体系性、鲜明的法制性以及普遍的约束性等特点。

（一）税收行政执法机构的设置存在缺陷

我国当前采用的是国家和地方两套税务管理系统，从纵向来看，国家税务局下设四级税务机构：国家税务总局；省、市、自治区国家税务局；地、市、州、盟国家税务局；县、市、旗等国家税务局。地方税务局按照行政区划分为省、地、县三级机构。从横向来看，基本分为管理局和稽查局，各级税务机构的内设部门基本对口，包括流转税管理部门、所得税管理部门、人事部门、征收管理部门、教育部门、政策法规部门、培训部门、计划财务部门、监察部门等，省、市局均设稽查局。国税局、地税局在各县、区设立税收管理局和税务所实施税收管理。② 可见，我国对于税收行政执法机构的设置一直采取的是全能税务管理机构的模式，主要以行政区划作为税务机构设置的参考依据，而以该行政区划为管理对象的税务机构内部设置以广而全为原则详细划分各职能部门的现象，导致时常出现工作职责交叉、重复或者执行政策不一的现象。

1. 税务行政执法机构缺乏专业化分工，税务信息沟通不畅，管理职权协调力度差，缺乏制约机制。首先，我国税务机构目前实行的是两级管理、一级征收的垂直管理模式，各管理机构的设置采用上下对口的机构设置方式，与现代组织机构要求的扁平化机构设置模式存在较大的差距。当前的税务机构设置模式不利于税务信息的及时传递，容易产生税务信息传递不畅的现

① 参见国家税务总局政策法规司编著：《中国税收政策前沿问题研究》，中国税务出版社2003年版，第312页。

② 参见马国强主编：《税收概论》，东北财经大学出版社1995年版，第143页。

象,信息传递存在的问题直接导致决策的制定者不能第一时间了解到一线执法获取的完整税务信息,从而出现决策偏差。横向机构设置缺乏专业化分工和合理的制约机制,导致同级税务机关各职能部门间不能高效进行包括纳税人税务信息在内的信息数据的管理,从而导致同级税务执法部门需要重复获取相同的税务信息而产生税务处理低效的状态,税收服务质量大幅度降低。其次,征收、管理、稽查部门分工不合理。全国大部分税务机关均已实现了税收征收管理和稽查的分离,但是税收征收和管理仍然合二为一,从实际需求上来看,税务稽查分离出来后,出现由于分工跨度增大导致稽查力量严重不足的情况,由于管理局失去稽查职能,现有稽查部门设置在"外查偷税、内防不廉"的职能目标下显得力不从心。最后,各管理局内部分工不合理。当前各地税务管理局普遍存在的现象即是各科室权责分工不明确,导致纳税人就同一问题要么需要两个甚至两个以上科室办理,要么干脆出现管理空白地带,不但会给纳税人带来不便,而且不利于税收执法工作的有效开展。

2. 由于地域的局限导致管理范围窄,管理层级烦琐。由于我国税务机构多以行政区域为设立依据,一个税务管理机构的管理范围仅仅局限在一个地域范围内,而社会经济的发展是一个整体,纳税人的税务活动常常并不局限于同一地区,纳税人税务信息的流动性决定了税务机构的设置模式如果不加以突破,则其直接的后果就是导致大量纳税人税务信息之间缺乏完整性的衔接,引起税务处理结果与税务人纳税事实产生较大出入的问题,不仅不能完成国家赋予税务机构的税收职责,导致税务机关本身作为行政机关管理社会的职能的折损,而且易产生纳税人权利屡遭侵犯的现象。

3. 税务执法权任意性过大,常出现与司法权混淆的状况,严重侵犯纳税人权益。前文所述,现行税务机关的职权范围被机械的局限于某一地域,然而我们常常看到,即便在一个地域范围内,税务机关仍然未能有效地履行税收执法职责,常常出现区域外税务机关间合作空间狭窄,区域内税务机关执法权缺乏制约,任意性过大的情况。现实中存在大量协助司法活动的税务临时协调机构,例如,为了打击涉税犯罪,税务执法机关常常与公安机关合作,成立联合办案部门,或称为“税务公安联合治安室”,或称为“打击涉税犯罪办公室”。虽然名称各不相同,但是履行相同性质的职责。一些地区为了加强税务执法机关对于税务处罚案件的执法力度,甚至与法院合作成立联合部门,专门负责税务强制执行案件的处理工作,还有税务执法机构与检察院成立预防职务犯罪办公室,加大对税务机关内部执法监督的做法。看似突破传统体制的执法创新背后往往隐藏的是对权力分立与制约机制的破坏,纳税人的税务信息被税务执法机关以“执法”为名,在行政与司法机关之间任意传播,行政权与司法权的交叉混合,导致纳税人的税务信息秘密权缺乏有效的保障,实际上以貌似合法的名义侵犯了纳税人应当享有的税务信息权利。

4. 体制外任设以税收执法名义存在的税务行政执法机构。由于基层税务机关人员少,工作量大,执法力量薄弱,常需要借助政府的力量开展税收征收管理工作,一些地方税务机构把地方政府的支持和协助作为加强税收行政执法工作的重要方式,而地方政府也通常因为一定的目的而以协助、支持税务机关的名义组织一部分人征收本应由税务机构征收的税、费。例如,有些地方成立的“财税工作领导小组”或者“财税管理办公室”,均是以地方政府的名义将多项税收与相关费用统管征收。这一联合机构的设立违反了税收法律规范的规定,超出了国家行政机构的设立范围,常常会将纳税人的税务信息在政府各级机构中流转,使纳税人在税法上的税务信息秘密权形同虚设。

(二)税收行政执法机关组织体系的建立与完善

1. 消除税收行政执法机关主体间的冲突

其一,协调国税系统和地税系统之间产生的结构性冲突,保障纳税人税务信息得到高效利用。在肯定当前税收征收管理模式的积极作用的情况下,有必要重新审视以税种为导向的国税、地税执法机构分立的做法。在国税、地税执法机构分立的情况下,同一纳税人需要就税收的缴纳分不同的机构进行处理,有违税收优化服务的原则。对于纳税人而言,分机构纳税行为涉及纳税人税务信息的重复提交,造成纳税成本增大,而不同机构的税务人员由于需要分别审查同一纳税人的不同信息,不但不符合税收征收效率的原则,而且易造成税务执法人员对纳税人税务信息的遗漏和误读。

国税、地税分税系统间的冲突涉及的是税收行政执法系统间垂直结构的布局与安排问题。综观世界各国,组织结构扁平化成为解决税务行政执法机构垂直性系统冲突的最优选择。所谓组织结构扁平化(natstructure),与高耸型组织结构(tanstructure)相反,其结构特征就是扁而平,管理幅度大,管理层次少,其组织结构也叫"横式结构"。[①] 在这种执法模式下,应当大大减少行政管理层级,拓宽管理幅度,机构内部税收征收管理、执法信息畅通,最终减短决策时间,贴近纳税对象,从而在最大程度上还原税务信息反映的税务事实的真实面貌,降低税务执法成本。精简机构层级对于纳税人税务信息的保护而言,有助于将同一纳税人的所有税务信息统一于一个部门进行管理工作,避免了同一主体、同一主体税务信息的重复与遗漏,同时也有助于将同一纳税人的不同税务信息予以汇总、归纳,将各税种按照税种性质有机联系起来,为我国税收法律和税务征纳系统的进一步改革奠定事实基础。

其二,协调同一系统各部门之间的冲突,准确定位税务信息责任主体。建立高效的税务执法机构,除了精简管理层级,扩大管理范围外,更需要强调执法机构内部的专业分工与协作。税收行政执法部门水平结构的调整是对机构间垂直冲突调整的细化和完善,是对同一层级税务执法机关内部各部门职能的有机调整。面对数量庞大、种类繁多的纳税人税务信息,水平结构上的调整需要重视业务管理部门的基本配置,以执法机构税收征收、管理与稽查的基本职能划分为依据,分为税款征收部门、咨询服务部门、信息数据管理部门、税收管理部门和稽查部门,尽量减少部门之间职能的交叉,增强职能部门之间的互补与协作,各部门之间的专业化分工有利于对纳税人税务信息权利的规范、充分的保护,减少税收征收管理成本,提高税务执法效率,最终建设"一级征收、分区管理、一级稽查、集中咨询"的税务机关执法模式。

① 苗明杰主编:《管理学》,上海人民出版社1999年版,第114页。

2. 设置专业化税收行政执法监督机构

税务执法监察部门的设立在行政执法专业化分工中已经有所论及，但是监察部门作为执法机关内部的监督检查机构，其本身即具有不同于其他部门的独特地位和作用，是税务体制内对纳税人税务信息保护的重要环节。国家税务总局颁布的《税务执法监察暂行办法》对于税务监察机构的设置、人员、权力与职责均作出了具体规定，明确规定了机构监察人员的设置方式与比例。但是现在的普遍情况是大多数基层分局未设置兼职监察岗，未配备兼职监察员，监察环节的链条常处于断裂的状态，无法实现对税收执法的全面监察。因此，一级稽查模式的设立显得尤为重要。

一级稽查的模式中，专业的税务稽查机构和人员既是接受监察的重点，又是税务执法的监督者。通过税务稽查，既可以发现纳税人的违法行为，又可以优化税务执法机关内部的执法权行使状况，及时发现税务部门和税务执法人员在执法过程中存在的问题。对于税务稽查的监督，可以通过监察、纪检部门对于稽查案件的抽检、复检予以实现。专业化的税务稽查机构，首先需要实现税务稽查职责、职能和职权的分工与制约，根据税务稽查工作的规程，这种分工与制约贯穿于选案、检查、审理和执行的全过程。除了依法在偏远地区或基层设置兼职或专职税务稽查人员从事基层税务监察工作外，税务稽查体系可考虑按照行政区划由省、市稽查局合并县、区稽查局，扩大省、市税务稽查机构的人员力量，由市稽查机构在基层稽查人员的配合下，负责辖区内所有的税务稽查工作，对于税收征收管理部门违法侵害包含税务信息权利在内的纳税人权益的行为实行专项检查，为纳税人创造一个公平的纳税环境。省级税务稽查部门需要在更高的层次上发挥稽查作用，根据区域经济发展的状况以及在税收征纳稽查工作中遇到的客观情况，通过对稽查案件的分析，总结出税务机关违法违规的特点，从而更加有效地监督税务部门的执法工作，并为税务执法机关的税务执法工作起到高层次的指导作用。

四、纳税人税务信息保护法律规范的完善

(一)完善《税收征收管理法》对纳税人税务信息权利的保护

1. 强化税法对权利保护的基本理念

德国的鲁道夫·施塔姆勒认为:"法理念乃是正义的实现。正义要求所有法律努力都应当指向这个目标,即实现在某地某时的条件下,所可能实现的有关社会生活的最完美的和谐。"①税法理念是实现税法目标的重要保证,是税收条款制定、调整与废除的根本前提。

第一,公平和效率的理念。公平是税收法律制度的基本理念,其要求在税法的制定与实施的过程中要始终体现税收资源的均等配置,税收资源的均等配置不是绝对的均等,而是基于纳税人和税务机构的特殊身份与地位,以资源最优配置为目标进行的合理安排。税法效率包括行政效率和经济效率,在此对纳税人税务信息保护的探讨即特指税法的行政效率,"税法行政效率是指国家制定税收法律能在筹集财政收入的基础上使税收成本最小化"。②因此,税法的完善应当体现公平与效率的治税目标。

第二,保护纳税人权利的理念。税法对纳税人权利保护的目标应当定位在对纳税人和税务机关税收权利义务的统一性上。在税收征纳关系中,纳税人和税务机关应当处于平等的法律地位,有着一致的对话平台,享有对等权利,承担同等义务。而各级管理机关在制定管理措施时往往重点强调以税务机关的职权设置和纳税人义务的承担为基本主线,构建的是以程序性权利为主的权利体系。③ 因此,在完善税法条款的过程中,应遵循保护纳税人合法权益的理念进行条款设计并在实践中予以实施,以此构建和谐的税收征纳

---

① [美]E. 博登海默:《法理学——法哲学及其方法》,邓正来、姬敬武译,华夏出版社 1987 年版,第 163 页。

② 李俊英:《基于公平与效率目标对修订我国〈税收征管法〉的思考》,载《税务研究》2009 年第 3 期。

③ 参见樊勇、赖先云:《现行〈税收征管法〉中需要修订的若干问题》,载《税务研究》2008 第 10 期。

关系。

2. 完善纳税人税务信息保护条款

《税收征收管理法》第 8 条第 2 款规定:“纳税人、扣缴义务人有权要求税务机关为纳税人、扣缴义务人的情况保密。税务机关应当依法为纳税人、扣缴义务人的情况保密。”《实施细则》第 5 条规定:“税收征管法第八条所称为纳税人、扣缴义务人保密的情况,是指纳税人、扣缴义务人的商业秘密及个人隐私。纳税人、扣缴义务人的税收违法行为不属于保密范围。”

首先,纳税人税务信息,是指纳税人依法享有完全信息自决权的,由个人纳税申报提交的或者税务部门依职权调查取得的纳税人或相关第三人与捐税行为相关的合法数据。简单来讲,纳税人信息应当是与纳税人纳税义务有关的所有信息的总称,而非仅仅指与纳税人特定纳税行为直接相关的商业秘密或者个人隐私等部分信息,因此,本书认为,《税收征收管理法》应当尽量对税务信息种类做法律上的详细划分,或者采用一般条款的形式在税收法律规范中对纳税人税务信息的概念和种类予以表述,对不属于纳税人税务信息的情况以例外的方式加以规定。准确定义税务信息概念、明确税务信息种类是充分保护纳税人税务信息的前提要件。

其次,一方面,《税收征收管理法》将纳税人的税务信息保密权限定于非“税收违法行为”,但是由于现有法规并未将违法所得排除在税收征收管理法律体系之外,因此,对于非法所得征税获知的纳税人违法信息税务机关是否具有保密义务的问题,本书认为,此种情况下,纳税人的纳税行为是合法的,而收入来源是非法的,此时税务机关的地位已经从税收征纳的公法主体地位转移为宪法规定的具有协助司法机关查处违法行为义务的特殊公民地位,税务机关应就获悉的此类税务信息协助司法机关进行违法调查。但是,此类举报行为应当以规范的形式严格限定于对有关司法机关的协助,即便是纳税人的违法信息,纳税人均享有人权意义上最基本的信息权利,除司法机关外,其他任何单位无权从税务执法机关处查阅或者获得纳税人的此类税务信息。另一方面,由于税收征收管理部门对于纳税人违法信息不履行保密义务,势必导致纳税人出于个人安全的考虑而尽可能地隐瞒应税收入，而税务机关对于纳税人税务信息的获取几乎全部依靠纳税人的主动申报，因此，税务机关对于纳税人违法行为的披露必然与纳税人的信息隐瞒形成冲突。对于此种矛盾，首先需要国家以个人信息保护法的形式对包括违法信息在内的所有信息权利给予清晰的界定和明确的保护。在此基础上，《税收征收管理法》应对于纳税人的违法税务信息的处理再作细化规定，制定操作指南。

再次，如前文所述，《税收征收管理法》及《实施细则》中只是笼统地规定了纳税人、扣缴义务人的税收违法行为不属于保密范围，而对于其他有可能对外披露的纳税人税务信息的情况则没有细化规定。除违法行为外，纳税人税务信息在以下几种情况下均有可能对外披露：(1)经当事人或者其他利害关系人同意。(2)因为税收征收管理过程中的程序性需要所导致的纳税人税务信息披露或者流动。此种情况下的纳税人税务信息流动仅限于税务机关内部，或者是出于对纳税人纳税行为的管理，或者是源于对纳税人的救济而导致的税务信息由一个部门向另一个部门的披露，如税收行政复议。(3)法律另有规定的情况。纳税人对税务信息享有的基本权利，涉及公民的人身和财产权益，作为纳税人享有的基本人权的体现，只有法律出于对社会公众的重大利益的保护才能对此种信息披露例外作出规定，其他规范形式均不得对此作出例外规定。

最后，《税收征收管理法》对于侵犯纳税人税务信息权益的行为的法律责任规定得过于笼统。《税收征收管理法》第 87 条规定："未按照本法规定为纳税人、扣缴义务人、检举人保密的，对直接负责的主管人员和其他直接责任人员，由所在单位或者有关单位依法给予行政处分。"既未规定详细的泄密责任追究形式，也未明确规定违反保密义务的刑事责任和民事责任。《税收征收管理法》应当对税务机关及其工作人员的保密责任进行细化规定，建立税务系统内部的保密制度，明确各层级间税务信息的保密责任。对于泄露或者丢失有关个人纳税资讯的行为，由有关单位对相关责任人员或其主管人员追究行政责任、民事责任或者刑事责任。

3. 细化实施措施

纳税申报是纳税人按照税法规定的期限和内容向税务机关提交有关纳税事项书面报告的法律行为，是纳税人履行纳税义务、承担法律责任的主要依据，是税务机关税收管理信息的主要来源和税务管理的一项重要制度。《税收征收管理法》第25条规定："纳税人必须依照法律、行政法规规定或者税务机关依照法律、行政法规的规定确定的申报期限、申报内容如实办理纳税申报，报送纳税申报表、财务会计报表以及税务机关根据实际需要要求纳税人报送的其他纳税资料。扣缴义务人必须依照法律、行政法规规定或者税务机关依照法律、行政法规的规定确定的申报期限、申报内容如实报送代扣代缴、代收代缴税款报告表以及税务机关根据实际需要要求扣缴义务人报送的其他有关资料。"《国家税务总局关于加强年所得12万元以上个人自行纳税申报信息保密管理的通知》对纳税人个人自行纳税申报信息保密的对象、保密环节、档案数据存放场所的安全保密措施、保密宣传工作以及工作人员的保密责任等进行了细化规定，是对《税收征收管理法》对纳税人自行申报纳税信息保密规定的细化与落实。但是，仅仅在年收入12万元以上人群进行税务信息的保密措施细化安排会滋生纳税人之间的不公。本书认为，《税收征收管理法》及《实施细则》等涉及税收征收管理的法律规范中，应当对纳税人纳税申报中涉及保密措施的信息种类、保密环节、保密责任等内容在基础立法环节做出一个整体概括，各税种间的信息保密差异可以考虑与税种立法保持一致，另行规定。

(二)强化税务信息保护的法律责任

1. 民事责任

对于税收责任，多以公法上的行政责任和刑事责任加以规制。随着民众对税收债权债务关系说的广泛接纳，债权债务所引发的民事责任逐渐得到税法的重视与应用。

实践中，税务机关及其工作人员违反税务信息保密义务往往是一种事实状态，而由于该种事实状态常常不符合我国《行政诉讼法》对行政诉讼必须以具体行政行为作为前提的要求，因此，民法责任的适用成为必然，即税务机关作为税收公法上债权人的代表，由于违反保密义务侵犯了纳税人依法享有的财产权利和人身权利因而必然承担侵权损害赔偿责任。

目前，由于税法对违反信息保密义务需承担的民事责任的规定存在立法空白，纳税人对于税务机关违反保密义务的民事责任的追究只能依照《民法通则》《侵权责任法》《最高人民法院关于贯彻〈中华人民共和国民法通则〉的若干意见（试行）》《最高人民法院关于名誉权案件若干问题的解答》等规范性文件操作，涉及精神损害的，可以依照《最高人民法院关于确定民事侵权精神损害赔偿责任若干问题的解释》予以救济。本书认为，尽管《税收征收管理法》始终以行政管理的公法姿态出现，但是并不妨碍对于税务机关及其工作人员违反税务信息保密义务的行为增加或者细化民事责任的规定，这不但能够更有针对性地保护纳税人的税务信息，而且是税法专业化的本质要求。

2. 刑事责任

对于严重侵犯纳税人税务信息的行为，应当承担刑事责任。现有《税收征收管理法》对于税务机关及其工作人员违反信息保密义务的行为应当承担的刑事责任的情况未作出直接规定。由于税务信息现阶段主要分为个人隐私和商业秘密两大类，《刑法》第 219 条列举了侵犯权利人商业秘密的行为，包括违反约定或者违反权利人有关保守秘密的要求，披露、使用或者允许他人使用其所掌握的商业秘密。按照《刑法》的规定，有上述行为并给商业秘密的权利人造成重大损失的，可以处以 3 年以下有期徒刑，并处或单处罚金；造成特别严重后果的，处 3 年以上 7 年以下有期徒刑，并处罚金。《刑法修正案（七）》规定："国家机关或者金融、电信、交通、教育、医疗等单位的工作人员，违反国家规定，将本单位在履行职责或者提供服务过程中获得的公民个人信息，出售或者非法提供给他人，情节严重的，处三年以下有期徒刑或者拘役，并处或者单处罚金。……单位犯前两款罪的，对单位判处罚金，并对其直接负责的主管人员和其他直接责任人员，依照各该款的规定处罚。"

《刑法修正案（七）》的出台，在一定程度上弥补了税法对于税务人员严重违反保密义务应当承担的刑事责任的立法空白,纳税人可以基于商业秘密和个人税务信息遭受侵犯的客观情况获得一定程度的刑法保护。但是对于纳税人税务信息的刑事犯罪救济仍存在以下问题:第一,对于侵犯纳税人个人税务信息的主体限定范围过窄。依照刑法的精神,仅将国家机关及其工作人员认定为税务信息犯罪主体,但事实上,国家机关尤其是税务机关及其工作人员的信息犯罪往往是与机关外人员串通,导致信息非法流出,进而牟取非法利益。第二,针对个人税务信息犯罪的手段往往并不限于出售或者非法提供,还包括对税务信息的盗取等其他非法获取手段,犯罪手段是与犯罪主体的性质相关联的,犯罪主体的狭隘势必导致对犯罪手段的规定过于简单。第三,定罪数额难以确定。信息尽管具有财产化的属性,但是作为以其他客观实物为载体的数据资料,信息犯罪具有难以量化金额的特点,对于刑法当中的"情节严重"几乎属于法官的完全自由裁量,缺少基本标准的信息犯罪导致刑法对信息犯罪行为的威慑作用难以预测。

3. 行政责任

行政责任是指因违反行政法或因行政法规定而应承担的法律责任,包括行政处罚和行政处分。行政处分是指国家机关、企事业单位对所属的国家工作人员违法失职行为尚不构成犯罪,依据法律、法规所规定的权限而给予的一种惩戒。行政处分种类有警告、记过、记大过、降级、撤职、开除。

需要建立严格到位的税务信息行政执法责任追究制度。根据国家税务总局制定的《税务行政执法责任追究制度》,规范税收征收管理规范流程,建立科学严密的岗责体系,将税务信息各项执法权力细化到各个执法岗位,一个岗位设定一定的信息执法责任,做到权力到岗、责任到人,实现权责高度统一。对于确实难以准确区分权力和责任的岗位,可以考虑对于税务信息执法工作承担连带责任。在明确税务信息保密工作内部分工的基础上,建立严格的责任落实制度。在税务机关内部的执法检查中,如果发现税务人员存在违反信息保密义务的现象,应交由监察部门进行调查核实,落实有关违法情况,提出相应的责任追究建议,由税收执法责任部门决定是否追究相关人员的行政责任，并按照责任的具体性质交由监察、人事或者考核部门进行处理。对于纳税人而言，当其意识到自己的税务信息遭到非法泄露的时候，除了可以向税务监察部门提出申诉外，其行政复议和行政诉讼的救济程序和方式也应当在现有税收法律规范中进行细化。明确税务信息主体通过行政复议和行政诉讼进行救济的途径和方式是对税务信息在行政救济制度上的完善。只有建立科学严密的税收行政执法责任追究制度，才能有效保障纳税人的税务信息权益的完整实现。

4. 国家赔偿法的运用

《税收征收管理法》第 8 条规定："纳税人、扣缴义务人对税务机关所作出的决定，享有陈述权、申辩权；依法享有申请行政复议、提起行政诉讼、请求国家赔偿等权利。"税务国家赔偿又叫税务行政赔偿，是指税务机关和税务机关工作人员违法行使税收征收管理职权，对公民、法人和其他组织的合法权益造成损害的，由国家承担赔偿责任，并由税务机关具体履行义务的一项法律制度。①

但是根据《税收征收管理法》第 87 条规定，"未按照本法规定为纳税人、扣缴义务人、检举人保密的，对直接负责的主管人员和其他直接责任人员，由所在单位或者有关单位依法给予行政处分"。其中仅仅规定了税务责任人员的行政处分的责任形式。本书认为，根据《税收征收管理法》的一般性条款的规定，纳税人有权因税务信息权利遭到侵犯而享有要求国家赔偿损失的权利。《国家赔偿法》第 4 条规定："行政机关及其工作人员在行使行政职权时有下列侵犯财产权情形之一的，受害人有取得赔偿的权利……（四）造成财产损害的其他违法行为。"第 7 条规定："行政机关及其工作人员行使行政职权侵犯公民、法人和其他组织的合法权益造成损害的，该行政机关为赔偿义务机关。"第 16 条规定："赔偿义务机关赔偿损失后，应当责令有故意或者重大过失的工作人员或者受委托的组织或者个人承担部分或者全部赔偿费用。

① 参见刘剑文主编：《税务行政赔偿》，武汉大学出版社 2003 年版，第 12 页。

对有故意或者重大过失的责任人员，有关机关应当依法给予处分；构成犯罪的，应当依法追究刑事责任。”第36条规定：“侵犯公民、法人和其他组织的财产权造成损害的，按照下列规定处理……(八)对财产权造成其他损害的，按照直接损失给予赔偿。”

(1)税务信息国家赔偿的构成要件

首先，税务机关及其税务人员是税务信息侵权主体。税务人员是直接接触纳税人税务信息的主体，信息的泄露是经由具体税务人员之手的，但是由于税务人员的公职身份，其代表公职机关行使国家赋予的税收征收管理的职责，因此，税务机关是税务国家赔偿的义务主体。

其次，对税务信息侵权的主张必须有纳税人的实际损失作为支持。当然，实际损失并非仅指当下实际产生的损害后果，也包括已经十分清楚的在将来不可避免地必然发生的损害。

再次，税务信息侵权的发生由于信息数据的特殊属性，不可能清楚地界定是否发生在工作时间或者税务人员执行公务的当下，因此，在税务信息已经被税务人员及税务机关获取的情况下，税务信息的侵权行为在客观上足以确认为与税收征收管理职权相关的行为。

最后，纳税人只要证明其实际损失是由于税务机关及其工作人员未依法对纳税人的税务信息履行保密义务，或者是由于在履行税收征收管理职能的过程中非法获取纳税人税务信息后用以传播等信息保密工作的失职所产生的，税务机关就应当就纳税人主张的因失职产生的实际损失承担赔偿责任。

(2)税务信息国家赔偿的范围

由于信息存在的特殊性以及信息财产量化的难以确定，采用《国家赔偿法》中对于人身和财产赔偿的具体规定界定税务信息侵权国家赔偿的范围较为困难，因此，本书认为，税务信息的国家赔偿应当是有直接针对性的，即该损失产生的直接原因为纳税人税务信息的泄露，在排除税务信息泄露作为直接原因的情况下，纳税人产生的实际损失不应该得到国家赔偿的支持。

(3)国家赔偿的方式

《国家赔偿法》第32条规定:"国家赔偿以支付赔偿金为主要方式。能够返还财产或者恢复原状的,予以返还财产或者恢复原状。"就税务信息的侵权行为而言,税务信息不是实体财产,而仅是实体财产的数据化抽象表示,具有不可还原性,也就不能以返还财产或者恢复原状的方式予以赔偿。赔偿金应当是唯一的国家赔偿方式。

综上所述,随着信息社会的发展,信息已经成为生产对象,围绕信息产生的利益关系日趋复杂。税收法律关系含有鲜明的公权性质,是国家在强制剥夺公民私人财产的过程中与纳税人之间形成的法律关系。税务信息作为纳税人私人财产的数据化形态,其代表的信息权益因此常常在税收征收管理法律关系中遭到忽视。现有税收法律规范将税务信息主要区分为商业秘密和个人隐私,税务信息不可避免地具有财产化和人格化属性,而财产权和人格权是纳税人依照宪法所享有的公民权利的应有内涵,探讨对纳税人税务信息的保护路径与具体措施,最终期望实现的是公民的宪法权利。

面对我国纳税人税务信息保护的不利现状,需要在理论层面、观念层面以及立法层面重塑并打造完善的纳税人税务信息保护系统,本书正是希望以笔者有限的研究、论证、分析,为我国的纳税人信息保护事业略尽绵薄之力。

参考文献

一、著作类

[1]蔡立辉:《电子政务应用中的信息资源共享机制研究》,人民出版社 2012 年版。

[2]葛克昌:《综合所得税与宪法》,北京大学出版社 2005 年版。

[3]外国税收征管小组编译:《外国税收征管法律译本》,中国税务出版社 2012 年版。

[4]王学辉主编:《行政法与行政诉讼法学》,法律出版社 2011 年版。

[5]黄茂荣:《税法总论——法学方法与现代税法》(第 1 册),台北,植根法学丛书编辑室 2005 年版。

[6]施正文:《税收程序法论——监控征税权运行的法理与立法研究》,北京大学出版社 2003 年版。

[7]范静:《G2G 电子政务信息共享及信息安全实证研究》,外语教学与研究出社 2011 年版。

[8]熊伟:《美国联邦税收程序》,北京大学出版社 2006 年版。

[9][美]罗纳德·德沃金:《认真对待权利》,信春鹰、吴玉章译,中国大百科全书出版社 1998 年版。

[10]梁卓:《税源信息资源管理系统研究》,经济科学出版社 2010 年版。

[11][美]伯纳德·施瓦茨:《行政法》,徐炳译,群众出版社 1986 年版。

[12][美]B. 盖伊·彼得斯:《税收政治学——一种比较的视角》,郭维佳、黄宁译,江苏人民出版社 2008 年版。

[13]刘剑文:《财税法专题研究》,北京大学出版社 2007 年版。

[14]刘剑文、熊伟:《税法基础理论》,北京大学出版社 2004 年版。

[15][英]亚当·斯密:《国民财富的性质和原因的研究》,商务印书馆 1974 年版。

[16]刘青:《信息法新论——平衡信息控制与获取的法律制度》,科学出版社 2008 年版。

[17]王志荣:《税收管理公共化研究——基于新公共管理视角》,中国财政经济出版社 2008 年版。

[18]庞磊:《网络经济中税收信息化及其风险研究》,中国财政经济出版社 2007 年版。

[19]国家税务总局教材编写组编:《税收信息安全基础知识》,中国税务出版社 2012 年版。

[20]侯延香、王霞:《信息采集》,知识产权出版社 2012 年版。

[21]齐爱民主编:《个人资料保护法原理及其跨国流通法律问题研究》,武汉大学出版社 2004 年版。

[22]李震山主编:《当代公法理论:翁岳生教授六铁诞辰祝寿论文集》,台北,月旦出版社股份有限公司 1993 年版。

[23][美]R. 科斯、A. 阿尔钦·D. 诺斯:《财产权利与制度变迁》,上海三联书店出版社 2003 年版。

[24]孙笑侠主编:《法理学》,清华大学出版社 2008 年版。

[25]张文显:《法哲学范畴研究》,中国政法大学出版社 2001 年版。

[26]陈少英主编:《税法学》(第 2 版),格致出版社 2011 年版。

[27]张松主编:《税法学概论》,中国税务出版社 1998 年版。

[28]罗豪才主编:《行政法学》(修订本),中国政法大学出版社 1999 年版。

[29]李小波编著:《税收违法与犯罪的认定与追究实务》,中国税务出版社 2011 年版。

[30]刘剑文主编:《纳税主体法理研究》,经济管理出版社 2006 年版。

[31][日]北野弘久:《税法学原论》,陈刚译,中国检察出版社 2001 年版。

[32]闫海主编:《税收征收管理的法理与制度》,法律出版社 2011 年版。

[33][美]E. 博登海默:《法理学——法哲学及其方法》,邓正来、姬敬武译,华夏出版社 1987 年版。

[34]陈清秀:《税法总论》,台北,翰芦图书出版有限公司 2001 年版。

[35]曹康、黄河主编:《危害税收征管罪》,中国人民公安大学出版社 1999 年版。

[36][日]小川乡太郎:《租税总论》,陆孟武译,商务印书馆 1934 年版。

[37][英]霍布斯:《利维坦》,黎思复、黎廷弼译,商务印书馆 1995 年版。

[38][美]路易斯·亨金:《权利的时代》,信春鹰等译,知识出版社 1997 年版。

[39][英]戴恩·罗兰德、伊丽莎白·麦克唐纳:《信息技术法》,武汉大学出版社 2004 年版。

[40][德]迪特尔·梅迪库斯:《德国民法总论》,法律出版社 2001 年版。

[41][日]金子宏:《日本税法原理》,刘多田译,中国财经出版社 1989 年版。

[42][美]罗伯特·诺齐克:《无政府、国家与乌托邦》,何怀宏译,中国社会科学出版社 1991 年版。

[43][法]孟德斯鸠:《论法的精神》,商务印书馆 1982 年版。

[44][德]康德:《法的形而上学原理——权利的科学》,沈叔平译,商务印书馆 1991 年版。

[45][美]弗里德曼:《法律制度:从社会科学角度观察》,李琼英、林欣

译,中国政法大学出版社 1994 年版。

[46]李步云主编:《宪法比较研究》,法律出版社 1998 年版。

[47]国家税务总局政策法规司编著:《中国税收政策前沿问题研究》,中国税务出版社 2003 年版。

[48]陈瑞华:《程序性制裁理论》,中国法制出版社 2005 年版。

二、论文类

[1]刘剑文、熊伟:《二十年来中国税法学研究的回顾与前瞻》,载刘剑文主编:《财税法论丛》(第 1 卷),法律出版社 2002 年版。

[2]张爱球、周玉海、徐云翔:《以整合联动为重点 提升税源管理水平》,载《中国税务报》2007 年 3 月 26 日,第 1 版。

[3]田列兵:《常州市社会综合治税模式研究》,上海交通大学公共管理系财政与税收学 2010 年硕士学位论文。

[4]蔡自力:《构建运用第三方信息控管税源的长效机制》,载《中国税务》2012 年第 8 期。

[5]张怡、陈方淑:《论税源联动管理制度的法制化进路》,载《税务与经济》2009 年第 5 期。

[6]汤洁茵:《金融机构在税收征管中的的第三方协助义务——以金融隐私权为核心》,载《税务与经济》2010 年第 3 期。

[7]张守文:《论税收法定主义》,载《法学研究》1996 年第 6 期。

[8]张怡、孙小东:《程序正义视角下"税源联动"法律规制探讨》,载《河北法学》2012 年第 2 期。

[9]史晓龙、陈蜀庆、王跃峰、张照舒:《金税三期:为税收事业插上金色翅膀》,载《中国税务报》2013 年 12 月 27 日,第 A01 版。

[10]谭荣华、朱庆锋、刘若鸿:《新形势下金税三期工程建设的 6 大亮点》,载《中国税务》2009 年第 11 期。

[11]黄志美、王贵平:《部门涉税合作需要明确定位》,载《中国税务》

2011 年第 9 期。

[12]刘畅:《涉税信息共享制度法律分析》,载《法制与社会》2013 年第 9 期。

[13]黄玉远、曲仕军、时晓、陈大维、杜庆珍、段桂亭:《第三方涉税信息采集与分析利用初探》,载中国税务网:http://www.ctax.org.cn/,最后访问日期:2017 年 2 月 11 日。

[14]薛海骏、唐保华:《第三方信息在税源分析中的应用》,载《税务研究》2008 年第 11 期。

[15]徐珊、黄明俊:《共享第三方涉税信息,破解税收征管信息不对称难题》,载《江西理工大学学报》2011 年第 12 期。

[16]李林木:《论税收征管中第三方信息报告制度的构建》,载《财贸经济》2007 年第 11 期。

[17]邓丁:《权力、利益与信息:我国电子政务中政府跨部门信息资源贡献问题研究——以 F 市工商税务间信息资源共享为例》,华东理工大学行政学及国家行政管理学 2010 年硕士学位论文。

[18]李忠华、张明慧:《我国税源管理存在的突出问题及对策建议》,载《经济纵横》2013 年第 1 期。

[19]戴海先:《金税三期建设应强化税源监控功能》,载《税务研究》2008 年第 9 期。

[20]谭荣华、张婉、楚文海:《金税三期工程四大业务系统平台解析》,载《中国税务》2009 年第 12 期。

[21]安体富、曹泮义:《西方国家税源管理的经验及借鉴》,载《税务研究》2002 年第 4 期。

[22]陈方淑:《论税源联动管理的法制机理》,载《政法学刊》2009 年第 6 期。

[23]潘雷驰、叶桦:《美国涉税信息综合治理机制对我国税源专业化管理的启发》,载《税收经济研究》2012 年第 4 期。

[24]王辉、许蒙亚:《纳税人隐私权保护中的问题与对策》,载《行政与法制》2008 年第 11 期。

[25]于海峰、张霄:《从涉税信息管理视角论我国个人所得税的征管配套措施》,载《税务研究》2013 年第 7 期。

[26]张馨:《税收价格论的理念更新与现实意义》,载《税务研究》2001 年第 6 期。

[27]张新、安体富:《对我国税收信息化现状的反思与国际借鉴》,载《税收经济研究》2012 年第 5 期。

[28]李显:《税务行政管理信息化构想》,载《税务研究》2006 年第 9 期。

[29]纪佳伶:《资讯隐私权之探讨》,载《台湾公共行政学报》2000 年第 4 期。

[30]李勇:《银行保密义务法律问题研究》,载《广东财经职业学院学报》2004 年第 1 期。

[31]邵峰、蒋震宇、张海波:《美国税务机关信息管税的经验与启示》,载《税务研究》2013 年第 6 期。

[32]庞凤喜:《增强涉税信息的对称性应成为强化税收征管的聚焦点》,载《涉外税务》2009 年第 10 期。

[33]李德成:《网络个人化信息资料的利用和控制》,载《信息网络与高新技术法律前沿》2001 年第 1 期。

[34]李宏图:《宪政体制与权力的边界》,载《浙江学刊》2003 年第 3 期。

[35]张林:《艾尔斯的制度经济学思想》,载《江苏社会科学》2002 年第 1 期。

[36]李光宇:《论正式制度与非正式制度的差异与链接》,载《法制与社会发展》2009 年第 3 期。

[37]侯和宏:《演化经济学在制度分析中的新进展》,载《学习与探索》2011 年第 4 期。

[38]黄晓宏:《论以税收法定原则建构中国税收法律体系》,载《特区经

济》2006年第6期。

[39]李林木:《威慑风险、诚信激励与高收入个人税收遵从度》,载《财政研究》2010年第11期。

[40]谭金可、黄锋:《反思与重构:个税自行申报的法制推进》,载《行政与法》2009年第3期。

[41]刘计策、崔琳琳、刘荣:《机构信用代码在地方信用平台建设中的作用分析——以徐州市为例》,载《征信》2013年第4期。

[42]汪学文:《联邦德国的个人所得税制度及其法律手段的调控》,载《德国研究》1997年第3期。

[43]谌爱华:《澳大利亚个人所得税税号制度及对我国的启示》,载《改革与战略》2009年第10期。

[44]李秀萍:《德国的税收信息化之路》,载《中国税务》2004年第4期。

[45]崔志坤:《配套制度和措施:个税改革的重要一环》,载《税收经济研究》2011年第4期。

[46]胡国峰:《代码是经济活动的绿卡》,载《品牌与标准化》2008年第22期。

[47]刘国庆:《对社会化综合治税的认识》,载《税务研究》2013年第3期。

[48]樊丽明、李文:《社会综合治税的国际比较》,载《税务研究》2004年第2期。

[49]朱晓波、曲荣芬:《税收行政协助相关问题的几点认识》,载《财政问题研究》2003年第2期。

[50]郑立航:《信息权利冲突的法理分析》,载《图书情报工作》2005年第12期。

[51]黄学贤:《行政法的比例原则研究》,载《法律科学》2001年第1期。

[52]张爱球:《当代主要发达国家税收管理法律概览——兼及对我国建设现代征管法制体系的启示》,载《金陵法律评论》2012年秋季卷。

[53]徐孟州:《论税法原则及其功能》,载《中国人民大学学报》2000 年第5 期。

[54]李飞、李怡君:《我国税收征收成本分析》,载《税务研究》2008 年第6期。

[55]周克清、代云初:《我国征税成本影响因素的实证研究——基于省际面板数据的经验分析》,载《财政研究》2011 年第9 期。

[56]李长江、刘红霞:《完善我国税务行政复议制度的思考》,载《税务研究》2007 年第10 期。

[57]魏振瀛:《制定侵权责任法的学理分析》,载《法学家》2009 年第1期。

[58]周毅:《以信息权利保护为中心的信息立法价值导向探讨——对我国信息立法若干文本的初步解读》,载《中国图书馆学报》2010 年第1 期。

[59]赵奎霖:《行政侵权与民事侵权共同致害案件的审理问题研究》,载《行政法学研究》2012 年第3 期。

[60]张建光、朱建明、张翔:《基于云计算的税务信息化建设模式探讨》,载《税务研究》2013 年第11 期。

[61]席晓娟:《论法律维度的税收遵从》,载《税务研究》2010 年第3 期。

[62]白玉:《涉税信息共享是优化税源监控的重要选择》,载《商业经济》2013 年第13 期。

[63]梁译丹:《完善我国非居民企业税收管理的研究》,载《西部财会》2013 年第6 期。

[64]胡效国、邓远军:《对非居民企业股权转让所得的征税权与反避税思考》,载《税务研究》2013 年第10 期。

[65]吴淑生、丘勤、钟志深:《非居民企业税收管理的难点与对策》,载《涉外税务》2009 年第1 期。

[66]戴黎明:《非居民企业股权转让税收管理问题探讨》,载《涉外税务》2012 年第10 期。

[67]徐妍:《新企业所得税法中的非居民企业投资所得与国际税收协定的协调》,载《税务研究》2008年第2期。

[68]潘雷驰、叶桦:《美国涉税信息综合治理机制对我国税源专业化管理的启发》,载《税收经济研究》2012年第4期。

[69]鹿斌:《国内外官员财产申报制度综述》,载《改革与开放》2010年第11期。

[70]袁峰:《公职人员财产申报信息公示机制探析》,载《江苏行政学院学报》2010年第3期。

[71]邵方超:《财产申报或为房产税开征扫清路障》,载《中国建设报》2010年7月4日,第1版。

[72]王英:《美国公务员的财产申报制度》,载《世界经济与政治》2010年第3期。

[73]刘桂兰、郝继明:《国外官员财产申报制度的典型特征及对我国的启示》,载《行政与法》2011年第3期。

[74]李家勋、李功奎、高晓梅:《国外社会信用体系发展模式比较及启示》,载《现代管理科学》2008年第6期。

[75]邵峰:《美国税务机关信息管税的经验与启示》,载《税务研究》2013年第6期。

[76]陶迎春、黄海江:《税务代理对我国纳税服务的影响》,载《企业研究》2010年第8期。

[77]陈志杰:《适应市场经济的中介——税务代理》,载《江西行政学院学报》1999年第4期。

[78]杨同富:《日本税理士制度的演进及对我国税收代理工作的启示》,载《税务纵横》2003年第6期。

[79]潘相琳:《我国税务管理信息化存在的问题及对策分析》,合肥工业大学财政与税收学2009年硕士学位论文。

[80]王义平:《我国信息管税工作模式和路径研究:以大连为例》,东北财

经大学财政与税收学 2011 年硕士学位论文。

[81]廖全文:《税收信息化下的税源监控》,西南财经大学财政与税收学 2007 年硕士学位论文。

[82]夏仕元:《信息不对称下我国税源管理的实践、问题及对策研究》,贵州大学财政与税收学 2009 年硕士学位论文。

[83]耿莉:《税收征管中的第三方协助研究》,山东大学财政与税收学 2012 年硕士学位论文。

[84]史广峰:《纳税主体法律责任研究》,郑州大学法学院经济法学 2007 年硕士学位论文。

[85]路琳:《信息管税问题研究》,东北财经大学财政与税收学 2012 年硕士学位论文。

[86]单飞跃、王霞:《纳税人税权研究》,载《中国法学》2004 年第 4 期。

[87]李朝晖:《个人征信中信息本人权利的保护——以确保信用信息公正准确性为核心》,载《法学评论》2008 年第 4 期。

[88]李俊英:《基于公平与效率目标对修订我国〈税收征管法〉的思考》,载《税务研究》2009 年第 3 期。

[89]樊勇、赖先云:《现行〈税收征管法〉中需要修订的若干问题》,载《税务研究》2008 年第 10 期。

[90]齐爱民:《电子病例与患者个人医疗信息的法律保护》,载《社会科学家》2007 年第 5 期。

[91]齐爱民:《德国个人资料保护法简论》,载《武汉大学学报》2004 年第 7 期。

[92]齐爱民:《个人信息保护法的宏观解读》,载《中国长春市委党校学报》2007 年第 4 期。

三、外文类

[1] Therien J. R., "Exorcising the Specter of 'Pay-per-use' Society:

Toward Preserving Fair Use and the Public Domain in the Digital Age", *Berkeley Tech L J* 16, 2001.

[2] R. Coase, "The Nature of Firm", *Economica New Series*, Volume 4 Issue 16, 1937.

[3] G. A. Akerlof, "The Market for 'Lemons': Quality Uncertainty and the Market Mechanism", *Quarterly Journal of Economics* 85, 1970.

[4] Joseph. Darby, "Confidentiality and the Law of Taxation", *American Journal of Comparative Law* 46, 1998.

[5] J. A. Roth, J. T. Scholz, A. D. Witte, "An Agenda for Research", *Taxpayer Compliance*, Volume I, 1989.

[6] Office of Tax Department of the Treasury, Report to The Congress on Scope and Use of Taxpayer Confidentiality and Disclosure Provisions. Oct. 2000.

[7] Tariff Act of 1913, ch. 16, 38 G. (d) Stat. 114, 177.

[8] James W. Hill. I. Trade Secrets, "Unjust Enrichment, and the Classification of Obligations", *Virginia Journal of Law and Technology*, 1999.

[9] Robert G. Bone, "A New Look at Trade Secret Law: Doctrine in Search of Justification", *California Law Review*, 1998.

[10] Spiros Simitis, "Reviewing Privacy in an Information Society", *University of Pennsylvania Law Review* 135, 1987.

[11] Samuel D. Warren, Louis D. Brandies, "The Right to Privacy", *Harvard Law Review*, Vol. 4, No. 5, 1890.

[12] John L. Abramic, "AdvancePricing Agreements: Confidential Return Information or Written Determinations Subject to Release?", *Chicago-Kent Law Review*, 2001.

图书在版编目(CIP)数据

税务信息管理法制创新研究 / 张怡等著. —北京:法律出版社,2017.5

ISBN 978-7-5197-0762-0

Ⅰ.①税… Ⅱ.①张… Ⅲ.①税务—信息管理—税法—研究—中国 Ⅳ.①D922.220.4

中国版本图书馆 CIP 数据核字(2017)第 072296 号

税务信息管理法制创新研究
SHUIWU XINXI GUANLI FAZHI CHUANGXIN YANJIU

张 怡 等著

策划编辑 沈小英
责任编辑 陈 妮
装帧设计 李 瞻

出版 法律出版社
总发行 中国法律图书有限公司
经销 新华书店
印刷 北京京华虎彩印刷有限公司
责任校对 王晓萍
责任印制 吕亚莉

编辑统筹 财经出版分社
开本 720 毫米×960 毫米 1/16
印张 15.5
字数 230 千
版本 2017 年 5 月第 1 版
印次 2017 年 5 月第 1 次印刷

法律出版社/北京市丰台区莲花池西里 7 号(100073)
网址/www.lawpress.com.cn
投稿邮箱/info@lawpress.com.cn
举报维权邮箱/jbwq@lawpress.com.cn
销售热线/010-63939792
咨询电话/010-63939796

中国法律图书有限公司/北京市丰台区莲花池西里 7 号(100073)
全国各地中法图分、子公司销售电话:
统一销售客服/400-660-6393
第一法律书店/010-63939781/9782
西安分公司/029-85330678
重庆分公司/023-67453036
上海分公司/021-62071639/1636
深圳分公司/0755-83072995

书号:ISBN 978-7-5197-0762-0
定价:56.00 元